日本人とはなにか

〈増補版〉

柳田国男

河出書房新社

日本人とはなにか
〈増補版〉

◉

目次

装幀――山元伸子

日本人とはなにか

〈増補版〉

考えない文化

地図の日本を、じっと見つめて居ただけでも、まだ少しは国ということを考える機会になるだろう。文化という言葉などは、主としてこの目的のために設けられたものなのだが、何分にも新語であり、又翻訳によって知ったのが始めなので、毎日口癖のように使って居りながらも、是をお互いの集合生活の問題とは思わずに、何か外から来た人に見られるものの名の如く、体裁とか体面とかに近いもののように、心得て居る人ばかり多いのは困ったことである。今日の普通教育は、文化の本義の穿鑿よりも前に、先ずこの俗用の誤りを正すのが急務ではないかと私は思う。

外から来る観察者の中には、既に修養を積み又方法を究めて居て、ほんの少しの勘どころを押えて行けば容易に一国全面の事情が見破れるように、思って居る人も有るらしいが、それも僅かな気の弱い、自信の足らぬ者を動かすばかりで、少なくとも現在にまだ是ぞというほどの洞察の一致は無く、結局は斯うした外部判断の数多くを集め重ねて、種々共通の濃い点を見つけて行くの他は無いのだが、そんな面倒な仕事は日本人でないと出来ない。又そういう結果の現われて来るのを、待ってばかりも居られない。

日本が何日でも選手を出したがる風などは、時代の流行と言おうよりも、多分は国柄であったかと思う。もとは年占と称して正月の祭の日に、村と村との間で色々の競技があり、勝った方が其年は運がよいと信じられて居た。中でも相撲の歴史などは古いもので、諸国選進の制度は夙《はや》く廃れたけれども、なお村々から最手《ホテ》関取を出すという習慣が、会津や佐渡島には近い頃まであり、一方には昔の御抱え力士を思わせるような後援のし方が、本場所の方にもまだ残って居る。しかも是はまだ強いのだから、現実に面白いのだからという説明も付こうが、たとえば射芸のような衰微しきって居る武道の方面でも、久しい因縁があればなお大きな力瘤を入れることが出来た。瀬戸内海周辺の広い地域にわたって百手《モモテ》と称して春の初の祭の日に、少年に晴の衣裳を著せて、弓を射競べさせる行事などは其一例であるが、永い行掛りや酒の力も手伝って、勝った側の歓喜と興奮とは、聊《いささ》か局外者の想像を超える場合が今でもある。誰一人として問題にする者もないが、負けた側の萎《しお》れ方くやしがり方はどう始末がつくものか。殊に少年であるだけに、考えれば考えさせられる。

他の多くの東洋諸国も同様に、日本人には勝った者を崇敬し、敗者を無視し賤視する癖があるという批判は、無邪気に過ぎる故に、却って痒い所を掻かれたような快感さえある。是がもしも兵器を執っての勝敗だけならば、もはや我々の問題で無いかもしれず、仮に一歩を踏み出しても、是がスポーツに限られるとか、乃至はミス・ニッポンという類の戯れの入札に限られて居たなら、あんなことを言われたとてそう痛くはない。ただ富士山は最も高い山、そうして姿もけだかく美しいから、あれに我邦の天然を代表させることにしよう。其他の山々は小さくなって居りなさいというような、又はそれを御尤《もっと》もとするような気風が、時代毎の学問芸術を支配したならばどうであろう。それも次点か残念だったというような場合ならばまだ比較が出来ようが、ただ一部の人たちの見えや外聞によって、無やみに人気を或一方に高ぶらせ、後先構わずの最上級の讃辞を奉ろうとするなどは、言わば国民の古疵を引掻いて、殊に瘢痕を見にくくしようとするものではあるまいか。

近頃の新聞を読んで見ると、紙面がまだ窮屈で、国の生活の全部までは報道が出来ず、しかも一方に、広告は言うに及ばず、記事の大部分がただ都会地の消費生活に限られて居る。もしも不馴れな外来の観察者がやって来て、日本の生産はもう是ほどの消費が許されるまで豊富になって居るのかと速断し、もしくは少々の不均一はあっても、ともかく斯ういう消費生活が可能なほど、物資と娯楽とは全土に行き渡って居るのかと思い、個々の家庭でも赤子や老人までが、それ相応に手当てされて居るのかと、大ざっぱな推測したような場合に、それを訂正したり解説したりする役が、別に政府か新聞以外に、誰かきまってあるのだろうか。私はもう少し此点を痛論したいのだが、ちょうど残念ながらここで行数が一ぱいになった。もっと上手に斯ういうことが言える人を、是から探して来ようと思う。

日本の笑い

*

私が笑いを研究し始めた動機は幾つもあるが、戦争の末期から終戦直後、笑いが非常に乏しくなり、下品になったので、一種の人道主義運動として良い笑いを供給する文学がなければならぬといった気持が強かった。それが『笑ひの本願』という本になって、汚いセンカ紙しか無い時代に急いで出版した次第なのである。斯うして自分も欝を散じた。今日は務めて日本の笑いは斯うであるという話に力を入れて、笑いの研究に若い人達を引張り込もうではないか。私も大分年をとって笑いが少くなって居るが、そうしなければ年寄りばかり、淋しい人ばかりが笑いの研究をやって居ても仕様が無いと思うのである。

もう一つの隠れた研究の動機は、岩波などにも大いに責任があるが、世界の文学は共通であると言ったり、フランスで良い文学なら日本でも良い文学であると言ったりするのに対して、私は疑点を持って居る。学問でも同じ事であるが、全然日本の過去の文化に研究すべきものが無いならば別であるが、日本の文化は日本人でなければ研究出来ないと思う。日本人が受け持って日本人が研究すれば一流の知識になるものをやらなければならぬという気持である。処が、今日のは人の後を追い駆ける世界文学なのである。良い事か悪い事かは別問題にして、自分自身が生れない以前から、此の島国で独自に創った文化があったのである。其の文化の中にはそれよりも古い処から伝わって来て居るものもあるであろうが、こちらで発生したものはそれぞれの国によって、それぞれの特徴がある。此れはナショナリズムの問題で、政治運動になるからうっかり言えないけれども、日本には日本人自らが研究しなければならぬものがある。日本人の言う事は本当かも知れぬといった様な信用を持たせる問題がある。そういう事が今日は、僅かになってしまって誰もやらない。殊に、言葉は笑いとも関係があるが、言葉の味わい・匂いなどは国内の人の感覚すら遅鈍になって居るのであるから、他処の国の人間にわかる訳が無い。私は、発表は非常に立派なフランス文を書き、或は英文を書いて世界全体にしなければならぬが、研究は日本独自の方法でやらなければならぬと言う実例を笑いの文学の発達の面からも試みようとしたのである。

日本ではコート・フール——大名などについて居るフール——、つまり曾呂利新左衛門等が発達したのは戦国時代である。日本で一番有名なのは曾呂利新左衛門であるが、此れ以外に歴史に其の名を留めて居るのに野間の藤六とか言う人がある。此処らになると大分偉くなってしまって一人の殿様だけでは抱え切れないので、あちこちを渡り歩く様になった。此れが後世、近頃迄残って居った男芸者という者である。此の様なコート・フールの系統以外の笑い、ヒューマニティの笑いが無くなってしまった。此れは日本だけではなく他処でも同じである。

*

シルバン・レヴィー——フランスの有名な仏教学者で、元はユダヤ人であるが——に初めて日本で逢った時に、貴方の書いた物の中で何が一番思い出があるかと言って訊ねて見たら、印度のコート・フールの歴史を書いた物が思い出だと言った。私は何んとかして其の本を読みたいと思って居たが、到頭其の本が手に入らなかったので、近頃少しずつ支那及び東洋の偉い人に雇われて居た最も人望の無い売笑と言う言葉の基になると思われる人間の、自分の身体を虐待する自嘲の文学を調べて見た。知能の低い人の前で自分を嘲る様な笑いをする一番下等な笑いを職業とする人間が発達し過ぎた。此の発達は、所謂幇間と言うもので、此れは有力な金持や、太閤様が居ないと発達しないのである。日本の如きは特に其の時代が短くてすぐ喰えなくなってしまう。職業は有りながら喰えなくなってしまうので、方々を歩き廻って居る。野間の藤六と言うのは僅かな文献が残って居るが、方々の諸侯を半月とか、一ヶ月とかずつ歩き廻って生活して居る。更に一段と零落すると村に帰って、村の人の中で幾らか優遇されながら生活して居る。そうなると知能も変るし、技術も下がるかして変形してしまう訳であるが、其れが最近迄残って居た。此の様にして段々無くなってしまったが、それでも土方とか鉱山の労働者の中には悧巧な奴が皆から可愛がられるために、幾らか馬鹿を装ってからかわれながら生活して居るのがある。此れがコート・フールの成れの果てである。印度等ではかなり古くからコート・フールがあったが、日本では大名生活は鎌倉時代には少しはあったであろうが、大体南北朝時代以後であるから其の歴史は短い。

西洋のクラウン、フール、ハルレキン等も皆同じ系統で、細かく分ければ幾つかに分ける事が出来るが、日本では御伽の者、咄の衆が一番古く、又、同朋等とも言って居る。國學院の桑田忠親教授が足利時代の同朋の事を研究して居るが、私達はもっと以前からの処を研究して、此れが初めはどうして起ったかを知ろうと思って居る。初め起ったのは足利時代では無いが、此れの一番有名なのは、金閣寺を建てた足利義満である。馬鹿殿様の標本みたいな男であるから、悪い事をしては困るからというので沢山の同朋がついて居た。此れは歴史にも記録が出て居る。此の同朋の型がどうなって行くか、咄の衆がどうなって居るかを研究して見た。歴史家の研究としては、桑田氏の方が確かなものであろうが、私はそれだけを研究して居るのでは無いから、全体の文学の上から言って曾呂利新左衛門に利用されたのは道楽であるから、日本のユーモアから言ったならば零落である。相手が馬鹿な殿様であったならば、其の殿様の理解出来る処迄下げて言わなければならぬから、太閤なども曾呂利の話は初めは通じなかったらしい。確かに曾呂利新左衛門はあくどい。太閤様を笑わせるためには骨が折れ、話を零落させ、格を落さなければならなかった。然しながら、其の様な事をする技術が優秀になる前の、もっと以前の事があった筈である。以前の事は色々と考えられ得るが神代の末期の物語で、スクナヒコナノカミが指の間から生れ落ちた子供であるという話や、サルタヒコがすなどりしていて、大きな貝に挟まれて海に沈んで行った話などがあるが、此れ等は本当の史実では無くて、皆カタリべのユーモアなのである。未だ此処で話が出来る様な材料は少いが、私にはこういう物の発達した原因の方が興味があるのである。

＊

日本の昔話には正直爺さんと意地悪爺さんとが居て、必ず同じ事を二度話す事になって居る。子供に話をする時に、「まねをしてそうした」とは言わないでもう一度同じ事を言う。此れが日本の昔話の特徴である。我々は仮に自分等の研究の中でこれを隣の爺々型と言って居るが、一遍正直爺さんがやった事を見て居て、意地悪爺さんが其の通りの事をして失敗する。然も其れは必ず何処かに落度があってしくじる。此の話は私は古い型ではないかと思う。昔の人は呑気で時間があったので、神話等の形で話をする時、一度語った事をもう一度逆から言って其の通りにしたならば成功したものが、こうしたら失敗したという様に二度ずつ話をする。今日では大抵、日本の昔話には三人出て来る。娘が三人あって一番上の娘に対して嫁に行けと言うと嫌な事だという。二番目の娘も嫌な事だと言う。三番目の娘は爺さんが行けと言われるのならば行くと言う。昔は此れを二十も三十もしたのであろうと思われる。非常に沢山話をするのに都合が良いけれども、それと同じ事が、教え方、話の仕方としてそれ以後、御伽噺や童話になってからも残って、今日でもやはり小さな子供に其の様に話をするとカッと笑う。当り前にやって正直爺さんが成功したのに、意地悪爺さんが逆な事をして失敗する。其れは何処か抜けて居り、何処か間違って居り、何処かに条件が足りない。条件の足りた者は良い目に遭うけれども、条件の足りない者は失敗するという事を懇ろに話をする。そういうものが早く笑いの対象になって居る。又、二人の兄が成功しないで弟が成功するという末弟成功談も良くあるが、今日では殆ど想像出来無い事であるが、昔の人は時間が豊富にあって、親切で、話がかなり重要で教育的なものであった事は間違い無い。斯ういう古い形で記憶される事が、一つの技術でもあったと思うのである。

もう一つ日本ではっきり残って居るのは、我々が才蔵と言って居るが、謂わば万才の傍に居て横合から出しゃばって逆を言う訳では無いが、色々の形で芝居をやり、それが然も滑稽を帯びて居る。直接万才をいたずらするのでは無いが、女の尻をまくったり色々の事をする。其れをチャリと言ったり、或る処ではオカシと言って居る。未だに青森県ではオカシという言葉を使って居る。所謂オコノモノと言って同じ事を繰返す事はしないのであるが、邪魔ばかりをする。獅子舞等して居る処に出て来て、舞う邪魔ばかりして、然も其れが全部滑稽でやるのである。この頃の漫才というのか、良くやって居るアチャコとかいうのも其の系統であって、此れは古い形だと思う。外国では無いと言う事は言えないが、兎に角、日本では特殊な発達をして居る。此れが恐らく、文学の中にも一つの道具として入って居るのであろう。

＊

極くひどい野蛮人は、一番下がかった話をするのが笑いのもとであったであろう。淋しいからヨタを話すとか、賑やかになるのは悪い話であるが、それがむしろ又、近頃は盛んであるが、大勢の居る処であるから笑いはもっと其れ以外に目的があったのでは無いかと思う。クラウン等も合せひっくるめて、得意になって居るのであるが、得意になった時の高笑い、今でも良く経験するがそれの一つの変化ではないであろうか。つまりそういう賤しい汚い事までもさらけ出して、隠すべきものもそれを隠すようにしないで言い当てて居るという様な気持で得意になって居る形から来たのではないであろうか。勝利した者の声とか、人に優った者の表現とかいう事は西洋の人も言って居る。此の事は日本でも確かに言えるのであって、其の形がコート・フールの様になったり、色んな風になったと思われる。そういう形で現われて来たものは、恐らく原始人が理解出来る汚い話、下がかった話の様な一番古いものから、少しずつ上品になって来て今日に至ったのではないか。俳諧になったのも、曾呂利新左衛門になったのもそうでは無いかと思う。それ故、根本の人間の本能から生じて来たものが日本だけ違うという事は言い切れ無いが、其の自然の真理の如きもの、原始人の如きものが次第に移り変り、成長して来て、長い間には山の生活や海の生活等とそれぞれ違って来るのであるから、日本人の背後に背負って居るのは、直接原始人のものでは無くて、むしろ原始以来の千年、二千年の長い年月が作ったものを後に背負って居るのである。それ故、例えばフランス人が笑いの原理、笑いの心理というものを説明して理路整然として居ても、其れに基づいて総ての出来事を解こうと思い、其れに合致しなければ此方が心得違いだと考える様な文化史の研究の仕方は唾棄すべきだと思う。我々は他人の経験よりも自分の経験の方を良く知って居るから、其の経験を良いものであると考えて良いのに、其れを忘れて他人の経験を一生懸命になってつみ取ろうとする傾向は怪しからぬ事である。殊に我々は何にもこちらから供給するものが無く、余って居ると言えば労働力しかなくて生活出来難くなって、どうしてもこれからの日本の特産貿易品は人間の知能でなければならぬと考えて居る矢先、自分の知能の長所は棚に上げて置いて、貴方の事を覚えて居りますというのは逆輸入というものだ。今日は笑いの話であるから、こういう皮肉を言う次第である。

*

私だけの考えではあるが、今日記録に残って居る平安時代の優秀な人々の間には、笑いは非常に発達したようである。上流の人であったし、女であったり、女と交通する男達でも一番よい人であったから、大変鋭敏であって滑稽を持って居なくても非常に繊細な事で笑う。其の一例として私は『笑ひの本願』にも書いたけれども、古今集の俳諧歌が三十程ある。其れを詠むと実際に笑った其の当時の人の顔が見える様である。極く微細な事にでも神経の鋭さを具えて居た。つまり、思いがけない事で初めて聞くという事が大変おかしかったのである。

あひみまくほしはかずかず有ながら人につきなみまどこそすれ

月という字と星という字と入って居ると、それだけでもニッコリとするお姫様があったのである。

耳なしの山のくちなしえてし哉おもひの色のしたぞめにせん

この歌が古今集の俳諧歌の中では傑作なのであるから、皆この位の程度である。其の後、僅か百年か二百年の間に、そろそろ日本人の笑いはいくらか濃厚になって来て、古今集の様なデリケートな笑いでは無くなって来るのである。

それから下って連歌になるが、連歌は確かに起源は俳諧なのであるが、生真面目な少しもおかしく無いものをおかしいものにして、俳諧之連歌にしたのであるから余計な話である。此の雰囲気は笑いの文学が一番衰微した時代であるが、最初に連歌が出来た頃はあんなに長く百韻も繋ぐものでは無くて、ヒョッと一句だけ継ぎ合せて、必ず其処にウィットがあって鋭敏な感覚を持った人間ならば笑う様な事が沢山あったのである。笑いの管理者であるべき連歌師が少しも笑え無くなって、其れに対する一つの反動として荒木田守武・

山崎宗鑑等の様に、極端な形が現われた。其れは片ッ端から洒落で濁し、其の様に洒落を言う必要は無く、十句なり十五句なり平らに詠んで居て、ヒョイと落し穴だけでも茶化しかければ笑うのであるが、極端な守武は、百句なら百句だけ全部俳諧で言わなければならない。其の茶化しが長く続いて、松永貞徳の教えで一般に此の流派の者は「微弱でも良いから一句毎に洒落を言わなくてはならぬ」と言った。又、談林の方はすべて奇抜に奇抜にと甚だ極端であったので、芭蕉が出て来て、芭蕉は貞徳の影響も談林の影響も受けて居たが、それを止めてしまったのである。そうして三句でも五句でも真面目な句を作って置いて、処々思いがけないものが出て来ればハッと人が笑う。其の笑いにもカラカラと笑うのもあれば、ニヤリと笑うのもあったり、色々の変化がある様にしたのである。三十六句で一巻をまこうとすると、初めの六句は真面目でなければオカシさが現われて来ないから、初めの六句にはなるべく俳諧を入れないで、感情が激するもの、殺生も恋もいけない、すべてエモーションを起すようなものを一切除いて、折目の処からグッと出て行く様にしたのである。其れがもし始めから終りまで冗談を言おうとしたら、俳諧では無くなってしまう。私は此の点で芭蕉と言う人は、昔の人の気持が良くわかって居た。本当の意味で良くわかって居た人であったと思う。今日、もう少し芭蕉の気持に基づいて、もう一度連句を盛んにしたら上品な笑いが復活するのではないかと思うのである。

＊

文学、殊に散文の文学の中に笑いを入れるという事は困難な事では無いが、あの写実の中に含んだ滑稽を、すぐに文学に育てた点で三馬は偉いと思う。一九等と違って三馬は生活のおかしい処を書いた本を作って居るが、あれは少し江戸人として味わってやらなければならぬと思う。大抵は極く自然な其の人なりの漫画のスケッチである。奇抜な事は何にも無く、コート・フール等と少しも関係が無い。人を笑わせる方から言ったら芭蕉の方が人生に笑いが欠けて居てはいけないという事から言って居る。又、今昔物語を取って見ると、女衆には見せられない様なひどい話が沢山出て来て、男だけで笑うといった様な話が大分ある。媚びるような、笑いを売るような気持の無い、笑いを持って居る文学がもう少し現われて来ると良いが、この間も私共の処で大勢集まって現代文学のもので誰のものにユーモアが多いであろうという事を話し合って、井伏鱒二はどうであろう、源氏鶏太はどうであろうと話して居ったが、現在でも全くやって居ない事はないのであるが、人を楽しませようと言う心持の動機が充分出て居ないのは仕方が無い事だと思わざるを得ない。其の点に於て芭蕉は一番偉い。芭蕉は自分が笑われようとも思わず、又、強引に笑おうともしないのであるが、其の気持が唯単に芭蕉だけではなく、芭蕉の教えを学んだ人達にも行き渡って居る様である。悪く言う人は、それは談林の影響だ、談林は貧乏に笑ったからそれを引継いだのであると言うかも知れぬが、芭蕉のユーモアの範囲が今迄の人よりは広くなって居るのである。『冬の日』の註釈を書いた人は随分多いが、其の点を特に主張した者は居ない。

田中なるこまんが柳落るころ　荷兮
霧に舟ひく人はちんばか　野水

此れなどは、ずーっと其処迄は静かな淋しい事を続けて言って置いて、ヒョイと「霧に舟ひく人はちんばか」と入って居るが、芭蕉自身の句では無いけれども、当時の連中が聴いて居て、皆ニコニコとしたであろうとうなずく事が出来よう。

それから『春の日』の

うつかりと麦なぐる家に連待て　李風
顔懐に梓きき居る　雨桐
黒髪をたばぬるほどに切残し　荷兮
いともかしこき五位の針立　昌圭
松の木に宮司が門はうつぶきて　雨桐

などの如く、ヒョイヒョイとまるで違った気色が連句になって居るのである。転換と言うか、生真面目に考えて居る人間があっけに取られてしまう様な事を言うと、挨拶でも無く、駄洒落でも無く、それで皆ハッと笑ってしまう様な句が到る処にあるのである。

私は此の様な気持、つまり勢力のある人に媚びたり、自分のウィットを売ったりする様な気持では無くて、唯あまり世の中が行き詰った、苦しい状態になって居る時には、それをくつろがせる様になると良いと思う。昔の連句は後世の人に読んでもらうつもりで作ったものでは無いので、仲間だけの楽しみは大変な処まで行って居る。であるから、私は出来ない事かも知れないが、もう少し連句をはやらせると良いと言ったのである。

*

もう一つ今日お話ししたいと思って用意したのは、『看聞御記』という、伏見の宮様で、後花園院という方のお父さんで、賜り名で天皇になられた宮様の日記があるが、此れは仲々面白い。其の日記の中に、伏見に居られて、伏見の宮の御祭の日に毎年猿楽の狂言があるが、其の狂言があった後で、狂言に公家の貧乏な事ばかりを話題にしたのが多くて困る、その様な内容では怪しからぬ。此処は御所では無いが、御所に来る人が見物に来る処で、公家の貧乏になった事を猿楽の狂言にしてやる事はあるものでは無いと言って、来年からはやってはいかんと、猿楽の芸人の目玉が飛び出す程叱ったという事を自分の日記に書いて居る。あの頃の公家達は貧乏であったので、猿楽で本当の自分達の姿を見せつけられるのが嫌であったのである。笑いの歴史には、此れは是非書かなければならぬ。今日ある狂言は、三百番も残って居るが、公家さん達の事を書いたものは一つも無い。大名の事ばかり書いたものが沢山ある。先きの様に、御公家様が貧乏したという様な事をしてはならぬ、と怒った例があるのであるから、其の時代には写実の、実際の生活にありそうな事を作ったものが出来たのであるが、現在はそういう御公家達の事などは残って居ないが、狂言は面白いものである。狂言は滑稽であるが、静かなユーモアがあって、あれはもう少し理解する人があって、言葉の歴史の事をやる人が多くなったなら注目する様になるであろう。

江戸時代の初期等には、却ってそういうものが無いのであるが、足利時代は淋しい時代であったけれども、笑いには事欠かなかった時代である。あの時代には、御公家達の低い層と町人の層が近づいて居て、色々な人達の面白い日記が残って居るが、それを通じて平民の生活が或る程度迄わかるのである。中でも面白いのは大納言山科言継の『言継卿記』の仮名まじりの文章は面白い。国書刊行会の本で四冊になって出て居るが、此の人は貧乏で色々な事で町の人とつき合って居た様である。此れを通して当時の田舎の事もわかるし、三河等を訪ねた処や、信長に逢いに行った事なども書いてある長い旅行記があって、私には大変面白いものであった。此れ等はなんとかして残して置きたいものである。

処女会の話

一

以前私たちがしきりに地方を旅行していた頃、ちょうど青年団のあたらしい活躍と併行して、他の一方には処女会という印象深い名をもった女性の結合が、そちこちに出現してくるのを、大きな興味をもって観望していたことがある。あれに関与した娘たちは、もうそろそろお婆さんであり、またなにほどの効果を世にとどめたかも明らかでないが、ともかくも処女会の主たる目的は正しい結婚、国を幸福にする縁組であって、その点にかけては久しく民間に認められていた娘組、あるいは娘仲間ともいったものと筋を引いていた。よその民族にまったく類がないとまではもちろんいうことはできぬが、少くともこれは日本の社会の特色ある一制度であって、すべての制度がそうであるように、外部諸事情の影響によって、時あって弊害を示し、またしばしば健全なる役目をも果していた。そうして文字に書いたものばかりで、人生を知ろうとするようないわゆる有識者から、今まで軽々に看過せられてきた点もまた例外ではなかった。事が男女の仲に関する題目であるだけに、これを詳しく説けばおもしろく、誰でも耳を傾けるであろうことはわかっていたが、私にはまだその力もなく、第一にそんな必要があるかどうかが疑わしかった。

ところが、今度はいよいよこれが単なる好奇心の目標にはとどまらず、まじめにしんみりと考えてみなければならぬという実際の問題に化したような気がする。先日も議会の公聴会で述べてみたことだが、仮りに配偶者の選択はすべて当事者の意志次第という原則がうちたてられたとしても、もしもその機会が与えられず、かつまたその判断の能力を養うべき途が備わらなかったならば、いたずらに失敗の統計ばかりを積み重ねて、時過ぎてからさわぎたてる懸念がなしとしない。しかもそれまでを顧慮することは、政治家たちの力にはあまるかとおもわれる。やはり利害のもっとも切なる人々、ことに離婚の損失を大部分引被らねばならぬもの、すなわち娘たちの常識をあらかじめ豊富にしておくべき必要があり、しかも世間がこれを理解しなかったら、そういう機会は生れそうもない。知った以上は少しでも語っておかなければならぬという学者の本務は、ここにはじめて世の中から、期待しまた要請せられるのである。できるかぎり誤りのないことだけを述べて、残りはこれからの人の研究と補正に委ねたいと思う。

古い慣習は片はしから今に向かぬものとして、食わず嫌いをすることが愚かであるように、なんでも昔の単純なる活きかたに戻って行けるように考えるのも、時の力をさとらない無智であろう。以前の娘組が村において成功したのには条件があった。たった一つの珍しい例外を除いて、村に生れたものはことごとく村の中において縁を結ぶべきものという原則が認められたことである。それがある故に正しい指導が行われやすかったのだが、現在はすでにその原則がくずれ出して、これをつなぎとめることがやや困難になっている上に、一方の、もとは稀なる例外であったものが、時とともに次第に拡張しているのである。その問題はここでこまかく説明するわけに行かぬが、つまりは一族のうちでただ一人、もっとも清くさかしい女性を別に育てて、神にかしずく役目をもたせようとしたために、その一人だけは娘組の群に加えなかったのである。後々その御用が少くなってから、これに遠くからのいい聟をとることを、家の誇りとする習わしが起って、それに倣う家がだんだんと多くなってきたのである。中古以来のかずかずの物語に、語り伝えているものはすべてこの種の婚姻であるが、それは男でいうと英雄偉人に該当し、千に一人というよりもまだわずかであった。残りの全部はいちように、もとはみな娘組という組織の中に入って、めいめい身に応じた一生の伴侶を、えらびえらばれていたのが真相である。

歌と物語とお伽の冊子とをもって教育せられた女性は、幸福とはいわれなかった。心を高うするということは、いいかえれば尋常の方式をもって、普通の男から求婚せられることをいさぎよしとせぬことであった。女に学問をさせることは考えものと、古風な人たちがよく口にしたのは、つまりはこれがひとり身で一生を送るものをつくる結果になることを経験していたからである。もちろんそれをきいて憤らないお嬢さんは少かったろうが、これは決して親々の経験が誤っていたのではなく、ただ以前の学問が、そんな方面に偏していたことに心づかぬのがいけなかったのである。だからあたらしい学校の教育が、嫁入りの口を多くするときまると、無理な算段をしてでも女の子を女学校に通わせ、みんなが協力して早くそれぞれに身のきまりがつくことを念じた。すべての教育に反対したわけではないのである。しかもそれがまだあたらしい風習であるだけに、村より外の縁組にはなおいろいろの不便がついてまわり、それを十分に処理するところまで、世の中が進んでいないだけなのである。古い国だということを一つの誇りとする民族でありながら、これほど不平不満の多い婚姻制度をもっていたということは不思議なようであるが、それは世の中がすでに改まって、この方面だけがまだ歩調を合せかねているのだとみれば説明がつく。少したちおくれたという悩みはあるが、今からでもやはり考えてみなければならない。

二

最初に注意してよいことは二つ、一つは村という協同体が、これからもなお婚姻のために働き得るかということで、現在どの程度に村内の結婚がつづいて行われているかという調査は一つの参考になる。全国の統計をとってみるまでもなく、五ヵ所か八ヵ所のとびとびの調査でも、大よその見当はたつことであろうが、私は今でもこの数は相応に多いこととおもっている。もとよりそういう人たちには理論はなく、ただ前々からのしきたりを逐うているのであろうし、いわゆる識者もまだその効果を省みようとせぬらしいから、これがかつては日本の社会の一つの特徴であったことは次第に忘れられるであろうが、将来の平等主義の上からも、これは不当であり不利益なことでもある。村の婚姻のもっとも大きな意義は、実際は娘組の機能によって果されていた。その娘組がこれから述べてみようとするように、おいおいと衰え弱り、または消えて跡なくなっているとすれば、その結果も詳しく調べてみなければならぬのである。

第二に今いちだんと重要な点は、果してここにいうような結婚団体とも名づくべきものが、将来に向ってもなお必要であろうかどうかということである。私などの見るところでは、個々の適齢者を今みたいな孤立の状態におくかぎりは、婚姻の自由などは名あって実はなく、多数は依然としてあてもない縁談を待ちこがれ、ただわずかなはねかえりものだけが、しばしば実を結ばぬ試みをくり返さなければならないだろう。しかも一方に以前のごとき小区域主義は不人望となり、これを支持していた娘組の組織はゆるんで弊害ばかりが目につくようになってきては、その復活などはとうてい望みがたく、なにかあらたにこれに代るべきものを考え出さねばならぬとなると、いやでも応でも一通りは今までの機関の歩んできた路筋を跡づけて、どこに本来の目途があり、なにがその存続を妨げるにいたった主要な原因であるかを明らかにする必要があろうと信ずる。もちろん今までの娘組などとは全然行きかたを異にしたあらたなる方式が採用せられることも可能であり、希望はむしろその方に多いのかもしれぬが、とにかくに最近試みられたいくつかの案は、いずれも間に合せの一部分にしか適用のできぬものばかりで、一つの制度として全体に行きわたらぬうちに、もうそれぞれの弱点をさらけ出していることは、決して日本ばかりの現象ではないようである。世相の移り変りを観察する学問が、少しも奨励されなかった一つの国家に、ことにこの悩みの多いのは当然といってよかろう。そうして少くともこの問題に関するかぎり、今がもっとも適切なる反省の機会であるようにおもう。

　婚姻の慣習は、日本ではおどろくほどによく変遷している。これには一つ一つ改まって行かねばならぬ原因があって、それも今ならばまだ尋ねられるとおもっているのだが、だいたいによその民族にしばしば見られたような女の数の不足、男のひとりものを生ずる場合が少い国柄であったようにおもわれる。男ばかりの長期移住がなく、僧侶がいちじるしく尼僧の数よりも多かったというような小さな理由のほかに、あるいは生れかた、育ちかたの比率が、いくぶんか女性に偏していたのではないかという想像を、古風な山間の村を歩くたびに、いつも私たちは抱かされている。それはまだ根拠の確かでない想像だとしても、ともかくも以前は寡婦が多く、その上に女のごく無造作に棄てられるような結婚方式が行われていたのである。彼らの生涯の幸福は擁護せられねばならなかった。早期の輿入れというようなやや不自然なる風習の中世あらたに起ったのもそのためであったろうが、それはただ一部の解決に過ぎなかった。これに反して未婚者がみずから結合して、結婚生活の安全を企図せんとした計画は、いささか素朴に過ぎたが、十分に効を奏している。そうしておそらくは外部の発明によって、教えみちびかれたものでなかったろうとおもう。

ただし一方に未婚男子の結合体、いわゆる若い衆組ができていなかったら、こういう計画も単独には起らぬかもしれず、また一種の遊び仲間のようなものは前からあったかも知れぬが、これを一村の配偶生活を正確にする手段に供しただけは、明らかに意識した娘たちの協力であった。若い衆の結合も、婚姻を一つの目標にしていたことは事実だが、この方は祭祀、開墾その他いくつかの共同の作業があって、その起源は遠く家族制度の以前にもさかのぼり得られるかとおもわれるのに反して、この方は動機がずっとあたらしく、しかも単純であったために、おそくはじまってまた早く衰えているのであるが、その機能の完全に発揮せられていた時代には、相応に郷土と各家庭の安寧秩序に寄与し、かついくつかのすぐれた常識を生み残している。今日はすでに昔語りになっているが、村々の老いたる主婦たちには、こうした空気の中に妻となったものがまだ多い。彼らの婚姻道徳観は統一し、その感化は間接に子や孫に及んでいる。よかれ悪しかれそう急激に、日本があたらしい国となりきれぬわけは、かくれてこういうところに一つの力があるからである。

三

娘組の歴史については、書いたものなどはほとんど備わっていない。ただできるだけ多くの実例を寄せ集め、それを分類してみて変遷の順序を知るのほかはない。それも今日は古い人たちの記憶にしか残っておらぬものがあって、誤りを伝えるおそれがないとはいわれぬが、この問題は普通は包みかくす人が多く、めったに余計なことをつけ加えることはないのみか、うそや出たらめには一致がないから、結局は数を重ねて、疑わしいものを除いて考えてみることができる。だいたいに西部日本の沿海地帯に、今も現実に行われる例が多いが、その他の地方にもとびとびにはなおいくつか知られている。東北の端の三県と、九州もずっと南の部分だけには、不思議にまだ確かな報告が出ていないが、これはことによるとあって亡びたのではなく、まだこの娘組の発達しないうちに、世の中の事情が改まったのかもしれぬ。

近頃生れた処女会とちがう点は、娘組には通例ヤドと呼ばるるものがある。宿も一種の会場にはちがいないが、そこには仲間が毎晩寄っており、それをときどきしか使わぬようになると、もう団体の力はずっと弱いものになる。もっと大切なことはその宿の利用のしかたで、あるものは集まってともどもに夜業をし、夜が更けると帰ってくるのだが、他の半分ははじめから宿へ夜具をもち込んで、そこに泊っては、昼間だけ家に帰って働きまた食事をする。普通に娘宿というのはこういった外泊所のことで、これには当然に弊害も生じやすく、また世間でも問題にしていたが、正直なところ、これが娘組というもののもっとも意義のある働きであって、他の一方はそれのやや鈍ったもの、もしくはそこまではまだ発達せずにいるものと見てよいかとおもう。

各地の実例のいくつかをわれわれはきいているが、そのなかでも山陰のある海辺の村の話が一つ、かつて『民族』という雑誌に、かなり詳細に報告せられたことがある。他の地方にあったのも格別大きなちがいはないが、この種の宿には宿主または宿親ともいうものがかならずあって、それとこの組に加入する一人一人の娘との間には、これも日本の社会の一つの特色であるところの、オヤコの関係があらたに結ばれる。通例は十六歳の春、またはもうおとなになったとおもうときに、娘をつれて親たちが頼みにくる。そうして宿朋輩にも引合せてもらうのである。宿はやや手広く家内が少いということも条件だったろうが、それよりも重要なのは主人の徳望、ことに思慮のある中年の夫婦の揃うた家がえらばれ、中には代々宿の経験を積んで、ここよりほかにはもって行けぬという家も多かった。私などが興味をもたずにおられぬのは、こうして頼まれておりながら、宿親はかならずしも今日いう意味の監督者ではなかったことで、彼が口を出すのは恋の問題のもつれて、仲間だけでは始末のつかぬ場合、ことに双方の親たちと懇談をとげなければならぬ際にかぎられていた。ふだんは口数が少く、小言はもちろんのこと、教訓めいたこともいわぬのが理想の宿主であった。そのくせ自分にもおぼえがあり、また妻の注意もあって、あらゆる実状は知りぬいていたのだから、いわば今日の先輩なるものと、大よそ対照的なる存在だったのである。

もとは全国の若い女性の三分の二以上が、正しい意味における性教育を、この機関によってうけていたものと私などは推定している。三分の二という数字には大した根拠はないけれども、村々にはたいていこれに似寄った娘の結合があって、そこでさまざまの人の世の定めを、学びとらないものは少かった。都市の生活がさかんになるにつれて、むろんこの風は次第にすたれたが、いまでも国の一隅にはなお持続している。近年の処女会なるものとくらべて、なによりも重要な一つの差別は、この方には母とか妻とか名のつく経験ずみの人たちが、指導はおろか、参加さえもしていなかったことである。

娘組の中にも、事実上の失敗者はいくらもいて、彼らのややひねくれた考えかたが、悪い感化を与えた場合は絶無ではないが、一方に夢と利害とを共通にもつものの数が多かったのだから、輿論の帰するところはだいたいに誤りがなかった。かならずしも幼い妹分たちを、正しくみちびいてやろうという努力はなくとも、普通の能力ある娘たちならば、だまって隅の方で耳をそばだてているうちには、そうだったかとおもうことが多く、二年もするうちには知るべきことはみな知ってしまう。女のおしゃべりというものはむだが多く、外からきくものにはうたていことばかり話しているようだが、人生に深い関心を抱く彼女らのためにはいい参考をもって充ちていた。しゃべる当人は夢中になっていても、しずかに相槌もうたずにきいている子たちには、それこそ一生の印象であった。日本が今でもゴシップの多い気もちの悪い国だといわれるのは、多分は男の方にもこれとよく似た自然の教育法が、年久しく行われていた余習であって、その間接の効果を考えると、私などは一概にそれをけなす気にはなれない。

批評が社会文化の発達のために、ずいぶん大切な一つの芸術であるということは、今いる若干の職業者以上に、すでに村々の未婚者群などがこれを立証していた。自身に手を下ろさせたらろくなことはできない若ものでも、観察は鋭くことに穴さがしはうまい。むしろこの方面から人生に入って行く仕組みに、はじめからできていたのかとおもうほどに、国語の活用はまずこの方面において発達する。それに托して各自の感情、心の奥底の願望みなどが、自然に表白せられるなども私には興味が深い。めったにわれわれは立ちぎきする機会をもたぬけれども、彼らの話題ならば大よそは想像することができる。いちばん最初に槍玉にあがるのは新嫁であったろう。よその村里からとついできた場合はもちろん、今まで仲間であった子が躍進した場合でも、ほめることは少くて、あらを捜そうとする努力が多い。

それからややときがたつと姑小姑との折合い、これにも公平な裁決は望まれぬのだが、ともかくも傍聴するものには常識ができて、どうせ一度は落ち込まねばならぬ境涯に向って、どこまで用意ができるかということを考えつかぬ娘はまずなかったろう。以前の女たちの大問題、立派な本家の主婦候補者となって、なんとしてでも切り抜けて行こうか、ただしは心やすい次男三男の新屋に入り込んで、小体にこつこつと稼ぎ出してみるか、どっちにしたのが自分にはふさわしいだろうかということを、人には一言も洩らさないでいても、たいていの娘たちは考えずにはいられなくなる。古い文学では、この状態を「身を知る雨」などと詠じていた。それはほとんどみな反語であって、もっとも野心のある女性がこんな語を弄したのだけれども、ともかくも選択ということは、すでに恋愛の以前からはじまっていた。そうしてそれを誘導したものは、ともすれば主観に偏しがちな、家々の親たちではなかったのである。

四

男女の情事は当然に娘宿の議題とならずにはいなかった。といおうよりもむしろこれを討究するために、この公議会は開設せられたという方があたっている。村が婚姻の区域であるかぎり、この問題の紆余曲折は最初から注意せられ、ときとしてはさらにその成立よりもさらに前から問題になっていた。いかなる種類の男子がとくに頼もしいか、もしくはそうこちらの勝手のみできめられぬとすれば、大よそどの範囲までの相手を認めてよいかが、いつも早手まわしに考えられていた。若い衆組の側でもそうだったように、異性の品定めというものは表になるほども精密であった。寄るとさわると男の話ばかりしているなどと、浅ましがるのは心なしのしわざである。

人がきいているのもかまわぬというのが厚顔なだけで、つまりはただたしなみの問題であり、それをしないほどなら、この機関を設けた甲斐はなかったのである。似合う、釣り合わぬということが、いつもこの仲間の論点になっていたようである。物語の上には牛若丸と浄瑠璃御前、というようなのが標準になっているが、こちらは実地だからその程度にとどまるわけには行かない。おまえさんだとまずこの辺が相応といわれて、悲しくなる場合も多かったろうが、そういうやや残酷なことまでしないと、土地の安らかな繁栄がつづけられなかった。そういう中には哀れなあきらめの多かったことも是非がない。親が呑んだくれで借金があったり、またはただ貧しい境涯から脱し得ないために、あたらいい娘に縁のない場合もあれば、ときにはそれを承知で勇敢な契りを結ぼうとするのも出てきて、このバランスはしばしば乱れたけれども、結局は無理なことをしてもしまいには泣くばかりということが、年の若い人たちにわかってきたのも教育であった。

村の麦搗き草刈りというような民謡にも、「末」という言葉のしきりに用いられていたのは、考えてみると哀れなことである。木の花蝶鳥の世のさかりとはちがって、人には色衰え髪に光がうせてからのまた何十年かのしずかな生活がある。それがあるものはたのしく、あるものはみじめであったことを、眼の前にくり返し彼らは見ていたのである。それが運よりも多くは選択のためだったとわかって、いつの世からともなく警戒しはじめていたのである。恋は盲目で前後のわきまえはないものと認められつつも、なお二言目には死ぬという言葉を、あまりにも頻繁にくり返していたのも、底の心理にはむしろ人間の一生が、いささか長きに過ぎることを気遣っていたためとも考えられる。もちろん個人としてはお染やお七、イソルデ・フランチェスカのような熱烈な性格もまじっていたかしらぬが、なんにせよ多数の平凡人が集まってつくりあげた常識は穏健以上ではあり得なかった。恋をするならば末とぐる恋をせよ、やがて棄てられることを警戒せよという教訓が古く伝わり、また娘組の中において強化せられたのであった。かならずしもそういう一つの目途をもって設けられた機関でなく、あるいは単に配偶を容易にする手段だっただけかもしらぬが、ともかくも結末はこうなっており、村の平和はそのために久しくつづいたのである。

さても由なき詠嘆が長くなった。結末をいそぐためにもう少し事務的に話を進めよう。私のいう娘組の全盛期には、宿親以外に別に娘頭というものがあって活躍していたらしい。娘頭の選挙は容易なわざでなかった。普通は年かさなものを推すことになっていたろうが、悪くいえば彼らは売れ残りであり、または恋愛の失敗者であった。粗暴でなければ優柔不断で、弱点は若者組よりも一つか二つ多くもっていた。そうして双方とも、頭に立つ若干名の心掛け一つによって、わずかな間にもすぐに堕落して、いったん悪くなると引戻すことがなかなかできなかった。そのために、最初は配偶者の選定は当人とその友だちとに任せ、親が尋ねても相手の名をさえ知らせぬという時代があったというが、後々は親は次第にわが子の行末を気づかって、外に夜を過ごすことをやめさせる家が多くなった。そうしてふたたび宵の間だけ作業に集まっては、帰ってきて寝るという慣行に復したのだが、そうなると出る日出ない日ができて、次第に娘組は衰えて行った。

そうして若い衆だけはまだ宿の生活をしているのに、これに対しての娘宿は話にも残っておらぬという例ができてきたのである。村の娘たちにとっては、この期に入ってから急に危険が多くなり、同時に自由な選択もできぬという不便さえ加わったのである。村の風儀の悪さということが、笑い話のようになって伝わっているのも、多くはこの期に入ってからの現象であった。それではたまらぬからと、今度は親たちの方がさわぎ出して、まだ年若なななんの判断力も備わっていないものを嫁に仕立ててもらってもらうという、今のような婚姻方式が急に普及したので、もとは一部の上流家庭に行われたものだが、別に真似たくて真似たのでなく、こうでもしなければ縁づきの道を見つけられなくて、空しく佳期を過ごすものが多くなる心配があらたに生じてきたからである。こんな縁組のしかたが昔から、国民の間にあったものと考えるほど、根拠のない推定はほかにはあるまい。歴史はどうせまだ明らかにはなっておらず、これから改めて尋ねてみなければならぬのはお互いのことだが、少くとも鳥獣虫魚にすらも備わった妻問いという手続きを、まるまる省略したものがあり得るかのごとく、それがまたある時代の婚姻の常道であったかのごとく考えるにいたっては非常識の極みである。

これもあるいは文芸の一つの感化であるかもしれない。義理に迫られて、または親の命令否みがたく、泣く泣く心にもない嫁入りをしたというような話は、今でも折々はあるように伝えられるが、果してそんな無理なことができるものかどうか。当の本人は仮りにこらえるとしても、第一にそれをきいて、相手が我慢をするわけがない。仔細に見究めると一種のセンチメンタリズム、誰だって夢は複数であるのに、そのとつおいつを不意に断ち切られた口惜しさはかなさの反映とも見られる。断じていやであったら、問題にもならなかったろう。進まぬというのも応諾の一つの形であった。未知の世界に入る不安の表白としては同情に値いするが、泣いて嫁入りしたものもたいていは辛抱しおおせて、後は睦まじく暮らしている。ただ果してそのような不安と辛抱とを、若い人々に経験させて、よいかどうかが考えられるのみである。

五

それで私は考えてみるのであるが、人が承知もせずに婚姻を結んでしまうなどということは、ただあり得べからざることというにとどまらず、日本はもとどちらかというと、女の自由がこの点にかけては、やや余分にまで認められていた国であった。それも片田舎の荒々しい生活を送る人だけでなく、思慮も感情も一通りは磨きあげられた、都府のいい暮らしのいわゆる上臈までがみなそうであったことは、幸いに彼らの文筆が多く残っているので、二重にも三重にも証明することができる。それにもかかわらず、たとえ短いある時代だけにせよ、女子はなんの選択も意志もなく、あたかも家産のごとく勝手に処分せられていたかのように、外から評判せられたばかりでなく、そういわれてみるとなるほどそうだったと、自分までがおもいこんで、憤ったり口惜しがったりするのはどうしたものであろうか。もしも誤りでなかったならば、これはまず大へんな変遷であった。いずれにしたところで解説せられなければならぬ、文化史上の大きな問題だったとおもう。

私などの見たところでは、女が望み通りの結婚をし得るということが、最初からそう容易な事業ではなかったのである。ちょうど男子の立身出世の願いに失望が多く、その成功率はいつも小さかったのと同様に、いわば自分の力にかなうものより、二歩か三歩かさきを目ざすのが望みだったからである。以前は家族が大きく主婦の地位が少く、それを得かねて一生を送るものが多かった。今日はもうそういう失望はなくなった代りに、もう少しおもわしい口がありそうなものだという歎息は、当人はもとよりのこと、まわりの人たちからも始終洩らされていた。意見のちがうということがもしありとすれば、たいていはこの見切りのつけかたにあったかとおもう。一方は今日までの多くの見聞によって、あてもなく高望みをしていたものの、いたずらに佳期を逸した先例を経験しており、他の一方はそれをまだあまり知らないのである。いわゆる身を知り人を知って、外目にも公平な判断をさせることは、年若なものには無理な注文であった。そうして一方かの村々の特殊夜学校においては、他にいろいろのいやなことがつきまとうていたとはいいながら、少くともこれだけは一つの必修科目だったのである。

この判断力養成法の欠如ということに加えて、さらにもう一つ妙な言葉を使うならば、研究資材の不足とも名づくべきものがあった。娘は批判に富み、観察も精緻であろうけれども、それを働かせるような機会があまりにも少かった。以前の泊り宿時代には、群の訪問ということがしばしばくり返され、男女一人ずつで逢うということは相許した後にかぎられていた。わざとそうさせたのでないにしても、これによって異性にさまざまの人柄があり、あるものが耐えがたく、あるものは好ましいということ、すなわち選択が必要であることを、自然に心づくことも一つの効果であった。

娘組が衰え女が一人ずつ家居するようになっても、若ものが友を誘うて遊びにくる風はなおつづき、これをわが国では求婚の一つの方式として、家々悦んで迎えていた時代がある。もっとおかしいのは縁談がすでに確定して、いよいよ聟入りの式という日になって、同じ年配の親しいものが三人五人、服装までも同じにして列坐する習わしがあり、それを聟添いとか聟まぎらかしとか呼んでいる。そんなことをしてももう間には合わぬのだが、これとてもかつては多くの同輩の中から、一人を生涯の伴侶と定めたことを表明する、もっとも具体的な作法だったとおもう。

その本来の心もちが、まったく不可解なものになってしまうまでに、今日の選択は制限せられている。縁というものの力がこれほど盲目に、信頼せられている社会もおそらくは他にあるまい。それでも以前はまだ暮夜ひそかに閨の戸を音ずれて、心の切なさを訴えるものが迎えいれられたのだが、このせつは泥坊悪者が多く、それと恋聟との見分けがつかなくなって、ついには断然と入口に錠をおろし、ただ仲人の間接の情報のみによって、相手のよささあしさをきめねばならぬことになった。仲人というものは、たいていは他の申込みの切れ間をうかがって、一挙に目的を達しようとするものであった。選択の機会などはないのが普通であり、家ではむしろ娘たちの判断力が不完全に発達して、迷いや過ちの多くなるのを恐れて、やや早目にこれを聟の家に送りつけ、恋愛のかえって婚後に発育せんことを期するようになったのである。行掛りを知らないものの目から見れば、まことに訝しいまた笑うべき世相であるが、民法が果してこの状態を改め得るかどうか。われわれにとってはどこまでも大きな疑問である。

現在のごとき判断能力の欠乏、及び選択の機会の不備を存続する以上、たとえどの程度の意志自由を認め、指導者保護者の関与を制限しようとも、若い未婚者たちの不安を済うことはとうてい望まれないであろう。強いて勇敢に進路を開こうとすれば、失敗の記録はたちまち累積して、またあたらしい姑息手段、たとえば高砂業のごとき弊害多きものを、繁昌せしめるのが落ちであろう。正しい意味における性教育を、設定することが一つの急務である。家庭がその任務には向かぬこと、これが現実の成年期からはじむべきものであることは、もうわれわれの社会では実験ずみといってもよい。そうすれば一方の準備機関、すなわちできるだけ広い範囲の選定方法なども、自然的に生れてきてよいわけだが、これにはなお外部の支援、ことに同情ある理解が若干は必要であるとおもう。男女の婚姻適期の開始と、家庭維持の能力の発生と、二つのものの一致しないのがいつの世にも問題になる。学校の共学や職場の交際は、一つの利用し得べき機会であろうが、これも傾向特長の相異なるものから、幸福なる諧調を見出そうとする場合には妨げになるだろう。

古いやや粗野なる若者組、もしくは娘組の経験を回顧することは、この場合において意義がある。現在の日本では「友だち」という言葉が、すこぶる散漫なる内容をもつことになっているが、これと知人とは元来は二つ別なものであった。この思想もまだはっきりと地方では跡づけられるが、友だちは元来性も年齢も同じであって、小さいときからいっしょに育ったというだけでなく、数が多ければその中から若干をえらみ合って、死ぬまでつき合おうという仲になっているもののことであった。もとはいっさいの生活の悩み悦びをともにし、互いに心の奥底までを知り合っているのが当然と考えられ、それがまた今でも大きな力になっている。男女二つの組の成立にも、これが実際の基礎であった。親にもうち明けられぬような問題といえば、恋と婚姻とがその主たるものである。時代が変遷して仮りに昔のままの機能はもたれぬとしても、この団体がこれに働くのは自然だとおもう。だからこれからの一つの解決としては、親も長者もともどもにこの関係を理解して、小さいうちからこれを守りたてて行くようにしてはどうかとおもう。現在の社会学徒には、案外この点を調べる人が少かった。それだけにまたあたらしい興味があるかとおもう。友だちという語にはすでに広すぎる意味ができているとすれば、別に友垣とでもいう名をつけてもよい。とにかくにわれわれは未婚者みずからの団体に、もう少し深く婚姻の問題を考えさせたい。青年会や処女会も結構かもしれぬが、そこで説法するものはそれ自身、かならずしも結婚の成功者でない。ことにゆがんだ恋愛の経験しかもたぬ人たちに、性教育を托するなどは、どっち道有益なことではないと私はおもっている。

離婚をせずともすむように

一

今でも婚礼の席上で、双方の親類が取りかわして居る挨拶の文句に、このたびは不思議な御縁でという言葉を、稀ならず聴くことがあるだろう。縁ははたしてその様な不思議なものか。又そう思って居てよいものかどうか。それを諸君は一ぺんは是非とも考えて見なければなるまい。広い世間に必ず一人、一生の友となるべき人が居る筈なのだが、それが詰のきまる瞬間まで、誰であるかを誰も知らない。そうして愈々《いよいよ》確定してしまうと、親よりも兄弟姉妹よりも、もっと身に近いうちわの人になるのである。この急激の変化こそは不思議であって、それを指導なされる神が出雲にあり、或は月下氷人と称して、前以て帳面に付けて持って居る役目の者が、隠れた世界に居るかの如く、想像するようになったのは無理はない。それほどにも始めて与えられる選択の自由が大きく、そうして又だしぬけのものだった。果して誤りなく良い判断が出来るかどうか。まわりの人たちは勿論、自分にも決して自信はもてなかったのである。希望註文はたしかにもって居るのだが、急げば急ぐほど見当が付かない。目に見えぬ有力者の親切が、もし信頼し得られるならば、それにまかせてしまう気持になり、又時として祈願をしようとしたのも、人間の常の情であって、日本人の久しく抱いて居た祖先神の信仰なども、実は隠れたる根柢を斯ういう実際的な生活面にもって居たのである。

二

ところがこの天縁とか前世の約束とかいう考え方が、何だばかばかしい、意味が無いじゃないかと、相手にされないような時代になってから、更に一段と判別は困難になり、ただの偶然ばかりが、人間一生の喜び愁いを支配するようになって来たのである。雲をつかむようなという譬えごとがあるが、誰にも一人ずつは何でもかでも、是に限るという相手はあるにちがいないのだが、何処に今居るのか何をして居るか。それを見つけ出す手掛りは全然無い。誰でもよろしいと思う者は先ず無かろうと思うのに、結果に於ては殆どそういったのと同じ事に帰着し、口でもまたそんなひどいことを言うものが出て来た。結婚の制度が今日の新しい時世に入って、もう一ぺん根本から考究せられなければならぬ理由はここに在り、是を古くさい有りふれた常識のように、かたづけてしまえないのも其為と、私などは深く考えて居る。

悪い不愉快な経験だけならば、あまる程も眼の前に在るが、それを集めて分類整理して見たところで、さて如何なる智恵が導き出されようか。若い未婚者たちの相談に乗ってくれる人たちも、彼等自身がまた雲をつかむような手さぐりをしたものが多い。殊に近頃の文芸がよく取り上げて居るように、婚後十年内外の一種の倦怠期に、無益な過去批判をするような男女が、好んで彼等の人生観を談ずるのは弊害である。何故にもう大よそ此世の役目を果して、生涯の締括りを付けようとして居る自分などの年齢の者が、進んでこの次の世代の明朗化のために、新しいなお一つの生活様式を、夢み出そうとはしなかったろうか。それしか能は無いのにと、私は始終そう思って居る。

『婚姻の話』は、老翁には似合わしからぬ著作と笑われたけれども、実は必ずしも個人の興味を以て書いたものでなかった。不適当なる配偶選択のために、大きな損をするのは女性の方にきまって居るようだが、男もこの為にそううまいことはして居ない。

鳥羽の湊の踊り笑ひに　冬文
あらましの雑魚寝筑摩も見て過ぎぬ　野水

つら〳〵一期聟の名も無し　荷兮
我春の若水汲みに昼起きて　越人

斯ういう俳諧を見てもよく考えることだが、独り者の気楽さということは、可なりあじきないのだった。それを避けようと思えば辛抱をしなければならぬ。女房の悪いのは六十年の飢饉などと、昔の人の謂って居たのは、つまりは定婚の際に、まだ考えて見るべき多くのものを、考えずにしまった者が、黙ってあきらめて離別もせず、独りで苦しんで居たからである。そうして若いうちから、そういう末の事までを考える者を、馬鹿にしようとしたのがいけないのである。

三

人の一生ほど不可分な単位はない。自分で計画をしなかったら、他には伝記でも書いてくれる人以外に、是を一個の存在として見ようとする者は無く、それも大抵は後から遠くからである。何もかもあなたまかせ、成るように成るであろうとか、一寸さきは闇というような生活をすまいとすれば、この結婚の問題の前には、立止まって暫らく考えて見なければならぬ。以前の出雲の神様を信じて居た時代には、却って今よりもまだ色々の準備があった。参考にしてよいような幾つもの資料が周囲にも多くあった。日本の民族のみに限ったことでもないが、正しい選択の行われやすいように、年頃の男女の数多くの者を、一処に置いて知り合いにする機会は用意せられ、その上に似よった境涯に在る者の思い思いの批判が、隔意なく交換し得られるように、わざと尊属は其仲間から身を引いて居たのであった。一生の伴侶として、どういう異性が最も望ましいかは、当人には却って決し難いような場合でも、周囲には似合い釣合いを鋭敏に感ずる者が多く居り、古歌によくいう「身を知る」という修養が始まると共に、高い望みを遂げる為に、必然に個人の道徳が進んでも居た。親が選択に大きな力を持つ近代の風習は、主としてこの未婚者団の崩壊が之を必要としたので、それを固有の陋習の如くいう者は、全く常民の歴史に無知な徒だったということが出来る。性教育といえばこそきたなく聴えるが、新たに教えなければならぬことは結婚についてては数多い。親が適切なる指導機関でないときまれば、急いで其代りのものを考案する必要はあろうが、棄てて突離して迷うな誤るなと、口で千べん唱えても何になるものでない。すべてということは望めないまでも、一割でも二割でも正しい婚姻、悔いなき婚姻の数をふやして行く為には、せめて以前に行われて居た程度の、準備教育の施設がほしい。保守でも復古でも決してないが、やはり利害を共にする同性の未婚者群が、助け合うのが自然ではないかと思って、私は今親友又はドシというものの制度を考えて見ようとして居る。

四

日本の民俗誌、即ち尋常普通の人々の生活の変遷を探って見れば、確かにわかるべきことが今はまだ気付かれずに居る。たとえば記録に伝わって居る前代人の結婚、是は其家の地位が高く、もしくは事情が特殊だから書いて残されたので、寧ろ世間並で無いという証拠である。遠い先祖の無類に幸福だった縁組が、子孫繁昌の基という話は、伝説にもなり又昔話ともなって居るが、是は決して其通りの途を歩めという教訓では無く、稀にはそういう不可思議も起り得るという、言わば美しい夢を養う伝奇の事業であった。当代の文芸は妙にこの点ばかり、古くさい趣向の跡を追って、何か一くねりくねった婚姻だけを題材にしたがる。写実だ私小説だという看板は掛けながら、国中八九割を占める仲のよい老夫婦の茶のみ話は書かない。もしも斯ういうのが日本ならば、仏蘭西なんかは間男ばかりして暮らして居る国になるかもしれない。小説を結婚の参考書とすれば、せずともよい苦労をするのは先ず当り前であろう。誰が何と言おうとも、恋愛は要するに準備作業で、之を経由してこそ最多数の若者は、楽しみつつ安全なる配偶生活に入って行かれた。是が技術として進み過ぎた余りに、今は遊戯化職業化の弊に陥って居るけれども、まだ幸いにして終極の目標を見失った者が少く、妓女の輩までがなお年たけて後の身の落着きを苦慮して居る。「迷う」という言葉が屢々此問題には用いられて居るが、是は要するに眼前に選択すべきものが多いか、又は未然に将来に出現するであろうものと比較するからである。人が各自の全一生の為に思慮することは、臆病でも何でもない。女性が相手の健康とか活動とかを気にするのは、不人情とは決していうことが出来ない。それと同様に我々が婦人に期待するものも、彼女等が持前の精微な感受性を以て、世に立とうとする者の計画と抱負とを理解し、同情ある批判と支援とによって、共々に之を完成させようと努めることに在ったとしても、決して利己主義だと責めるわけには行くまい。何となればまだ現在は、男の世に尽す事業の方が大きいからで、今に二人が二つの事業、乃至は男に家事を賄わせるような時が来るかも知れないが、そうなってからの配偶選定方針までは、私にはまだ説法する能力がない。

うだつが上らぬということ　家の話

1　和名抄などの誤りについて

伊勢の津の町に、代々学者であり、かつ、実業に熱心な川喜田久太夫という人があるが、その人を、私は東京で昔から識っていた。明治四十年ころ、川喜田氏を伊勢に訪ね、焼ける前の津の町を一緒に歩いたときに、

「柳田さん、これをご覧なさい。これが『うだつ』というものですよ。うだつが上らぬということを東京あたりでもよく言うでしょう。これが上るということは、家がちゃんとなるということは、家運がちゃんとなるということなのだから……」

と大部講釈してくれた。この川喜田氏の説が、うだつに就いての最近までの通説である。うだつというものは、高塀造りといって、市街のならんでいる家の火災を防ぐために、家

の両側に、家より三尺ほど高く立った、土壁ぬりの三角の仕切りで、非常に美しいものである。川喜田氏がそんな話をしたころは、大震災前で、東京でも下町には、うだつの上っている家が軒なみに見られる状態であったから、その美しい仕切りを見ながら、うだつというのは、面白い言葉であると、そのとき感じた。

後に、大和に杖をひき、軒なみではないが、うだつの上っている農村の旧家を沢山見た。うだつ造りといっている。うだつ造りという言葉の方がもとではないかと思われるが、そのうだつというものが何であるかを考えて、今回の話題とすることにする。

和名抄をはじめ、どんな書物をみても、うだちは、梲と書き、音は「せつ」としてあるが、これは誤りである。シナの原本と称すべきものをみると、「梲は梁上の柱なり」とあって、日本でいううだつではなく、束柱のことである。すなわち、柱の上に一旦梁《はり》、桁等の横の材木を渡し、さらにその上に立てる三尺、五尺の柱のことである。

日本でわれわれのいううだつは、それとは反対に、上から下まで突きぬけた柱であり、梁上の柱と書いてあるのを間違って、梲の字をあてているのである。このような間違いから出発したものだから、この字は捨ててしまわねばならぬものである。とにかく、うだつという日本語があるので、これがどういう意味になるかということを究めることが、まず最初の問題となろう。

最近でた東条操氏の『方言辞典』には、うだちというのは、「極めて簡単なる掘立小屋のことであり、その例は、東北では宮城県、関東では上総及び群馬県の一部分、西の方では三重県あたりまでもある」と書いてあるが、これは、かなり心細い説明である。これでは伊勢の津で川喜田氏が私に教えてくれたものとは似ても似つかぬものを、うだつということになる。

私は、何か両方に共通して、この言葉を生かすことはないかと思い、大部長い間、うだちという言葉に注意していた。このことを簡単にいえば、貧民の小さい小屋も、また、立派なのも、要するに、地面から天辺まで突き抜けた柱なのである。このような柱を中心にして家を建てようとすると、小屋が出来る。中でも一番具体的な例は、蓼科の南麓の諏訪にほど近い山村に残っている、江戸時代の帳面である。これにうだち造りの家が何戸か記されていて、百戸のうち七八十戸がうだち造りで、みな貧民であり、小屋と呼ぶ代りに、うだち造りと書いてある。これからみれば、東条氏の注釈はまるきりの間違いではない。つまり、うだち造りの小屋という意味なのをただうだちと言いぱなしにしたところに、混乱を生じたのである。

しかし、うだちという言葉は、そんな簡単な言葉ではない。古い例で探す前に、まず実際の例をみると、うだち造りの小屋のある同じ山梨県地方でも、塩山の町の付近に、うだちの柱のある非常に大きな旧家がある（石原憲治『日本農民建築』山梨県の部・聚楽社）。二階屋で、家の下から二階の床板をぬけて上までぐっと上った、ねじれた自然木で堂々たる柱である。これもうだつである。これをみても、うだつという言葉は、小屋しか建てられぬ建築法しかもたなかった時代に、樹木が豊富で、しかも人間が丹念であったころには、非常に大きなうだちを作っていたもので、それが永く残ったものである。うだちを上げるということは、上から下まで突きぬけるような柱を立てること、このことがもとの名の起りであろうと思う。

2　万葉仮名の「卯建」ということ

うだつという言葉は、奈良朝時代までに逆のぼることが出来る。正倉院の建築に関する文章の中に、万葉仮名で「卯建」と書いてある。なんのことかよくわからなかったが、とにかく古くから使ってあり、建築の技師までが使っている言葉であるというだけは、正倉院の文書から説明が出来るのである。

また、沖縄県の八重山群島出身の宮良当壮という人が作った『八重山語彙』という随筆の中にもうたちという言葉が出ている。うつたちとも聞える。沖縄では土台石を置かないから、土を掘って穴の中へ入れ、動かないように上まで立てる、その柱がうたちなのである。宮良氏はうちたてだろうといっているが、これは怪しい。ことによるといたてで、生立と書かねばならぬのではないかと思う。

もう少し想像を逞しくすれば、家の一番大事な、動かすべからざる柱だからして、樹木の生えているところを選んで、それを中心にするような家、つまり、そこから生い立っている柱というような意味ではないかと思う。とにかく、下から上まで通る柱というものが想像されるのであるが、建築家にその話をすると、皆信用しない。現在は建築技術が進んでいるので、うだちという種類の柱でも必ずしも天辺まではとどいていないし、また、柱は土台の上に置かれているのだから、先にのべたような事実の痕跡はなく、従って建築史上の材料のないものをとりあげることになり、建築史家としてはやれないことで、信用しないのも無理はないと思う。

伊勢の神宮の一番正面に現われている建築を横にまわってみると、あの長い切妻の建物の両端に、棟木までずっと通っている柱がある。これは、通例棟持柱といっている。非常に立派な材で、節などのないのを選んで、礎の石の上から、屋根の棟木まで押通してある柱である。この柱が伊勢の建築の一番重要な点で、現在まで昔の建築の様式を失わずに立っている。正面に立っているのでもなく、家の真中に立っているのでもないので、果してこれが川喜田氏らのいううだちと同じかどうか、即ち、棟持柱とうだちの柱が同じであるかどうか、まだ議論の余地がある。

伊勢神宮の建物は、大体以前より少しずつ寸法がのびているから、もっと小さかったころには、この柱はさほど目立たなかったが、現在のような見事な建築になってきたので、殊の外いちじるしく見えてきたものであろうと、皆が想像している。伊勢よりも尚一段驚くのは出雲大社である。神明造りで、民家に近い建築様式をもつこの社の真正面に、十丈か十一丈に及ぶ丈長の棟持柱がある。これには建築家たちが疑いをもっている。そんなに太きな材木があるわけがないから、後々に改造があったか、或いは継柱ではないだろうかなどといって、出雲の学者たちと議論をしている。

私は、あるいは、もうすこし規模が小さかったのではないかと思わぬこともないが、それはただの想像であって、むしろ、日本に樹木の豊富であったころ、上下真直な檜や杉で十丈も十一丈にも及ぶ大樹が必ずしも希有ではなかったのだと思う。奈良にある多くの有名な建築物、ことに東大寺などは、大変大きな木が使ってある。今でこそ、日本は樹木の乏しい国として特徴づけられているが、奈良の都が盛んに出来上る時代には、人間の労力さえあれば、もち出せる木が国内にあったのである。

殊に出雲大社の正面に建てる柱であるから、国内隈なく探し廻ってでも見たててくるわけであり、その次には大社のために、これを用意しておくということが、必ずあったに違いないと思われる。私は、むしろこの柱から、このような大樹に覆われた旧日本の山々の光景を想像する足がかりになるとさえ考えている。まして現在でも無理をすれば、このような大木が出てくるのだから、大きな材木の存在を疑っていない。その柱が、伊勢神宮とは縦横の違いはあるが、出雲大社では矢張り正面に立っている。この柱はうず柱と呼ばれている。うずは、うずの幣等《みてぐら》といって、非常に尊いとか珍しいとかいう言葉であるが、出雲大社でうず柱という言葉が使われたときは、あるいは、今のうだつ、もしくは、ういちという種類の言葉と近い理由があったのではあるまいか。つまり、ちょうどいいあんばいのところに、もう木は植えてはいないが、生えた木をうだつと呼んでいた時代から存続している建築であるから、その気持から名づけたのではないかと思っている。

この観点から想像をめぐらせば、棟をもつから棟持柱という言葉で伊勢では呼ぶが、これとても、うだつと同じような言葉が、やはりかつてはあったのではあるまいかと考えられる。つまり、われわれの家の大黒柱のように家の内へ入らなければ見られない木なのではなく、一つの装飾となって外部に表われているものなのである。

3　棟持柱と大黒柱のあいだ

いま一つ、前にのべた柱の類と思われるものに、男山八幡宮の拝殿がある。これは前二者に比して、ずっと後世のものであるが、これはまた特徴のある建築で、一番大切な柱となっているのを、うつぼ柱という。その柱の中を利用しているからうつぼ柱ということに今日ではなっているが、これも同じ言葉ではないかと思う。ただし、あり場所が建物の正面ではなく後にまわっている。

このように、古式な神社に限って、大きな柱を一本だけ作らなければならぬということは、何か意味のあることではなかろうか。

われわれのいう大黒柱は、主人に喩えたり、主婦に喩えたりするくらい重要な意味を持っているが、実際の柱は家の内へ入らなければ見えない。内へ入ればすぐ目につく、もっとも大きな、立派な柱である。

殊に建築に金をかける家では、みがき上げた、槻等の立派な木を選ぶ。これが、やはり、あるいはその系統のものではないかということがまず想像に浮かぶが、建築家に言わせると、大黒柱は上まで突きぬけていないから棟持ではないと断定する。山梨県塩山の旧家の例は上まで通っているから問題はないが、一般の大黒柱になると、二階屋の場合には、途中でもう一本横へ木が入り、その上へまた別の木を立てるし、二階のない家であれば、その上へ束《つか》という長さの短い細い木をいくつか立てる。つまり、棟持柱の家は少しも表われていないのであるから、棟持柱と大黒柱の間に何か関係があるかどうかということは疑われる方が本当なのであるが、日本の古い農民の建築物のへてきた永い間の変遷を思ってみると、むかし、上まで突き通っており、その名残りを伊勢の神宮にとどめているような柱の建て方でも、現在金持の農家のうちで見るような大黒柱になってくるだけの変遷はあったかも知れないと、私には考えられる。

以上のような考察もさることながら、家の中に住んでいる人の大黒柱に対する心持の方へも強い関心を配らねばならぬと思う。うだちの柱は特殊の名前になり、また町方でなければ見られないようなものになっても、系統をたどってゆくと、同じものの色々変った表われの中に入りはしないだろうか。もし、そういうことが証明できるとすれば、これは、われわれのやっている民俗学のごく普通の研究方法だから、単に家の問題のみならず、例えば婚姻であろうが、祖先信仰の問題であろうが、そういう問題にも、何らかに当てはめてゆくような方法の基礎になるかも知れないのである。

つまり、元来日本人は、思った以上に、――今の民族よりも――もう一段と、ものごとを強く変えてゆくことを喜ぶ性質をもっていたのではあるまいか、とも思われる。それが、この柱のように、たまたま無意識のうちにもち伝えているもののうちに、その変遷を眺めうるのではなかろうかと思い、このうだつの問題を、もうすこし広く大黒柱とつながってゆくような形で、考えてみようと思う。

甲州に見られるような、唐傘の如く、一本柱を真中に、そのまわりに色々の柱を立てて作る小屋をうだちというのと同じく、高塀造りの建築物をうだつというのには、またそれだけの理由がある。

高塀を作る時に作る防火壁の真中の一番高い柱には、あるいは突き通した、もしくは、わざと立派な木を選んだ柱が立っているのかも知れない。

また飛騨の白川の渓谷で行われているさつ造りという建築法を見てみよう。さつは、さしまた等と言って、上がまたになった高い柱である。山小屋では現在でも実際にこの方法が使われている。金属性の建築資材が豊富な近ごろでも、山の中だけでは昔通り釘や鎹《かすがい》を使わない。一番最初に、上に二本の小さいまたのある木を一本、動かぬようにしっかり立てて、それへ棟木を渡す。これが小屋でなく本格的な家屋となれば、後方にも高さは随意で、同様な木をもう一本たてて、両方の上へ棟木を渡す。現在関東の山小屋で見られるのは、二叉《ふたまた》にした柱を一本一番正面に立てて、それへ棟木を渡し、棟木へさらに、いくつかの山の木を結び合せた山を渡し、その上をふいてある。これは明らかに出雲大社において十一丈もの高さをもって使われているうず柱と同じく、また、伊勢の神宮でみられる棟持柱と同じ形のものである。今では、それは装飾的になり、力をもたせぬようにしているかも知れないが、要するにその上に棟木を渡して、棟木を動かぬようにする一番重要な柱である。

もう今では、個人の家では切妻で入る家は少くなり、そんな柱を立てる必要がなくなって、その様式が変ってしまったが、大黒柱というものが出来て来た一番大きな原因は、やはり、このようなことの中にあるのではないかと思う。これもまた、建築史家の多分賛成しないところであろうと思えるが、民俗学の証明の責任を負っている非常に重要な点である。このころ大分沢山違った実例が出てくるので、いよいよ証明しやすくなって来ている。

4　三つに分れていた家

家は元来、大工という職業が出来、図面を作って建てる以前の、言葉をかえれば、素人細工で作っている時代には、胸に画くような大規模なものは出来ず、作り方は極めて簡単であった。われわれが一軒の家だと見ているものも、もとは三つの部分にわかれていた、と私は見ている。これを証明する方法は種々あるが、台所の食事をする部分——仮に名づけてかまやという部分——と、客をとめる上の方の座敷という部分、それに家の者が住んで火を焚いたりする——東北でいじょいという——居間の部分、この三つの部分がわかれて立っていたのが、元の家だと考えられる。大黒柱はかまやと居間との境目に立っていた、同じ目的の棟持柱ではなかったろうか。

ところが、贅沢に棟まで通す必要はないし、周囲の柱との連絡のために桁を渡さねばならぬから、そこで一旦大黒柱を切り、桁の上へまた柱を立てたので、大黒柱は次第に棟持の意味を失ってしまったのであるが、最初にこれを作らなければならなかった動機は、今までの棟持柱と同じ心持、即ち、家の美観を呈し、且つ、家の信仰の中心にするという心持であったといえよう。

今の建築は大工が建てるので、大きな棟木や梁の木を上げる技術が進み、家が一つにかたまり、元来大黒柱が建築上もっていた家の力を支えるという用途が小さくなり、正面からみて美しく感ずるという、様式美の方に重点が移って来た。これについての実例は、戦後になって多数出て来た。その中に石原氏らによる絵図入りの詳しい実例の紹介がある。熊本県の北部の菊池郡とその南部にある原野は、江戸時代の初期奨励して開墾させたものだが、その時に入植して、未だにその家に住んでいる旧家の百姓家が数軒ある。その家々では、かまやと、自分の家の居間のある本間の住いとを出来るだけくっつけて、しかも屋根は別になっている。

屋根が別だと両方の雨の雫が流れこむ。それを防ぐために樋をかけねばならない。今では樋は家のまわりしかかけぬが、もとは家の真中に、木を掘り窪めて作った樋をかけた。菊池郡の西方にある士族の作った家はみなこれである。

さて話を元にもどすと、通例は、家に入って左側に段々があり、上へ上ろうとするところの台所との境に柱があるので、それはちょうど家の真中で唐傘の中心にいるような風に感じるが、そこではこの大黒柱が、上りはなから下におりて、土間に立っている。上まで突き通してはいないが、両方の屋根から出ている垂木《たるき》のような材木を上に上げている。これがやはり大黒柱である。

　大黒柱は普通二本なければならないものとされ、大黒柱に小黒柱、男大黒に女大黒、大黒柱にえびす柱、等といろいろな呼び名がある。二本なければ家が支えられないからだと哲理的にいうが、これは私どものいうところでは、かまやと座敷とをもって来てくっつけると、その間にある柱がちょうど大黒柱にむき、その用途になるのである。一軒一軒家を離してみれば、外にあるべき柱が家の真中に入っている理屈が理解される。東北の旧家では、ちょっと変っていて、大黒柱も大事にするが、尚一層大事にするうしもち柱というのがある。大黒柱より太い柱で、土間の真中にある。うしもち柱はうす柱ともいう。梁《うつばり》の一番大事なところに立っているから、それをうし柱といい、やなのことであるとか、また臼をよくその柱の下に置くので、うす柱というのだと解釈されている。

　この臼を置くところとして使う場所は、地方によって多少の相違があるが、それを集めてみると、新たに発見することが多く、この研究の前途に明るいものを感じさせる。

大黒柱を一番大切にするところでは、正月に神様を迎えるとき、年越しの松を縛りつけたり、餅を供えたり、種俵を置いたりする時に、この柱の下を使う。また、農村では、土間にあるうすもち柱の下に、臼を逆さにし、その上に箕を置き箕の上にうらじろ等の山の草や餅を置いて、年越しの神を祭る。そのように種々のことに使われ、東京付近で大黒柱に対してもっている迷信を、その地方ではうすもち柱に対してもっている例が多い。

また、ある地方では、座敷と居間とのあいだにある柱を座敷大黒、上大黒、えびす柱、長者柱と呼んで非常に大切にし、この柱に対して種々の俗信をもっているところもある。

このような信仰や名称からでも、昔の人がどんな心持でこの柱に対していたか想像されよう。座敷大黒が、座敷と居間——家の中心部分で、どんな小さな家でも決してなくすことの出来ぬ部分——の境目にあるのは何を意味するのであろうか。

歴史の発展とともに建築技術が職業化し、師匠がその弟子に教え同じ絵図を受けついで家を建てるようになると、最初の本来の意味が不明になったり、種々の説明がついたりするが、もともと、三つの家が一緒にくっついている方が便利であるから合せてみようという気持があった上に、大工の発生からそれがたやすいことになり、一棟の大きな家を作り出したのである。殊に旧家の本家等では、たいてい座敷を非常に伊達にし、三間通りの家、即ち、あがりはなが一間と、仏壇のある中の間と、その奥にもう一間ある家を作った。これは、私のいう、いわゆる三合、——三つの家を一つによせて作った家——が、後の技術の進歩により変って来たものの痕跡が、これからもわかる。

5　神様より偉くなったうだつ柱

うだちの柱というものが変化した道筋は、大体これで一通り説明したつもりだが、いま一つつけ加えることにしよう。

家の高さが高くなってくると、例えば甲州の金持の家にあるような立派な生えぬきの柱はどこにでもある、というわけにはゆかぬから、一旦上で梁を渡し、そこまでとどく立派な柱を作って大黒柱にし、その上にまた、必要に応じて束をいくつか入れ、それが屋根を支える木の台を作る、というふうになったのである。

もとの起りは、この柱が家を建てるのに、非常に重要なものであったのだが、それが変化して、私の家では、これほど立派なうだつの柱を使っているということを誇示し、またそのようにありたいという影響から、どこの家でも、この柱を立派にするようになったのである。地方によって異なるが、現在では、これが転じて、主人あるいは主婦のことを大黒柱というようになった。この柱は家を支える、という心持をもっているので、皆がこの柱を大切にしたし、またそれによって俗信も起って来たのである。

大黒柱に刃物でもあてようものなら、非常に怒ったり、いたちがキチキチと鳴くと火が危いといって大黒柱の根元へ水をまいたり、またある場合は札をはったり、御祈禱をしたりして、また釘等はなるべく打たぬようにして大事にしている。床の間や神棚はありながらも、大黒柱を家の信仰の中心とし、その信仰が未だに保持されているのも、そのような意味が含まれているからである。

　山小屋に今も姿を残しているさつ柱と、大黒柱は、もとはその性質を同じゅうするもので、一方はだんだん簡略化され、他方は次第に複雑な理屈をつけて考えるようになったものだと、考えている。

　従って「うだつを上げる」ということがいつごろ出来た言葉か知らないが、うだつという言葉は、古くからどこの村にも、どこの建築常識にもそなわっていた言葉で、存外、それを建てるということに重きをおいていたのではあるまいかと思う。

　江戸の市民は、何かすこしつまらぬときに「うだつが上らんじゃないか」とよくいっていたが、うだつを使い始めたときは、どのような取り扱い方に使っていたものだろうか。今日みるような、農村建築の姿、即ち、三つのものが一つに合したのはいつ頃のことであろうか、それを非常に古くからのもののように想像する人もあるが、そうではないと思う。大黒という言葉の意味はよくわからないが、それは新しい建築における術語である。古い時代には、家の中に一本だけ大事にする柱がある、というだけで、そんな術語はなかった。この家が三つに分れている実例に関して、私の調査・発見したものがいろいろあるが、今は省くことにする。

大体において、九州の南の方から、現在南島と称している奄美群島や沖縄等にゆくと、小さい建物がいくつも建っている。これを簡単に南洋式建築、南方式建築という人があるが、これは誤りである。また、このような建物は本州の中央部、殊に天龍川、大井川の流域の奥の方では、いまだに多く存在している。

かまやは離れたところに建ち、客をとめる座敷も平素は使わず、大事な客のある時にあけ渡すところは又別にしてあり、でいと呼ばれている。つい最近、私が興味をもって調べた赤城山の麓、今の瀬多郡のあたりにあるとうていなどは——これは役人などの宿った名主の家などだけではあるが——家の建物からわざと離し、渡廊下をかけてつないだり、またかけなかったりしてあるが、家に直角にある一間の座敷をとうでいと呼んでいる。ここではでいとはいわず、とうでいといっている。でいを家にくっつけてしまえば、でい座であるが、くっつけずにいる家もある。これまた、昔の家が三つにわかれていた証拠である。このほか、まだいくつかの適例が中央部には残っているのである。

6　新しい生活の発展のために

南洋では、旅大工が入らなかったから、土地の若干の大工の心得のあるものの手による建築しかなし得なかった。そのため、大建築はむずかしく、手細工で、小さい屋根をいくつも作っている。

奄美大島の中心地、名瀬においてすら一軒の家であるところのものが、囲いの中に、平均三十位、はばかり位の大きさで立ち並んでいる。もともと、家というものを建物一棟と考えるのは、都会的な思想であり、同じ屋敷の中でも小屋をわければ、即ち分家・別家とし、人が何かにつけわかれてしまうが、本来別家とは、同じ屋敷の中にわかれて住むことではなく、違ったところに家を占めればこそ、別家であった。

建築家の中には、先入観に捕われるのか、速断し勝ちになるのか、あれだけ立派な写真を世の中に残した石原氏の『農民建築』をみても、すこし特徴があれば、北方のはアイヌ式といい、南の方になれば、鹿児島県あたりから三つに別れた家が多くなるので、これをみな南島式または南方式という。それでは、日本式はどこにあるのだ、と聞き返してやりたくなる。

しかし、やはりわかれている家の方が、建築技術が日本に系統的に入る前の普通の姿なのである。村の金持は、家を建てたいと思っても建築技術を知らない。そこで、寺を建てたり、城を修繕したりする時入る遠方の大工に、一年なり一年半なり手をかりたようである。これが中央に立派な建築の出来るもととなったのである。

飛騨の白川の如く、それの出来ぬ地方では、不自由をしのんで、農民たちがあい寄って、建てた。釘などがなく、どんなにいい建物でも、ねつそというサネカズラで柱と横木をとめねばならぬ時代には、力にたえられず、大きな棟木や屋根は上げられなかった。後に釘だけはまず自分たちの手で使うようになるが、全体の設計や計画をし、寸法をとるという必要から、専門的な建築師の発生をもたらすようになった。それが全国を覆うようになれば、当然のこととして、建築技術の上に革命が起る。

このように一旦マニュファクチュアの時代に入れば、古いものはばたばたとこわれてゆく。食物は一番永く残っていたが、これは都会から田舎へと崩壊を始めている。また、だいたい女の職業として固定したかの如くみえた織物にしても、今日では機《はた》の名を知る女性さえ少くなっている。それどころか、縫いはりも、他所で働いた金で、外に出して縫い賃を払うというように、全く分化してしまい、そこに大いなる生活の変革を来たしている。

政治における普通選挙は確立されたが、着物や食物における普通選挙は放棄しているという時代が今きている。その善悪の価値判断は個人個人がしなければならぬが、いつでも価値判断をし得る状態になっていなければならない。個人の判断の自由を得させるためには、どうしても知識の方をもう一段進めねばならない。民俗学は、純然たるグラフィの気持でもって、知識だけをシスティマタイズして与える学問であるときまっても、私はちっとも口惜しくないと思う。なぜならば、知識をもてば、判断せずにはいられないと思う。これを考えると、どうしても知識の供給を豊かにし、そのためにわれわれはまだ知らないことが非常に多いということを認めねばならない。その代り、知る以上は、正確に証明のあるものを知って欲しい。これを民俗学の根本の基礎にしたい。

建築の問題は、ただ興味があるので、ひいたにすぎないのであって、この問題に限らず、すべての問題においても、このような変遷があって今日の状態を作っているのである。この点を認識し、今日の状態の可否を論じたり、ことに未来の状態を計画するときにはどうしても、今日までの経験を正確にしておかねばならない。しかし、これは大勢の力でなくては出来ないことである。私は五十年このかた、他のことは何もせず、殆どそれを残そうということのみに働いてきたが、得るところは極めて僅かであった。学問は自分を美しくするためにやるものではない。西洋ではいざ知らず、少くも東洋では、学問をすることを志を立てるといい、自分ではないものも、自分と同じような生活を営むものも、共に幸福にするということである。初め、得るところのものは例え微々たるものであろうと、その恩恵を一人が独占せず、出来るだけ多くの人に正しく覆うようにしたいと思う。

さて、今回のべたうだつにしても、うだつをはっきり知ると、日本の住居生活、居住文化が、次第に人間が幸福になって来た道程がやがてわかってくる。戦争で多くの文化材が焼かれたが、その後作って来たものは、まことにお恥しいものばかりである。美的要求どころか、物質的用途さえ満されない。われわれは未来に、どういう家を建てて住まわせるべきかということを考えねばならない以上、徒らに保守派として留まっている訳にはゆかない。

茅ぶきの家はよくとも茅はなく、トタンは下品でも、それ以外に屋根をふく材料もない。今までわれわれのへてきた、よい懐しい古代文化と、今われわれは別れねばならない。しかし、これは、ただ諦めるのではなく、今度は新しい方法で、一番人間に適し、貧乏人にでも建てられる最上の居住方法を考えてみると、現在のアパート的なものが理想だとしたら、私は、本当に仕様がないと思う。

かくいう理由は、現在は余りに都会に固まり過ぎて住んでいる。もう少し広がって住んでもさしつかえない計画のもとに、住居問題をよく解決せねばならない、と考えるからである。

住み心地、というものは決して贅沢なものではなく、これは人生本来の要求であるということを知り、また、われわれの生活上の最小限度の要求が何であるかだけは、しっかり気づかなければならぬ。この判断を誤ったり、なおざりにせぬように意識して、日本人が今日までの歴史において、いかに営み、どれだけ知恵を働かせてき、現在のものまで作り上げてきたかを考えてみる必要がある。

今から百五十年前に書かれた『新篇武蔵風土記稿』の総論によれば当時の農民の普通の生活は、われわれの想像に絶する、ひどいものであった。その後、僅かに百五十年から二百年にして、今日まで作り上げたのである。今となっては、それすら古く、不自由なものではあるが、この百五十年の急激な発展をなしとげた人々の、われわれは遠くない子孫であってみれば、これから先の変革がやれない筈がないのである。

出来ないとしたら、私は、やらせない、もしくは、やらないのだと思う。かかる点までが民俗学の領分であるとは、私はいわない。だが、こういう判断が、つぎつぎ出来てゆく人を作り上げるまでは、民俗学がひきうけねばならないと思う。

徒らに、他国の文化の上すべりのみをみて羨んだり、野蛮人のひどい状態を憐んだりするだけでは、学問は足りない。国内の、かかる学問をもう少し盛んにしなくてはならないが、残念ながら少し時間が足りぬ。一人や二人で出来る問題ではなく、どうしても団体を作ってやってゆかなければならない問題である。

日本人とは

人口の問題

本書でこんど取り上げる日本人という課題は、今日までただ漠然《ばくぜん》と使われていた日本人という概念よりは、より正確なものにしたいとわれわれは期待している。

今までの一般的な傾向を見ると、こういうものが日本人であるといって、もっとも理想的な型を作り出してみたり、あるいはごく少数の、しかもまれにしか起らなかったような人物の行動をもって日本人のすべてがそうであるかのように見なすとか、または逆に非常に劣悪なある状態をもって日本人の常の性と見なそうとしたりして、実は今までの概念の不正確さを利用して、むりにこじつけようとする風潮が、公の学者のあいだにかなり強かった。われわれはこの際できるだけ努力をして、どちらにもとらわれない真実の日本人、つまりその民族全体というものを考えてみたいと思う。

東洋には古くから大勢《たいせい》ということばが流行していて、一つの新しい傾向が芽ばえてくると、その価値を確かめもしないうちから遅れずについていこうとしてあせる気持があった。この風潮はなかなか抜けがたいもので、おそらくは島国に住んで少なくとも二千年以上の長い歴史のうちにつちかわれた癖であろうから、国民はそれを承知の上で過去を考え、もしくは将来を計画するということがどうしても必要であった。ところがそういう中にも国の外部との交通が始まってくると、現に学問の側からも政治の側からも、共通しかつ同化しようとする傾向がかなり強く、したがってそれにたち遅れる者はいっそう不安になり、自分はこれに負けぬ気になって勉強しようという気持よりも、むしろ大勢の先端ばかりをさがして歩く気配が多くなった。そのために人々は、いちばんすぐれた者はどこを見ているのかということばかりを気にかけて、正確にそのもの自体の批判も分析も行われないうちに時相が次に移るというような、いわば低気圧に似た混乱が常に日本人の生活の中には漂っている。これをみずから学問しなければならない人々や、めいめいが修養の段階にある人々に決めさせようとすることは、もともとむりなのかもしれないが、少なくもこれから先、国を少しでも明るく、そして健全なものにしていくためには、この長い歴史の中に包含されている民族的な弱点を各人に意識させることからまず始めなければならない。もちろん国が安穏無事に、いつまでも長く平和な状態が続けば、この問題は決して急ぎはしないのであるが、不幸にして明るい予測ばかりが将来にあるともいいかねるために、どうしても今のうちに学問の仕方や、人間生活の方針や考え方を改めていかなければならない。

まず考えないではおられないことは、人口の問題である。これはおそらく過去二千年の歴史の中でも、かなり重要な問題をふくんでいたのにもかかわらず、最近まであまり注意を払う人はなかった。明治初年の統計に表われた人口は、たしか、三千万人をわずかに上まわっておったものが、今はその三倍近くの人口に達したという現象になるまでには、かなりの社会的な変化がなければならない。良きにつけ悪しきにつけ、単なる臆断《おくだん》で結論を出すことはさし控えるが、筆者がいちばん深く考えていることは、生存する能力ということよりもむしろ産む力の増強ということをまず考えに入れなければならないと思っている。最近は人口問題は独立した一つの学問になってかなり細かく研究されているようだから、いずれははっきりとわかる時も来ようけれども、われわれの知る限りでは、明治よりもわずか以前までには大規模なききんがあり、地方には数えきれぬほど広い面積にわたって、少し人口が増加するともうすぐにそういう結果に見舞われるという時代がかなり長く続いた。それからまた飢餓に対する不安や悲しみをまぬかれようとするいくつかの信仰も手伝って、いっそう人をして消極に導き、人口の増加をおさえようとしていたのは事実である。

藩と藩とのあいだの交流も意のようにならず、豊かに人間が生活できる場所に人をまくばることの不可能な時代には、人口の増加ということは、その国にとっても、またその隣国にとっても大きな脅威であった。なぜなら国と国、もしくは藩と藩とのあいだに行われる葛藤《かっとう》や闘争の原因が、いつも人口の過多に由来することが多かったのは、今も昔も変りない現象であったからである。

かつて雪の深い北国では、自分らの最小限度の食物をさえ確保すれば、あとは無為無能な時を費して春を待つような、いわば非常に消極的な考え方が左右していた。それがおたがいのあいだの交易の自由や、生産技術や経営規模が近代化して、より以上の生産物が獲得できるようになり、これが都会地というものを大きくする一つの原因を作りあげている。したがって一般に栄養は良く、豊かになり、生活も昔と比べてずいぶん楽になったことは事実である。こうして人口が倍以上になったのも手柄だといってよいのであるが、しかし日本全体の将来の幸福ということから考えてみると、最近のような堕胎や嬰児《えいじ》を殺すような機械的な方法だけで、閉鎖されてどこにもいきようのない日本の人口増加を阻止しようとする傾向が進んでくると、これはまたこまった一つの現象であった。これは日本人というものの全体を問題にして進んでいく学問より以外のものに頼んでおったのでは、正確な解答は得られないのは明らかである。今までは少数の聡明《そうめい》な人だけに頼み、結論を大勢ということだけできめておった傾向が非常に強かった。たいていこういう人は実際を見たり経験したりする人ではなく、机上でものを書いてばかりいるような人たちが多く、こうならなければならぬという理論的な根拠だけで大勢というものを考えていた。したがってこの大勢論者というものは、過去のかなり長い期間にわたって若干の弊害を将来に残している。われわれはむしろこうした事実をつきとめて、原因と結果とを考えてみるほかに、この大勢論者というものを批判してみる必要があると思う。

戦後から今日までの一般的な傾向を見ると、少数のすぐれた人間の予想をそのまま信じて疑わないというような傾向が日ましに強くなって、しかもその大勢論者の論議の中心点というものが、日々刻々に動いているがために、それにつちかわれた人たちが目前のこと以外に考えようとしなくなったのは、ごくあたりまえのことであった。それは家というものの性質からいっても同じことで、自分の属する家のみ庇護しておればこと足りるのだという考え方は、次第に今日の常識のようになってきている。もちろんこれは日本ばかりではなく、人口の多い国にいけばたいていどこも同じであろうが、しかし以前には他人の犠牲においておのれの安全を願うという傾向は比較的少なく、あるいは偽善かもしれないけれども、行政の衝に当っている者は、常に「民衆」ということを眼中に入れていた。すなわちみずから庶民と切り離された雲上人としてではなく、生活の苦楽は常に民とともにあったがために、民もまた安んじて国の政治をまかせて満足できたのである。しかしながらこういう現象にも限度があって、人口が増加し、群衆というものの中に争いの気分だけで集合する者が非常にふえてくると、大勢だけで物事を考えようとする弊害がいっそう濃厚になった。政治家にとっては、この大勢で物事を判断するほうが手取り早いために、利用というよりもむしろ愛用されるきらいが多いのであるが、したがってよく昔のたとえにも引かれるように、ひとりだけ竹やぶの中に隠れて、竹に綱をつないでひっぱって、やぶの中にさもおおぜいの伏兵がいるかのような戦法を用いたのと同じような傾向は、今の政治の上にもよく現われており、それがわれわれのような老人には特に苦々しく思われるのである。

筆者のこれに対する今日までの態度は、国に固有の特徴というもの、あるいはひとりひとりの能力にはそう簡単に失われない特質というものがあるかもしれないけれども、国全体の特徴や性格というもの、つまりことばをかえていえば日本人かたぎというもので、これにも時の流れとともにかなりの推移がある。たとえば歴史の上でも、足利時代の心持と鎌倉時代のそれとは、それぞれの時代差というものがあるように、近来ではそれがもっと顕著になってきている。特に人口の増加ということに対する不安、あるいは自分が急いでいかなければその位置すべき場所を失い、分配に参与することができないという懸念があった。ただ漠然《ばくぜん》として国民がこれだけ増加したということのために、人を押しのけてでも前に進んでいなければ、当然受けるべき恩恵も受けられないという焦燥にかられて生きているのが、戦後を通じて今日までの状態である。これらの隠れた原因は、ことに始末することのできぬ人口増加が、必要以上に人間に不安を与える結果になったのだと思う。

あるいはすでに気づいている人もいるかもしれぬが、南の島々では、内地に比べて天然資源がとぼしいにもかかわらず、人口は近年になって内地以上の勢いをもって増加している。そのために機会さえあれば、海を越えて出かせぎに出るのが非常に目立った。しかもこの島に残った若干の才智のすぐれたこざかしい者は、他県や外国の大きな資本家の手先になって、同じ島に住むゆかりのない人の利益はもちろん、油断すれば縁故の者までがその損害を受けかねない状態であった。交通が開けるに従って船会社が、次いで問屋業者がというふうに、次から次への新しい資本攻勢に当り、生産者たちはこの仲間の裏切りのためにかなりの辛苦をしている。実際に考えてみると沖縄に限らず、大きな島である日本内地でも事情は同じである。他の力を利用してすぐれた地位を得ようということは明治の代に発達してきたのであるが、薩摩の島津や豊後の大友などの大名が、国内の対立を優位に保つためには、背後に外国との交通をもっていたほうが好都合であったのはその適切な例である。極端ないい方をすれば、身の安全を保つためには、外国に従属することもいとわないという植民地根性は、かなり強い力となって今日もなお指導者のあいだに共通しているのである。

こうしたもろもろの経験は、これから先も、日本人としてぜひ利用しなければならない重要なものであるために、したがって中途でこの結果を大勢論者にまかせておかないで、はたしてわれわれが想像しているような大きな結果があったかどうか、つまりこの思いがけない人口の増加というものは、国内の闘争を激しくするのみならず、ことによっては、昔から持っていた愛他心、すなわち見ず知らずの人間でも心を動かせば助け導いてやりたいという心持をそぐことになりはしないか、これはたいせつな目前の問題である。

社会と批判

話はあるいは重複するかもしれないが、めいめいがかってな生活をさえしておれば、人のことはかまっておられないということが、今日ではごく普通の常識になって、そして今はもう人の前をはばかることもなく、言っても少しも恥かしくない状態になっている。元来日本人の気持からいえば、縁もゆかりもない他の人間の挙動でも、ひまにまかせて静かに見ておって、批判する者が前は多かった。それゆえに世間の思惑《おもわく》がこわいから、親をいじめたくともそれができないとか、笑われるから夫婦《ふうふ》喧嘩《げんか》もさしひかえるとかいう考えがあって、人は肩あげのとれるころからおたがいに批評の対象になっていた。そしてその批評はいつも本人に面と向かってされるのではなく、本人の気づかぬ陰や背後でいわれることがいやなばかりに、自然に自分の行為にも節度を保ち続けてきたのである。もちろん干渉の強すぎる村落の生活を決して賛美するものではないが、要するにわれわれのあいだに起った批判というものの起りは、外部の人間が等しく関心を持ち、かつ外部の人間であるがため公平な判断を下すことができた。日本人は元来小さな社会の中にこうした外部の制裁に基いて自己を形成してきたのである。いわばこれは公衆道徳の一つの成長といえるのである。しかしこの公衆道徳たるやきわめて貧弱なもので、かげ口や批判というものが必ずしも常に正しいとばかりはきまっていなかったが、実は日本人はそういいながらも、考え方に時代的な差異こそあれ、なすべきことの善と悪との差別はちゃんと心得ていた。それが世の中が次第に改まり、かって気ままな生活をする者の障害もなくなって、異郷人ばかりが隣り合わせて住むようになると、世間の批判は希薄になり、いいたい者にはいわせておけ、おれは痛くもかゆくもないからと思い始めてくると、もう公衆道徳の新たに成長する望みはない。そのために前代人の美しい行状や忠孝の二字をさえ教えておけば、人間生活の倫理は保ち続けられるだろうと思いこんで、社会組織の相違した都会も村々も同一の学校教育で補おうとしたことが、後悔せられることになった。その理由のすべてをここで簡単に述べることはむつかしいが、戦後の社会思想の混乱を見ればひと目でわかるとおり、もし最初から人間生活と直接に結びついた基礎教育が備わってさえいたら、たとえ世の中が急に変ったとしても、そういつまでもこんな虚脱状態を続けることもなかったろう。この理由を深く考えず、少数の知識人や警察にだけ頼んでいたのでは、いつまでたっても世の中は明るくなる気づかいはないのである。これを正しく人に意識させるためには、いろいろ方法もあろうけれども、筆者はやはり歴史の学問が重要だと考えている。歴史というものは今までのように、年代や偉人の業績ばかりを覚えさせるのが目的ではなく、人間が形成する社会生活の中で、客観的に自分のなすべきことを悟り得、また素養と知識とをもって次の判断を正確にすることにある。こういうことは直ちに政治の上にも現われてくることは、今さらいうまでもないことである。そのもっとも極端な例はいつも繰り返して説く女性の政治意識の問題である。ことに農村では経営組織が合理化されていないところが多いため、常日ごろの労働が激しく、ゆっくり考えたり、物事を批判する正しい知識の基礎がとぼしく、選挙に当ってもっとも安全な方法として、主人のいうとおり投票するのが常であった。特に現在のように文化偏重の国では、地方で何か読もうとしても、その大部分は宣伝であるために、人はよく判断する機会を失いがちである。われわれが説く歴史的なものの見方の必要は、これこれの知識をもっていなければならぬというような根本的な人間の修養にもかなうけれども、それ以外にやはりよく生きる、あるいは正しい社会をつくるということの必要から来ているのである。最近よく使われる歴史哲学や史観というものもなんら変ったことはないはずなのに、近来になって、それぞれの人たちの判断の仕方や考え方まで固定させてしまうということが、少しずつ世間に流行して、これが次第に広がっていく傾向にあるようだが、本人の正確な批判力を養成していこうとするわれわれにとっては限りなく不満を感ぜられるものである。

それと伴って起ったもう一つの新たな風潮は、子供から成人するまでに覚えることばの順序というものは、どこの国でも同じであるが、日本ではあいにく明治になって、文語体の書物の中からそのまま取り入れたことばを使用して、聞く相手がよく理解できないか、あるいはまごつくことを予期して語ることによって、自己の権威を誇張したり、ある種の優越感をいだいたりすることが、有識階級に一般的に行われる傾向ができたことである。この現象は明治維新の後に限って現われた注意しなければならぬ日本だけの弱点で、白状すれば筆者なども書物ばかり読んでおった人間であるがゆえに、語る相手も書物の読めるような者、もしくは字義をわきまえた人でさえあればよいといったような、非常に限られた心持でおったのであったが、しかしこれがごく平凡な、教育も満足に受けられなかった遠い小島や、草深いいなかに住んでいる人たちと交渉をもつようになってくると、もうこのままでは押し通せないことを知らされてきた。こういうことも影響してか、日本人は非常に漠然とした概念をそのままうのみにして、早合点する傾向があることをわれわれは経験している。手近い話では義理ということばがそうである。今ではもう、いやだけれども仕方がないからやるのだということが当世の人の考えている概念なのだが、本来は義理というのは人間としてかくあらねばならぬという意味で、その二つのあいだには非常なへだたりがあるにもかかわらず、その差を飛び越えて早合点してしまう弊害は、義理に限らず、今われわれが明けても暮れても使っている文化とか社会ということばがみなその類に属するのである。このような抽象的なことばはことに新聞がまずその傾向を助長した。それよりも手近にいちばんよく耳に響き手取り早くわかるのは選挙演説である。そのいずれも、相手が正確に理解するかどうかということを少しも予期しないで、むりに押しつけるという傾向が強く、よくえらそうな口をきくというが、難解なことばで相手を煙に巻けば、もうそれだけで凡俗な人たちはたちまち魅了されてしまう、いわばことばや文字の押売りである。これは同じ高さの上で向かい合って話し合っているというのではなく、一方はよほど押しの強い人でも、絶えずひとり合点してかってな解釈をして、それについていくために静かに考え判断する余裕がなく、そこに理解と判断とのあいだに非常な距離ができてしまったのである。すなわちことばのみを豊かにしても国が少しも明るくならない原因である。

もちろんそのすべての者を非難するのでは決してないが、それらの中にいくばくかのやや優秀な文字に親しむ者とか、感覚の多少鋭い人とかが、大づかみでもって常にこうでもあろうかと解釈するような人たちを相手にして、最近流行のマス・コミュニケーションというような形で進んでいってもよいものかどうかを、筆者は危ぶまないではおられない。したがってそういうことをもっともまじめに憂えている人たちに対してすらも、なお非難せずにはおられないことは、彼らは外国人の書いた正確な論議をそのまま日本に当てはめようとすることで、それが筆者には大きな失敗のような気がしてならないのである。

日本では島国でなければ起らない現象がいくつかあった。いつでもあの人たちにまかせておけば、われわれのために悪いようなことはしてくれないだろうということから出発して、それとなく世の中の大勢をながめておって、皆が進む方向についていきさえすれば安全だという考え方が非常に強かった。いってみれば、魚や渡り鳥のように、群れに従う性質の非常に強い国なのである。そのために相手が理解しようがすまいがむとんじゃくに、自分の偉大さを誇示するために難解なことばをもって、ややすぐれた者が、ややすぐれない者を率いる形になっておったのでは、真の民主政治がいつまでたってもできる気づかいはないのである。せめてわれわれの仲間だけは一つ一つについて、より具体的にマス・コミュニケーションというものの長所と弱点を、真剣に考えてみなければならない。こういうことこそ、無識であった世の多くの人たちを、というよりも文字にあまり縁のなかった人々を対象にして、今日までの変遷を知ろうとする民俗学をやる諸君が、真先に考えねばならぬ大切な問題だと考える。

家の観念

法律と経験

いま民法改正の問題にからんで、家族制度の復活がとりざたせられているのであるが、わたくしどもが常日ごろ考えて疑わずにおれないことは、法律が一つ変れば、長い習慣に育てられた世の中の姿も一挙に改まるかということで、単なる両院の決議によって、すぐに一国の制度を改めうると思うのは、少なくとも、長い時代の経験に生きてきた者のとるべき態度ではなかった。それを廃止するにしても、また大改正するにしても、まずもってわれわれの経験を再吟味する必要があった。そういう過去の行きがかりに対して、今まで反省せられたことがあるかどうか、少なくともはなはだ大ざっぱで、また冷淡であったために、過去のことを説くにも、今までの歴史は非常にかたより、かつ簡単であり、せっかくの貴重な経験を経てきておりながらも、それを有意義に利用することができないままに時代は次々に進み、忘れ去られていくというきらいは多かった。特にこんどの如き大事件のあった前後の事情、もしくは大事件そのもの、あるいはその事件に関与したわずかな人々の自伝とか、生活とかいうものを集めて書かれたものが、現在までの歴史であり、かつ世の中の欠点でもあった。すなわちそれをもちきたったところの、名もない一般庶民の行為の価値というものについては、実は今日の文献史学の研究では反省の道がなかったし、また顧みられてもいないのである。われわれが民俗学を名づけて反省の学問ということを力を入れるのはそのためであって、歴史的な考察なしに時の世論だけに基いて、しかも制度が浮草のように漂い変っていくものであったら、悪くなる場合のみ多くして、よくなる機会などは望みも得ないであろう。

家の問題について改めて考えてみると、法律というものは、必要に迫られた時の問題を解決する時の基準になるだけであって、それが多数の、平和に過ごしており、また一度も法律のやっかいになったことのない人々の生き方をも指導しうるものではないということをわれわれは知っている。ことに家族主義、個人主義の対立のごときは、わたしどもから考えると、そんなことがありうるかと思われるくらい奇抜な問題で、いかなる家族主義の下においても個人は個人なりのことを考えてきているのであり、またわれわれのような比較的自由な生活をしている者であっても、しばしばもっとも小さい群れの生活に戻らなければならぬような場合が多く、ひとりひとりの人間が寄り集まって作った会社のような社会であってすらも、なおいつとはなくおのずから小さな群れという約束ができあがってくるのである。それを新聞などで伝え聞くと、法律を改正しさえすれば、制度はすなわち変化するもののように見えている。法律学者にだけまかせておけば、国の生活はよくも悪くもなるという考え方が強いのは、少なくとも過去の経験をもたない、またもっていても、それを取り出して反省してみる心がけのない社会の人についてのみいえることである。時の経過に従って古くなればなるほど、切実な問題もその価値を失い、重要性は日とともに薄らぎ、大づかみに自分だけで速断する機会が多くなるために、それを前提にして出発するような論議ばかりが強く、これがわれわれをして新たにもう一段と大きく、反省してみる学問の必要を痛感させられる原因ともなったのである。

かつて戦争の終ったばかりのある日、有名な左翼の人の来訪を受けた時、そのころからもっとも問題の多かった家の話を取り上げた中に、いかように利口な人間であっても、幾人かの群れの生活を必要としなければ、暮せない時期がありはしないか、たとえば、親をなくした子の場合、もしくは子を失った親の場合というような、ヘルプレスと英語で呼ぶ寂しい状態、あるいは人の助け合いを必要とする場合に直面した時、いったいどうすればよいのだと尋ねたことがあった。なあにそれには完全なる孤児院、完全なる養老院ができて、それで皆が独立独歩してさしつかえないのだということを筆者に対して答えたのであったが、考えてみるとそれから十年、月日ばかりが早くたって、社会の進歩は依然としておそく、今もってその日本のどこにも完全に近い孤児院、養老院がないばかりか、貧しくして弱い者は、社会からなげやりにされて顧みられず、結核になる人間の数は、そのために用意せられたベッドの数よりも数十倍するという有様で、入用なだけの保護が社会から与えられるということが望めない今の状態で、新しい意味での家の改革や個人主義を促進していくだけの条件が備わっているかどうかを、特にその道に携わる人たちに、まず問うてみたいと思う。やがて社会が進みさえすれば、もうほんのしばらくのあいだがまんしさえすれば、社会がそれを保護してくれるだろうからといって、先を楽しみにしておくのはけっこうだけれども、どう考えてみても今のような状態で、明るい希望を将来に託するのはむつかしい。このままの有様で現在の家族制度を無用視するような論議を容認してよいかどうか、われわれはもっと真剣に、そして冷静な目で、もう一度批判しなければならぬ立場に今おかれているのである。

世間と学問

元来家というものの意義が、単に集まっているという以上に、日本ではもう一つの任務があった。それも百年前ごろから、世の変遷とともに意識は薄れつつあるが、つまり善悪の基準ともなるべき古くからの慣行で、これがかなり強く家に要求されておったのが、近年になっていちじるしく衰えてしまった。この経過について一応正しく理解しておくことは、これから先の問題を決めていくための一つの予備条件になるのである。かりに右から左に急激に変化し得られる事態があったとしても、なお世間はこの知識を必要とするだろう。なぜなら知識は正しい判断の基礎になるのであるから。ましてやおおぜいの人間の合同作業によって、徐々に改良していくものをなんらの予備知識なしに決定してしまうということは、それ自体問題を混乱に導くだけである。今までの教育がちっともこのようなことを考えずに、ただ世の中の情勢をさえ教えておけば、人間の行為なり考え方がぴったり変りうるものと考えていたところに、一つの大いなる国民的な悲しみがあった。新しい何かの現象が流行すれば、なんの判断もなく利用しようとしていた。いってみれば民俗学に対する世間の好奇心のようなものもそれであった。が、ただ切れ切れのおもしろそうな事実とか、珍しい物品とかいうものばかりに走りたがる傾向を、常にわれわれがおさえようとしていたのは、簡単なことばでいってみれば、それ以外にもっと重要な、しなければならぬことがあるということであり、かつわれわれが今まで知っていたということは、それは実に微小な片端で、意識した改良をしていくために、おおぜいの正しい判断が自然に合致できるように、おたがいが小さな努力を積み重ね、繰り広げていきたいという念願からでもあった。

学問は、すぐ世の中の役にたつものではないということをよく哲学者は口にするのであるが、しかしながらいくつかの需要がここにあれば、少なくともいちばん目前のもっとも痛切な要求に答えうることを、まずもって学びとらなければならない。そういった意味で、民俗学が今日までに成し遂げたことというのは、実をいえば、人に誇るに足るほどの仕事はしていないのである。それというのも、筆者のような古い人間は、最初は民俗学の興味へ世間の人たちをひきつけようという気持から、なるべくおもしろそうな問題のみを選んできたためでもあった。それが世の中は依然として暗く、国の将来は気づかわしいために、ふだんそんなことばかりしてのんきに構えてはおれない世の中になってしまって、今までせっかくたくわえてきた経験を役だたせる機会が危くなってしまった。特に戦争の終った後などは、ただなんとなく人々の考え方を大勢《たいせい》というものが支配していた。そのせいも手伝ってか、戦後十年間というものはほとんど足踏みの状態であって、むしろ世相は一段と暗く不安になってきている。以前はわずかな功利的行為でも、たまたま世間が承知しないからとか、人の批判がこわいからということのために、たとえそのかりそめの行為にも、自制心と慎重さがかなり強く働いていた。今では、その陰の力が非常に弱くなってしまって、各人がかって気ままな生活をして生きているのであるが、かつては三人の自由な批評よりも、ひとりのまじめな意見が勝っていたという時代がかなり長く続いて、社会全体の歩みが横道にそれることのないように深い注意を払ってきた。日本の学者の心構えというものが今は少し変ってきて、以前には自分ひとりが自分のためばかりに学問にはげむのではなく、周囲の学ぼうとしてできない境涯の人々のために、代って知っていよう代って考えてやろうというのが、ほとんどいつの時代にも共通した東洋の学者のもっとも特徴のある伝統として、自他ともに認められていた。ところが知らぬまにそういう自負心と意識は衰え、学者のほうがむしろ地位を守ろう名を挙げようとする、利己的だと思われてもあやしまないほど変化してしまった。

一般的にいって、ここ数年来の日本人というものは恐ろしくなるほど質は低下し、粗雑になってきているのである。したがってそういうおおぜいの中にも、あせた秋の落葉のような、見たところ姿のかんばしくなく、また将来の楽しみの非常に少ないものがあるので、それを気づかせる人をひとりでも多く作り育てていくために、ちっとも気を弱めずに進んでいける学問が一つ起っているのである。われわれが民俗学という小さな学問の区域に割拠しておりながら、なお日本全体を背負って立つようなことをいう理由はそこにある。ことに日本人はある少数の学者だけにその教えを仰ぎ、彼らのいいなりに、至極ごもっともだといいながらついてきたのであるが、その人たちのちっとも顧みなかった隠れた日本の興味ある新事実が今は発見せられる。いってみればわれわれが無学であったということのために、新たに知ることの多かったことを喜び、かつは泣いたり悲しんだりしている人たちを少しでも救うことのできるほうに、この学問をまず応用してみたいというのが、われわれの主旨であった。

家と女性

女性は一生のあいだに、男のたれよりももっとも多く群れの助けを借りなければ生きていくことに困難を感じる場合がきわめて多い。今までの社会が今日よりもなお一段と不幸なせいでもあったろうが、ひとりでは生きられないということはことに農村における寡婦《かふ》などにその例が多かった。次第に農業が近代化してきて、もうそのかぼそい手には負えなくなり、家に働き手がなくなれば、もう家の滅びる前兆であった。かりに男児が二、三人あって、もう五年待てば、あと十年もすればということがわかっていても、そのあいだの経営を継続していくことが困難なために、どうしても人の情にすがらなければ、生きていけないということは、農村の古今を通じての一つの特徴であった。そのためにユイやモヤイのような共同労働が発達する素地が多く残されているのである。

元来農村には法律の適用される機会が少なく、たとえば子供を残して親が死亡した場合のような制度は、成文化された法律こそなけれ、日本の長いあいだの慣習で、そのめんどうは周囲の共同責任に課されていた例は多かった。だいたい一族縁者がこの降ってわいた不幸の始末は引受けていた。租税なども昔は村全部の共同負担であったために、働き手のいなくなった家庭があったとしても、その所有地は一時的にも手の余っている者に小作をさせながら、自分の子の成長を待つような仕組みは、近世三百年ばかりの歴史の中では常道とされていた。それが農村の協同体制が次第に希薄になり、分化するに従って、小利口な、そして悪質な隣人が多くなり、安心して子の成長ばかりを気長く待っていられないような、せちがらい世の中になってしまったのである。

またその一方に、孤児の世話をする縁者の者も、家と家の利害関係の利のほうが次第に薄れてくると、事ごとにめんどうな場合が多くなり、数軒の家が申し合わせて一月とか半月とかを食べまわるような、いってみれば一部は人情から、一部は今までの行きがかりというふうなことから発した仕組みであった。こういう子供が成長したのち、幸福な人間になれる気づかいはまずなく、不完全な人間として世間から指をさされる人の大部分は、こういう暗い生活の歴史をもった人が占めていたのである。しかし幸いなことには、こうした例は実ははなはだ少なく、かりに夫婦ともにその子を残して死ぬことがあったとしても、あるいは病気や出産で田畑の作業ができなかったりしても、大部分の家はそれほど大きな負担を負わずに済んだのは、日本の村の生活における特性であった。それがまず村が町になり都会になるにしたがって「隣は何をする人」かわからぬような、見も知らなかった外来者ばかり多くなり、さしせまった事情が起っても安心して依頼もできず、だからといって社会の保護も十分に望めぬようになった都会が、まず最初に不幸をもたらしたのである。例に引くのも気が引けるくらいに胸の痛くなる話であるが、生活の苦闘に堪えかねた世の若い母親たちが、まだ東西も知らぬ幼児を道連れにしてでなければ死なぬというのは、明治以後の一つの流行で、最近特に多くなり、しかも何ゆえに日本ばかりこんな悲しいことが多いのか、天を仰いで嘆息ばかりする前に、もう一度われわれは真剣に、その底に流れているものを究明する必要に迫られているのである。もしもそれらの心理現象の裏に横たわる消極的な思い切りや女の勇気というものが、従順無抵抗を本位とした江戸期以来の道徳の制約を受けて、たった一つのいのちよりほかに、その自由処分にゆだねられたるものがなかったということが、もしやこういう情ない進路を指示したものだとすれば、女性の勇気と胆力をただ死の方面にしか発露せしめないような、わけのわからぬしつけが、思慮の浅い者をしてこのほうにばかり向かわせるのではないかと思う。

筆者はすでに三十年ほど前から、女性が歴史をやらなければならぬということを説いてきているのであるが、この考えを筆者に起させたもっとも大きな原因は、都会が大きくなるにしたがって、親子心中が頻繁《ひんぱん》になってきたことからであった。女の学問というと、万々一の場合、すなわち夫が病身であったり、子をかかえて未亡人になったり、あるいは家が破産にひんして、身売りでもしなければならぬというような場合に備える教育ばかりを与えたり、受けたりすることばかりをさすように一般には考えられているようであるが、もしそれだけが女の学問であるなら、おそらくは今までの悲劇を繰り返すだけで、世の中は明るくも平和にもなることはむつかしかろう。とにかくカロリーの計算や子供の衛生だけの教育ならば、それは単なる技術の教育である。少なくも学問は、その利得が自分の一身にとどまらず、社会を今までよりも賢くすることでなければならぬ。あたかも今は古いしきたりと新しい感覚が交錯しながら、以前ならあまり考えてもみなかったような、新しい生活の問題の解決を迫られているものが多く、それを酒ばかり飲んでいる夫にまかせっきりにしたり、もしくは彼らの誤った考えをもただ黙視してすませるのが女の役かどうか、その問題によっては職務に疲れた男の手から引取り、少なくともよい考え、新しい見方を暗示することができるはずである。そのために歴史などは、もっとも都合のよい学問の一つなのである。ただ今まであまり人々が親しめなかったのは、その歴史が不人情であったためで、ことにごくありふれた通常人の境涯というものを勘定に入れないことばかりがその中に現われていたためであった。これからはも少し名もない民衆の生活にまじっている者の中に、この学問を広げていかねばならぬと思っている。今日のように女子教育が盛んになっておりながら、なおいわゆる有閑夫人の多くできるのは、たとえ少しも悪いことはしなくても、すでに社会の一つの病だといわなければならない。

死後と家

今のような状態では、生きているあいだがせいぜいであるが、死んでからのち、英語でよく使うアフターライフという問題が、どうなるのかということを勘定に入れて、日本古来の固有信仰ともっとも関係の深い、家の問題を説いておきたいと思う。

「死ぬ」ということは、あまり人の好まない問題であるために、存外書いたものは少なくて、文書の上から知ることは困難であるが、現在の宗教団体などは、ことごとく生きている人の現世利益ばかり、その以外にはあまり考えようとはせず、もちろんそれまでにはかなりの変化を続けてきているのであるが、日本人の多数は、もとは死後の世界を近く親しく、何か消息の通じているような気持をいだいていた。こういうことが、あるいは島国の民族を永続させるための一つの力になっておりはしないかと思っている。これはいくつもの理由があげられるが、生前の念願が死後には必ず達成されると考えられたことや、さらに幾度も生れ替って同じことを続けられるもののように考えた者の多かったことは事実である。すなわち執念や初一念というように、一種の念を持ち続けさせるということは、信仰上の必要があったもので、かつてそのことを説いて、どうも日本人は他の国の者よりも死ぬことを多く恐れない、むしろまたすぐ生れ替ってくるという考え方が強いのではないかといって、その結論を確かめないうちに戦争が終り、心残りに手伝われて、その時『先祖の話』を書いたのであったが、これは自分では成功したとはちっとも思っていない。それは要するに生れ替りの問題で、すなわち毎年時を定めた訪問や招待とは別に、魂がこの世に復帰するという信仰である。これは東洋でもはやくから行われているもので、仏教はもちろん転生をその特色の一つとしているが、人間の霊魂がそれっきり消えるとも思わず、古くから死の島とか、霊魂の国というようなものがあって、死後の魂はそこにいくのだという考え方があった。ただ死の国にいったら帰ってこないか、もしくは時おり帰ってくるかの差で、仏教などはそのいずれにも属さないような中間的な存在であった。すなわち死から完全に絶縁するものではなくて、おりがあれば鬼や動物になってでも、現世となんらかの意味で因果関係を結んでいるという考えがあるが、これは正確な意味で批判する余地があった。生れてくる者に一つずつの魂があるとすると、非常な数の増加であるために、他の一方には消えていくものがあって、ただその中にわずかだけの魂が戻ってくるというような、いわば一つの不文律の法則のようなものが仏教にはあった。しかし日本の場合は、六道輪廻《ろくどうりんね》というような、死んだ人間の魂が違ったところに生れていくという考え方ではなくして、それよりももう少し原始的な形に近かったものだと思う。

沖縄諸島では、あの世のことをグショ（後生）と呼んでいるが、そこはわれわれの想像する所より、もっと近い場所のように考えていて、目にこそ見えね招けば必ずきたり、また自ら進んでも人に近づくことができた。そして霊魂の戻ってくる場所はその家、あるいは一族のあいだに生れ替ってくるという考え方が、かなりはっきりしていて、たとえば自分が生きていても死んでいても、上の孫ができれば自分の名をそれに譲り、孫は自分の姓と同じ祖父母から譲ってもらった名を、またその孫に伝えるという風習は、かなり長くかつ広く伝わっているが、これも生れ替りのもっともはっきりした例であろう。

転生ということばは仏教の中にもあり、中世の文学の中にも、牛やねこに生れ変ってきたり、あるこじき坊主が武田信玄に生れ変ってきたのだという説のように不規則な転生説は現われているけれども、いわず語らずのうちに認められていることは、霊魂の中のある力の弱い部分はそのまま消滅してしまい、ある選ばれた魂だけは形を失わないで戻ってくるという考えである。その戻ってくると考えられている思想にも、いくつかの変化があって、想像にも及ばないような遠い死の島で休んでいる魂のほかに、絶えずどこかをさまよっているもの、あるいは意外な時、突然生れてくるものなどがあり、だいたいわれわれの考えているところでは、まだ生命力のある若いころに不意の原因で死亡した場合などは、また生れたくてたまらないのだから、早くよみがえろうとする傾向があり、もしそうでなかったら悪いたたりを世に残すといわれている。はじめはそういうものではなかったろうけれども、人間のからだの中には、生きているうちから、幸御魂《さきみたま》とか奇御魂《くしみたま》というものがあって、死んだらまた生きられるという形であったのが、それがまことに平和な時代には平穏無事に、ふたたび元の人間の姿を見たのであるが、しかしそのためには、たとえば親切にいのらなければならぬとか、死ぬ時にごくねんごろな意思表示をしてやらなければならぬという、やはり若干の要件があって、突然にして不慮の死を遂げた者の悪霊というものが多くなると、魂の信仰がたいへんな混雑をしてくるのである。いまわれわれがしきりにやっている御霊《ごりよう》という信仰が盛んになったのは、平安遷都の後の世の政治上のいろいろの事件の起った時分に多かったのは文献がそれを教えている。

そのころは非常に多くの悪霊が世に出てきたために、霊という字を人間の魂の意に使わないで、雄大な魂だけに限られていた。今でも精霊《せいれい》ということばが残っていて、これはたれがかかって集めるのかは知らぬが、幽霊などと記して、わざとわれわれを気味悪がらせ、仏教のごときは、それだから早くこの世をさっぱり思い切って遠く寂光《じゃっこう》の浄土へ旅立たせ、二度とふたたび帰ってこないようにしようとしているのだが、元来この中には正しさをつらぬくため、尊い事業を完成するため化けて出た亡魂も多かった。壮齢にして世を去った人々の志を後世に残す方法は、別にいろいろと昔から求められていて、夢にまできて会おうとする約束までを素朴に信じていた時代もあれば、また現にことばをかわした人もあった。ただこれを引継ごうとする方法が悪く、相手が愚昧《ぐまい》であったばかりに陰欝《いんうつ》をきわめた因果物語だけが世に広まり、後世になって人々からけいべつされることになったのは損な話であった。

とにかく日本には、それでも平和無事の家というものは多く、家のために生れ替って、また働いてくれるものがあるという信仰は絶えなかった。われわれにいわせると、そういうものがお盆の魂迎《たまむか》えのような形になって残っているのだと思う。もちろん盆の魂迎えは古いことではなかろうけれども、先祖の祭が寺院の管轄になったために、仏壇の管理を仏教徒にゆだねてしまって、その結果、日本の神とはおよそ縁もゆかりもないものにしてしまった。今でも快く思えないことの一つは、寺で行う施餓鬼《せがき》の意味で、施餓鬼とはその名の示すように飢えた鬼のことを意味するもので、地獄にも極楽にもいけずこの世にさまよっている鬼、すなわち祭る人のない仏のために供養するものであった。幸か不幸か多数檀徒《だんと》にとっては、文字も意味も解し難かったがために、それでも親切に自分たちの先祖を祭ってくれると思い込んでいるのは、あまりめでたい話ではなかった。

浄土宗の教えをみても、末期《まつご》の水を与える時に、十万億土のかなたで安堵《あんど》していて、二度とふたたび帰ってくるなとさとしておきながら、それでもなおきまって精霊会《しょうりようえ》をやることに合点のいかぬ思いをする者は中世にもいて、死んでめでたい浄土に行ったものを七年忌とか十三年忌とかいってまつるわけはないのだと、親の年忌に反対したという明遍僧都《みょうへんそうず》などもそのうちのひとりであった。少なくとも仏教伝来の前後の日本においては、両立しない信仰があって、すなわち皇室を中心とする在来の信仰を強く守ろうとする者と、新しく伝来した仏教を奉持する者と、この二つの両立しない信仰が或場合には並行し、またある時は交錯しながら、それが次第に一つの流れに調和しようとしながら、現代にまで続いてきているのである。

家の持つ意味

家ということばの意味のもつ一種のあいまいさは、国家に対する家という概念と、一方では建築物という物質的な意味での家の考え方で、この二つの点がいつでも誤解のもとになっているようである。

家というものの歴史は明らかではないけれども、われわれがほぼこうだと信じて疑わないのは、イヘ（イエ）とヤということばの意味は、まるきり同じではなく、ヤというのは確かにおおいがあり、雨露をしのぐ建物のことをさすのであろう。だからミヤということばなどもあって、これもやはりヤの一つであろうけれども、イヘというのはそれ以外の内部の中心点があるもので、あるいは証拠が出てくれば、またいい方を変えなければならないかもしれないが、イヘのへということばがある一方に、戸のことをへと呼ぶし、また竈《かまど》のことをヘッツイということばもあるが、このへというのは、おそらくは中心点のこと、すなわち家の中心である「火」の意味ではないかと考える。竈というのは、今こそしごく軽便なものができているが、もとは家の総員が主屋《おもや》にそれぞれ集まってきて、その広々とした座敷でおおぜいがいっしょになって食事する場合には、大きなヘッツイを中心にして集まったものであり、そこに竈の神をまつったのである。

ヤのほうは、それとはまるで反対に、いかなる小さなものでも、雨露をしのぐための屋根をさえ作れば、それはれっきとした「ヤ」である。ヤというのはだいたいにおいて家の分れたものであり、家には多くのヤが属するのだと考えなければならない。したがってわれわれが民家というものを考える時に、すぐに家という字を使用すると、そこによく誤解が生ずる。すなわちそこには孤立した一軒のヤも、一つの群をなすイへも、違った意味の二つの家が同時にふくまれてしまうからである。それがのちのち双方の見境がつかなくなってしまったが、そのいちばん大きな原因は、建築技術が進歩してきたことにあると思う。外国では、中央をとがらせて、必ずしも大きな棟木《むなぎ》を上まで引き上げる技術を要しなかった建築方法もあるし、れんがや石を重ねていって、その上に軽い屋根を乗せて家とする所もある。そういう地方の発達と、日本のように木材をおもな材料として作る家とのあいだには、おのずから相違があって、もしも物を引き上げる器具の発達や人間の技量がなかったならば、間口の八間とか十間とか以上の大きな家は作れなかったであろう。したがって家はある時代においては大きくなった傾向が見られ、裕福な家になればなるほど、大きな家を作りたがる感覚は今でも残っていて、家が焼けた後でも、旧家を誇ろうとすると、まず一代のうちになんとかして見かけの大きい家を作ろうとするのも、その現われかもしれない。

こうした規模の大きな建築ができたのは、もちろん京都に華麗な宮殿や寺院ができる以前のものである気づかいはなく、この新しい建築技術の導入とともに家の組織、つまり無形の家というものの組織が大きく変ってきたに違いない。このことは機会あるごとに説いてきたことであるが、いずれにしてもそのヤということばがいちばんよく残っているのは、ナヤとかコヤとかいう場合であって、所によってはコイヘというところもあるが、たいていはコヤで通っている。ただ一つ問題があるのは、ヘヤあるいはヒヤといっていることばが、地方においては家の一部であって、むすこのヘヤ、娘のヘヤ、あるいは別にヘヤズミということばもあって、壁で仕切られた家の一部だけを使っており、大建築物の中の一区画になってしまっている。これなどが、家の概念を混乱させるいちばん大きな原因になっているように筆者は思う。幸いにして地方にはマキベヤとかミソベヤとかいって、離れの小さな小屋をヘヤと呼び、瀬戸内海の多くの島の、今でも古風な婚姻の行われる土地では、ヘヤは明らかに離れであった。また伊予（愛媛県）の睦月島でも門長屋の一区画がヘヤであったのを見てもわかるように、もとはヘヤとは同一屋敷内に建てられた付属建物のことであった。建築技術がまだ農村まで入りこまなかった以前には、そういったヘヤがいくつかあって、中心の主屋《おもや》だけが、そこに大きな竈《かまど》があり、一族の者が集まってくる機会が多くなるために座を広くしたり、棟木の高いものを入れたり、あるいは屋根を高くしたりして、のちのちのりっぱな農村建築の技術が発達するにいたったものと思われる。要するにファミリーと呼ぶ一家は、決して一軒でなければならぬということはなく、つまり昔の精神的つながりをもつ一族であった時代があるので、これは今となってはたれも不思議がるものはないけれども、筆者がはじめて気づいたのは、まだ若いころであったが、奄美《あまみ》諸島のような専門の大工も、あるいは大きな材木もない所を写真で見ると、どこが中心なのかよくわからない家々が一つの屋敷の中にかたまっていて、本家が少しも大きくないために、時によると二十も三十も同じ形の家が乱雑に軒を連ねているのを見たことがあった。そしてそのめいめいの家がそれぞれ自給し、それぞれの生活を営んでいるのに、よく見るとその比較的規模の大きい、そしてやや中央に近い所に、ささやかな体面を備えている家がすなわち主屋で、他の家々は別れ別れになっていても、そこには独身の者も夫婦の者もそれぞれの生活を営んでいる。家族が多くなれば、それを皆同じ棟の下に休ませることができないために、それでいくつもの小屋長屋を給して住まわしめたのが、のちのちそのヘヤを屋敷外の地にも建てて、配偶者のある者をそこに住まわせるようになり、それが本家分家というものとだんだんに区別がつかなくなってきた原因である。すなわち、今日分家という名をつける一つ以前は、ヘヤであったろうことは中国地方から西にいけば分家のことをヘヤと現に呼んでいることからでも推測できる。つまりこの本家でない家は、尊長となるべき者の家の周囲か、なるべくならば屋敷の中に、あるいは近くの場所をさがして家を建て、そして一族というものは、近くから見ても、遠くから見ても、およそこれが一かたまりだということがわかる姿で住んでいたらしい。これはいわば花びらのように中心をもった集合体で、個々が独立した生計の単位ではなく、あるいはこれがわが国の大家族制の特殊な形態だったといえるかもしれない。ところが、社会は移り、世の中は変ってしまって、内からも外からも、それぞれ別個のものと認め、考え方も違ってきている。たとえば出家《でいえ》ということばなどもその一つで、このことばが残っているのは日本でもかなり広く、東北のほうでは八戸といって戸の字を当て、これをへと呼んでいる。そうでなくとも屋敷から外に出た時にそのことばが生れたのだと思う。つまり家が多くなるにしたがって、屋敷内がせまくてたくさんの家族は住めないために、やむなくその外に出て住んでいる者をさすのであった。ところがそれが後になって分《わか》され家《や》といったような名をつけてくると、もうだんだんと意味が不明になりかけてくるとともに、次第に独立性を備えてくるようになっている。

新たに独立を認められた近年の分家と、古い分家とのあいだにいちじるしい気持の差があり、後者を古風なとか堅いとかいっているうちはまだよいが、かたくるしいとも旧弊《きゅうへい》なともいうようになっては、力の上からいっても前からあったものが負けてしまう。こんな形になったのは、江戸時代の末期ごろからのことで、決して最近新たに起った現象ではなかったのである。

家の分化

家が次第に分化していった変遷というものは、たいてい三、四百年この方の現象と見てよいので、その間の推移を見ても、家というものに対する考え方の変化が理解できる。第一に一軒一軒の家がすべて、その群居する戸主を通じてでなければ支配できないようになってくると、行政上の不便が生じてくる。それを円滑ならしめるために、なるべく独立性を与えようという気持から、今までの屋敷内におけるヘヤのような形のものから、もう一段と進んで、小さくとも別の屋敷をもつようになった。たとえば、新開の地をひらいて離れてひとり住むようなことを奨励して家数をふやせば、人夫を雇うにも、年貢をとるにも好都合であった。それからなお、いま一つ進んで、運勢に恵まれ、かつそれほどの過酷な災害にあわなかった大百姓は、一代のうちに一軒の家を二軒に分家させることもできた。時に母親が違ったりしておれば、一段とそういう感情が手伝って、本家分家と名をつけてはおりながら、比べてみると両者がほとんど選ぶところのないようなものになってしまい、そうしたら最後には本家が弱まってしまうからということで、極力分家の勢力をおさえようとした記録もある。あるいはもう分家が堂々たるものになってしまって、従属関係に立つことを欲しないようになってくると、その家では年期の奉公人を養成したり、また外から旧家の娘などをもらって育て、本家一族に劣らぬほどの屋敷構えをする者も多かった。その代りこの新しい主《あるじ》は、自分の地位を築いていくためには、並の労働者とは比較にもならぬほどの激しい労働に堪えていかねばならなかった。そうして一代のあいだに大きな変動がない限り、一人前に家居を構えたし、中には水のみと称して、依然として従属を失わない者もあったが、そうした例外を除けば、大部分の者は独立した百姓になれた。もちろんこれが日本の過小農経営を助長させる発端になったのは事実であるが、その経営の仕方にでこぼこがなく、ほぼ同じ形態様式であったために、しばらくすると、もうどちらが本家か分家なのかわからぬようになってしまう。そのうちには本家がしばしば失敗して没落の憂目《うきめ》に遭遇するような場合があると、そこにいくつかの本百姓が生れてくる。もともと家というものは、そんなに長く寿命のあるものではなく、せいぜい十代、十五代続けばよいほうで、富者三代続かぬ例さえもあるのである。

幸いにして日本では、気候のまるで違う地域にも、そこに同じような気持をもった、そして同じような家の経験をもっている者が村を形成しているために、ある重要な問題の変遷を調べてみようとすれば、やや新しい文化からかけ離れた数ヵ所の場所を比較検討すれば、案外簡単に理解し得られるという便宜が得られ、日本だけがもちうる大きな特徴であった。これなどは文献が残っているということとほとんど同じ価値のあるもので、京都の公家や寺院の僧侶たちの手によってなった、いわゆる普通人にはとうてい覚えもきれぬ、またまねもできぬような文書を、唯一の材料にして二千年の歴史を調べようとした欠点も補えるのである。

隣国の中国などは、歴史の古い国であることは確かであるが、今そこに住んで暮している者の歴史についていえば、日本などの比ではなかった。九州の果てから東北までの約五百里までのあいだには、山や川にへだてられて、そんなにまで遠く越えていくことが許されず、別れ別れになって成長してきた長いあいだの変遷の中にも、なおわれわれが知ろうとして忘れきっているところの過去の経験を、新たに思い出すことのできるというのは島国という日本だけがもちうる大きな便宜でもあった。

こんなめでたい国に生れながら、日本人にはなかなか自分の国のありがたさを感じていない人が多いのであるが、この一つの責任は文献にばかりたよりすぎた今までの日本の歴史の教え方が正しくなかったからでもあろう。われわれの生活にもっとも関係の深い近世においても、文書記録の残っている地域というものは非常に限られている。記録のない地帯にそのようなことがなかったというのではない。しごく当然なことで、当時はちっとも珍しいとは感じなかったがゆえに、こんなあたりまえのことを書いたのではきりがないという心持から省略されているのである。こんなにも時代が変ってしまった今、文献がないのだから昔はそういうことはなかったのだと説くことは早計である。したがってわれわれはもう少し気長に、また問題を選ぶ場合にも、実際に入用のあるものを先にするだけの心持をもって、今まで経てきた日本人の生活を省みようとするならば、その痕跡はありあまるくらいにその資料を提供してくれるだろう。

家というものは、自分の利害、環境を一にする者同士が集まって生活しなければ不安であった時代があって、次第に生活の安全保障ができてくると、そういうことも無用になって、忘れ去られてしまうような例はいくつもあった。たとえば本家のオカミさんというものは、いばってばかりいるように今の人たちはかってに思い込んでいるが、おそらく汗水流して野に働く者とほとんど違いのないような辛苦を、一族の和合と統一を計るために感じていた。これを詳しく述べる余裕が今はないけれども、その苦労は家の主も同じであった。共同生産されたものを、一族の長なり一家の主なりが独占して、甘い汁ばかり吸っていたように考えることは大きな誤りである。関東地方にも古くから主人夫婦とか子供たちのためにとか、特別に食物を調理することすなわちコナベダテは罪悪のように考えられてきた。これはおそらく全国とも同じ傾向をもっていて、一家はすべて一つの大なべで煮ていっしょに食事するのが常で、それであったからこそ一家一族の団結は堅く親密なまた平等なものであったのである。田植えの歌に出て来る太郎次という役なども、もとはタアルジすなわち田主《たあるじ》であって、あたかも中国地方でサヅエなどという杖をついて、歌だけうたう職人が田植え人の中にまじっていることが重要であったのと同じような意味で、やはりたんぼのへりに杖をついて立っていなければ農事が進まなかったのである。したがってこの時だけはいかに裕福な家の主人であっても、ずきんをかぶってたんぼに出た。今では太郎次というひとりの長者の名と思っている者もあるようだが、もとは田主の意味であった。もちろん、さしずする者とせられる者とのあいだには、感覚の上からもおのずから相違があるが、はじめから階級組織を目的として家長制が生れたというのは大きな誤りで、これはごく単純な想像からその由来さえもきわめようとしないで、簡単にこれを封建性と結びつけて階級闘争を説こうとするのは、われわれのもっとも快しとせぬところである。

われわれの学問というのは、真実を語るのが義務である。その価値の正、不正は後世の者が決めるだろう。ここで筆者が説きたかったのは、要するに少数のもっともすぐれた人とか、あるいはもっとも尊いといわれる方とかではなく、日本人というのは、それは一つのかたまりであり、そしてそのかたまりの中には幸福の差異や階級の序列は若干あったろうけれども、そういうものを超越した一団の日本人というものの歴史を特に筆者は考えてみたかったのである。

日本における内と外の観念

一　内と外の道徳の由来

内と外との観念といえば、国内と外国ということが、まず頭に浮かぶかもしれないが、それよりさきに、日本人には特殊な内と外との観念が発達している。俗に「よそゆき」ということが言われるように、「よその人に笑われる」というのと、「うちの者が承知しない」というのとでは、まったく内容が違う。つまり、内輪と世間とでは、用意の基準が違う。だから、これらの事実がどうして出てきたかをまず考えてみなければならない。

これは日本人が、こういう国に生れ合わせたがために思わず養った特徴である。この特徴を処理しないで、知らずに次の時代に引き渡して行こうというのは、無理だから、斜めに見るぐらいの必要はどうしてもあると思う。ことに日本の特殊性がこの頃ぐらい小さく見られては話にならない。日本には他の国と非常に違った条件なり経歴があるのだから、そのことを今一度はっきりしておかねばならない。

それには、まずこの国の地理的な特徴に注意しなければならない。

第一に、大陸からの距離である。近いシナともこれだけ離れており、隣の朝鮮には日本人に近い人種が端の方に少しいただけで陸続きではない。この頃の人は、船というものは自分の力で走るものと思っているが、昔は海を渡るには風がいった。つまり、帆船で季節風を利用して海を渡った。季節風を利用するのだから、年に一回しか往来できぬ。それなのに、日本では、大きな五つの島以外に、人の住む周囲一里以上という島が四百何十かある。そこに人間が一ぱいになるためには、なんべんも往来しなければならない。ところが、遣唐使の船でも半分は難船して帰らなかった。してみると、このように人が住むようになるには、ずいぶん長い年月を要したわけで、よく雑種というけれども、あとから入ってきた者は跡を残さぬほど同化されて、結局日本人くらい純粋性を保った国民はないと言える。こういう条件の下におかれた国民は、南太平洋の人種を除けば、そうたくさんはない。

第二には、川と谷の多いことだ。中央に山脈があり、川が多く、水が豊富で、いくつもの谷をつくっている。平野といえば、大阪とか、江戸とか、広島付近にあるくらいで、それも歴史が出来て以後のことである。陸地が隆起しない以前は、『魏志倭人伝《ぎしわじんでん》』など「山島に依りて居をなす」と言っているとおり、海岸まで丘陵をなしている島だった。そこに住んで、日本人は米をつくった。

この米をつくるということが、第三の特徴だ。ところが、米をつくるには余分の水がいる。そのためにちょうど梅雨があるけれども、それは季節風と同じことで、四十日たらずだから、稲の成熟には不十分である。そこで、あらかじめ流れや地下水を溜めて苗代をつくってやや大きくしておいて、雨季の間に伸ばしてしまう。ところにより水が多くさえあれば、バラ播きですませている。だから、苗代を資本主義の発生などと言うのは当らない。日本人は、このような条件の下に同一の人種として、谷々に群をなして土地を開き、米作りして、割拠した。したがって、日本人の割拠性というのは、たいへんに根が深い。

そういう群のなかに発達したのが、「内」の観念である。いずれの群にも指導者があり、「八十氏《やそうじ》」といったように、地形の許すかぎり割拠していた。「氏《うじ》」という言葉は「内」と同じ意味である。大和の朝廷が出来るようになって、皇室だけが例外で「氏」と称しなかったけれど、自分等がかたまっているところが「内」だった。このような「内」がたくさんあった以上、「外」も多かったわけである。そしてそれらは、おたがいに争わなければならない。峠をはさんだ盆地と盆地とが利害相反するばかりでなく、川一つ隔てた両岸が相対立する「氏」であることも多い。それというのも、さきにあげた条件があって、いずれも小さく固まって自衛し成長し栄えるよりほかはないからで、「氏」は大きくなると、かえって持ちきれず、どのみちまた小さく分れる。だから、おたがいに対立はするが、相手を倒して大きくもなりにくい。たとえば、三河の豊橋の古い祭礼では、「乾《かんじ》地方《がた》、福地《ふくち》方《がた》」といって、ひでりの多いのを恐れるところと水の多いのを恐れなければならぬところとが、一つの宮の両側にある。このような小さな割拠分立があればこそ、「大御門」に向って統一されたのであり、だから、皇室や伊勢神宮の統制がさかんに説かれたからとて、割拠分立がなくなったわけではない。割拠分立があればこそ、どうしても内輪にたいしてはやや身びいきになり、外を見る目はそれだけ冷たくなる。

ところが、割拠分立の単位が小さくなって、おたがいに入りまじって、お隣には相談できないが、一軒先には相談する友達があるというように入りくんできても、内と外とは分けないではいられない。

東京などで、よく「外聞が悪い」というが、これは、同情のない批判者に知らせたくないという意味である。隣が離れているうちはまだしもとして、壁や雨戸を境に接するようになっては、「内輪のことをあけすけに言わない」ようにして、あいかわらず内外の区別を立てながら、しかも外から覗かれてもさしつかえないようにしておこうというのは、無理なことである。

それでは、この内での行いの基準はなにかというと、それは内即ち氏の神が示される。今日までどうしてこんないい人がおったかと思われるような人が、たくさんいたが、そういう人はけっして生れつき天真爛漫というのではなくて、そこには彼等自身の主観的な批判があってはじめて出来たので、こういう批判は信仰から出発している。たとえば、自分勝手に利口に立ち回って決めてもいいような問題の処理に当って、かえって自分を犠牲にして、財産を投げだし、極端な場合はそのために腹を切ってしまうというようなことがあるが、それは、そう彼が判断せざるをえなくなるようなことが、じつは背後に隠れてあった。少なくとも独立心のある者なら、右しようか左しようかというとき、ちゃんと一定の基準があった。そういう基準を示して指導したものは、部曲の氏神で、本来はまた祖霊の信仰というものであった。その大規模なものは、伊勢神宮だが、各地域としてはわれわれが宮参りをした産土《うぶすな》の社がそれである。この信仰が、日本人の幸福を守ったばかりでなく正邪の基準を示したのである。皇室の政治でも、院政時代頃までは託宣があって、神様の御言葉を聞くことが多かった。皇室では、皇室御自身でも最初は伊勢に行かないで、別にお祀《まつ》りせられた。平民のうちでは近代まで、祖霊というものが一つ所にかたまって力がだんだん加わるように感じた。だから、先祖がずっと何十代となく、つぎつぎに幻に現われてきて、年によってそのマボロシが笑ったような顔をしてるとか、または憂わしげな顔をしてるものがあるなどと、信者の間ではよく言われた。神を見るとか、霊を見る職業の者が田舎にやって来ても、「一番あなたの現在や将来を心配しているのは何代目の御先祖さんだ」と言ったりして、聴き手をぎくりとさせる。それを信ずる者は、保守的な家族の老人だけだが、奇妙に養子が一番責任を感じているようである。

それというのも、たとえ一人でいても、一人ではなく、先祖がそこにいると、誰でも思っていたからである。だから、「忠」とか、「孝」とかいう言葉は、日本にはなく、外国から来たからといって、日本に道徳の基準がなかったわけではない。ただ、それが「あれ」とか「これ」と言っても通じるような形で、あったわけで、小さい群の中の道徳として発達したのだから、それでよかったわけである。

二　内の道徳の衰退

そういう祖霊の信仰が混乱してきたのは、既に数百年も前からである。そして名は氏神でも、祭神は氏神ではなく、八幡や天神を持ってくるようになった。それは、自分の氏神だけが尊く、ほかのは尊くないという気持が薄れて、よその氏神の力をも認めるようになったからである。『伊勢参宮名所図会』などを見ると、旅の景物で一番目立つのは、「敬神」という旗や提灯が宿屋に下っていることだ。伊勢神宮の敬神講が各地に出来て、どこそこ敬神講の定宿というのが出来て、同じ国の出だと、それを頼りに泊ったから、宿屋の宣伝にもなった。ところがこの敬神は、「うやまう」だから、「信ずる」とは違う。「敬」というのは、本来はバカにしないというのだが、そのうち、それ以上にその神と個人的に、時としては古来の氏神さんよりも深い関係を結ぶことになった。

延喜式の中では、「私祭を禁ずる」といって、個人が伊勢神宮を勝手に拝んではならないとされていた。伊勢の学者は、参宮は千年以前から始まっているとて、朱雀天皇の頃大水が出て騒ぎをした時の話に「参宮の者千万」とあるのを引いているけれども、それは、夜中の十二時に大水が出た時のことで、千万は言葉のあや、たくさんの奉仕者がいたことを言うだけである。伊勢音頭を歌ってゆくような旅行が、「参宮」となったのは、足利時代以後のことで、この頃から将軍や大名が参るようになって、「御師」の制度が発達した。だから、もとは、皇室も誰でも信じては困るということを示して伊勢は国民自身の信仰ではなかった。その代りに公私ともに「敬祭」ということが言われて、よその氏子が各々の氏神を拝んでいるのをバカにしたり、冷かしたりしないで、それに重きを置くとか、大事にするということであったが、武士が功労によって領地を貰うと、氏の神は地元の神と関係がないということで摩擦が起るので、こういう解決をしなければならなくなった。もちろん、皇室ではとっくに解決しておられたことだが、こうして武家もこれにならい、『貞永式目』の中にも言っているように、「敬神」といって、特定の領地の神だけでなく、どこの氏神をも一体に尊敬するということになり、それがだんだん信仰とまぎらわしくなった。一方では、崇敬が信仰に近づくと同時に、他方では、信仰が崇敬に近いものになる。しかし、よその神参りをするのは、十七世紀の終りか十八世紀の初めまでは、道楽か保養を兼ねた一種の趣味で、そのため、自分の氏神をほったらかしているのは、「神いじり」といって非難された。だから、これがまったく混乱してくるのは、江戸中期以後、近代のことである。

つぎに考えねばならぬのは、苗代を中心にした氏、即ち内の統制が弛んできたことである。

もとは、一定の土地を一定の氏の者だけが耕していた。岩手県あたりにゆくと、一番いい所に大家の屋敷があって、その屋敷の中に苗代があって、大家は分家の者だけに苗を分けてやる。「苗字」というのは、こういう苗を分けてやる範囲を示すもので、「苗裔」といって縦の血すじを示すシナの言葉とは違って、横の関係である。こうして初めは、稲は、家毎に、ワセだとか、多産だとか、味がいいとか、それぞれに特徴があって、それを一族だけに分けたが、この秘密はなかなか守られない。伊勢参りの盛んになった江戸時代の半ばぐらいから、ちょうど草取りが終って熟するのを待つ間に伊勢参りをするから、帰りの途々で、ワセなどはもう実っている。それを取って懐ろに入れる。こうして急激に苗が改良され、混合して家々の特徴が失われ、大家だけが苗代を持つということもなくなってしまった。

第三に考えねばならぬのは、婚姻の問題である。

婚姻は、内輪だけでするわけにはいかないから、中世以来出来た村では、二軒百姓とか三軒百姓とか、いって、前もって申し合わせて初めから複数の大家が起請《きじょう》して出来たものがあり、それらの大家が分れて分家が出来、これらの分家も入りまじって婚姻するようになる。ところが、先祖の競争といってたいへん面倒なことが起る。どの大家にもおよそ同じような動機と目的を持った氏神がいる場合はさしつかえないが、どれかにちょっと特徴のある氏神がいるようだと、二三か所で別に祭らねばならなくなる。初めから大きな家が村の中に一軒あって、それが氏神のそばに構えて、その分れが大部分を占め、他の氏神はいても、勢力が小さく、これに従属するような場合は、たいてい好都合だが、多くはそうはいかないから、結局婚姻にも支障が生じる。

ところで、婚姻の方式は、もと二つにはっきり分れていた。大家の主婦になる人とそうでない人とでは、まったく違う。

飛騨の白川では、主人以外の男は、部屋も造らず、妻子を寝かせるところもないから、主婦以外の女は一生自分が生れた家にいた。明治以後、子供がみな私生児となり、それが可哀そうだということで、主人が自分の子として届けたので、子供がたいへんたくさんいた。そういう連中の結婚はじつに手軽なもので、年を取って欲望がなくなると、自然に別れてしまう。だから、正式の結婚の数はきわめて少ない。

こういう状態ではあまりにひどいというので、小さな寝るだけの家を近所につくって、これを「部屋」と言った。地方によって、この中から出世する者や金持になる者が出て、大家と争う者も出来た。

普通の分家というもののほかに、別家と称するものがあったが、これは、たいていは、愛情のあまりで、母親が違うとか、ゆくゆく押えつけられるのが可哀そうだとか、いうことから、大家と変りない所を村外で開墾してやったが、のちには、それも出来なくなった。そこで、親は、子供をよく見ていてその特徴をつかまえ、普通は坊主にしたが、そうでなければ、医者とか、学者にし、それもむずかしければ、商人《あきんど》にした。道路が改良されて交通がしげくなり、酒の浪費がもとで、幕府から明治の初年にかけて、酒屋が栄え、身代をつくったものも多い。

他方、大家は、多くの分家をひかえているから、主婦の役目は重い。餅つきとか、お赤《こ》飯《わ》をたく日は、大釜は大家にしかないから、皆が寄ってそれをつくり、分家はそれぞれに持って帰る。東北では、田植え時には総がかりで行かねばならぬから、赤ん坊は「えじこ」に入れて大家の囲炉裏のうしろにあずける。これらに何か食べさせたり、泣くときはなだめて、留守番をするのが、主婦の役目である。あとの者は、歌を歌いながら田植えをしている。

だから、大家の主婦の役目は重く、これを勤めるのは、容易なことではない。そこで、親は、娘をよく見て、「この子は少し気の利かないところがあるから、嫁づとめはむつかしい」とか、「田植えに行って全体のとりしまりができない」と言い、そういう娘の結婚は別に考えてやって、気楽な次男坊と一緒にして小さな一軒を立てさせるというようにした。

こういう小さい家を多くしたのは、各藩の政策も関係している。それは、家の数が多ければ、それだけ夫役が多く得られたからで、幕末にはことにその必要が大きかった。

三　人なかに出る訓練

小さな家の嫁になるには、別になんの素養もいらぬが、大家の主婦は、さきに言ったようにその役目が重いだけに、それにふさわしい素養が必要であった。

俗に娘が、隣村に嫁入るのを「人なかに出る」と言う。たいていの娘は、村内で結婚するが、よその村に出るとき、親は非常に気をもんだ。信州あたりで、親が娘を嫁にやるとき、「うちの娘でつとまるかしら」というので、母親が姉妹に相談すると、叔母が用事があるような顔をして、田植え時に通って、娘の働きぶりを見る。自分も経験があるから、大体の見当がつく。あの娘なら、姑づとめができるとか、大家の主婦になっても大きな失敗はしまいとか、判断してよいように決めるわけである。ことに東北ではカカの座が高いから、先方も選ぶけれども、こちらもよく考えたわけだ。

関西では、「しおふみ」といって大阪の五十軒か七十軒の大所が、三拝九拝して頼みこまれると、自分の方でも選んで、帰ればもっと偉くなる人を抱え入れて養成する。「しおふみ」というのは、裸足にならなければ出られないのだから、たいへんにいい名前である。しかし今日ではもうそういう制度はなくなったそうである。そういうものを置くような気持がなくなった。

大都会に、女中とか、下男とかいうものに農村の子女が出るようになったのは、農村で人が余り、また貧乏百姓の女房になるよりはというので出てきたので、本所、深川あたりの家は、おおかたそういう人達の寄合世帯であった。

越後や信州では、労力は年間を通じては必要だが、冬の三四か月は余るので、酒倉男の出稼ぎが発達した。能登《のと》の西海岸の輪島から少し奥へ入ったところの村などは、そうで、初め来た時は、「春まで置いて下さい」とは言わないで、いつまでもいるような顔をしていて、春先になると、「家の者が病気だ」とかいって電報が来て帰る。酒倉男はちょうど冬場稼ぎによかったので、越後からずっと北陸一帯にかけて丹波《たんば》、若狭《わかさ》、但馬《たじま》あたりまで、その出所となっていた。

女工に出た人達は、もとはうちで叱られながら、糸を引いたり、機を織ったりしていた連中だが、女工はいい金にもなり、新しい所も見られるというので、たいへんに多く、それに、一人募集すれば、仲介者にいくら口銭をやるというようなことで、悪どい手を使ってかり出された。きれいな空気の所で育った者がゴミの多い工場で働くのだから、たちまちに結核になって、帰郷する。私が旅行していた明治四十年頃、越前の西の谷などで、そういう療養者が軒並みにいた。

世の中の動きがこのように移ってくると、「人なかに出る」見習というようなことは、なくなり、女房学というようなものは、衰えるよりほかはなかった。

もとは、「一人前」ということが、たいへんに重視され、そのための最低基準が用意されていた。まず労働によって決められるのだが、それには人を使う力とか、人を導く力とか、いうことも考慮された。こうした要求をみたすようになるために、見習期間というものがあった。子供組とか、若衆組というのは、そのための段階であり、そして若衆組のも一つの大事な機能は、よき配偶者を得ることにあった。

ところが、若衆組が、そういう訓練をするのに大事な消防とか、警防とか、救難というような仕事が、国の行政が整うにつれて、なくなってくると、「夜這い」というようなことばかりが、目立って、これが非難されるようになって、若衆組はだんだんに衰えてきた。というのは、若衆組から配偶者選択の機能をはずしてしまうと、その魅力はなくなってしまうからである。

こういうわけで、村の若者の男女の関係は、乱れていたように考える向きもあるが、もとは、結婚する気もなくて無垢な処女をだましたために、村にいられなくなった例さえあるのだから、内輪の制裁というのは、きびしいものだった。

明治以後、小学校の登校や帰宅に、引率ということが起り、ほとんど全国的に行われた。一番年上のが号令をかけて連れて行く。こうして子供は自然に統制に服する習慣がつくし、統制についていれば、落ちても拾ってくれるし、転んでも起してくれるので、親も心丈夫だった。山の中を歩いていると、髯をはやしたり、洋服を着ていれば、きっと道端に並んでお辞儀をする。

こうして、小学校を卒業すると、十二歳だから、これから一生懸命働いて一人前になろうというので、若衆組に入る。入れば、さきに言ったように、悪い事も覚える代りに百姓仕事も覚える。ところが、中学校に行った者はこれに入らない。彼等は、皆が働いているときに、袴をつけ夏帽子を被って帰ってくる。以前なら若衆組に入らなければ、片輪みたいに言われたのに、多くて五、六人だが、中学校に行くのは、おもに勢力のある家の子だから、若衆は、学生を陰で悪く言っても、金を貰いに行くときは、彼等の父親の処に行かねばならぬので、結局公然と争うだけの力はない。こうして村の青年の間に溝ができ、二流れになって、この状態が、たいへん長い間続いた。

そこで、青年達の中に、新たな青年の気風を作ろうというので、日本青年会が出来た。それは、じつは若者組を狙っていながら、わざと「青年」という言葉を使って、その中から国のために働ける人を作ろうとした。ちょうど若衆組の中にも新しい考えをもつ者が現われて、二流れの状態を一つにしようということになった。

これは、たいへんによい仕事をしたが、今度の戦争後、「青年会」という言葉が、G・H・Qの干渉で使えなくなり、子供から大人になる大事な時期が、みんな「少年」ということになって、これが、今日たいへん害毒を流している。

四　世間の移り変り

だんだんに世の中が開けて、外部と接触する機会が増えて来ると、これまでは内輪の者さえよければ、外部の者はなんと言おうと構わなかったが、だんだんに内輪よりも外部の批判をいっそう多く気にするようになる。江戸下期から明治時代を経て、「世間の口」とか、「世間の思惑《おもわく》」とか、「世間体《せけんてい》」とか、「外聞」とか、「世間を見てこい」とか、「世間では通らぬ」とか、「人様の前で」とか、「陰口を利かれる」とか、「後指をさされる」というようなことが、盛んに言われるようになった。

私らの郷里でも、郡単位で、各村から代表が出て、新しいことをやるようになったが、こうして状況の違う村々の人達が、ことを共にして、はじめて公共というようなものに触れてきた。

ところが、この外部の状況は、さまざまに違い、外部からの批判といっても、したがってまちまちで、必ずしも一致しない。だから、その公準は、ますます外に持って行かれ、外国にこれが求められるようにもなった。

そのようにして、「世間」は、ますます大きくなってウゼケン、即ち「大世間」になり、佐賀県か、長崎県あたりの方言にウゼケンバラというのがあって、これは、世間よりももう少し広い世の中に対する腹立ちだから、どうしようもない憂欝な気持を言うのだそうだが、こういう「大世間」は、どうもとらえどころがなく、むしろ「人生」ということに大へんに近くなる。「何の為に人生があるか」などとよく青年が煩悶したが、おそらくそれは、こういうところから来たのだろう。

こうなれば、村の気風も、当然変らざるをえない。その点でよく言われたことに、「人気」と「風儀」ということがある。

私が旅行している頃、「どうもあの村は人気が悪い」とか、「一番人気がよかったのはどこですか」などとよく言われた。一番普通なのは、茶店とか、宿屋とかで、目に見えてこすいことをすると、「人気が悪い処だ」と言った。そして一般に街道筋は、往来がしげく、小さな奥まった淋しい処とは違って、よく「人気が悪い」と言われた。だから「人気」というのは、こうすればこうなって自分の方がいくらか得になるという肚の中の勘定の進んでいる度合いらしく、「人気が悪い」というのは、一般に利口になっていることと同時に、陰口をきいたり、困っている人に親切が足りぬとか、そういう不道徳ということでもあった。近頃は、「人気」といえば、気に入ったとか、気にいらぬという俳優の評判と心得ているが、私が旅行している頃のそれは、明らかに土地の紹介であった。

「風儀」というのは、これと違って、男女関係のことである。だから、「人気はいいけれど風儀が悪い」とか、「風儀はいいけれど人気が悪い」ということがあった。

越後あたりを歩くと、大字ごとに風儀が違っていた。しおらしい子が多い処と、変な顔をして人を見る処とがあって、それでわかる。その主な原因は、やや有力な人の品行で、金持の家の息子がだらしないと、皆それにならってしまい、その部落だけが悪くなる。隣の部落は、用心さえしていれば、これにかぶれることはない。だから、隣同士でいて、全く風儀の違う処があった。

とはいえ、このようにして明治以後、総じて内輪の批判力は衰え、とみに外部からの批判を恐れるようになったが、公準として内輪の批判に代るものが育たず、人を導く力も衰えてきたように思われる。

五　変革ということ

明治維新は、田舎では「御一新」と言ったが、従来「士農工商」と言っていたのを「四民平等」という、いい言葉で、これからはみな立場は同じだということをかなりはっきりと言ったものだから、工商はたかが知れていたが、農は大へんな影響を受けた。それまで農は士族との間にかなり大きな差があった。その差をなるべく少なくしようと思って、「苗字帯刀御免」とか言って士族に準ずる恩典が与えられたが、大部分の中以下、中の上くらいの農民がへこたれていた。「斬捨御免」などということは、じじつはなかったが、「百姓の分際で」と言われると、ハッと恐れ入ってしまう。ところが、明治の初めに新聞でもさかんに書き立て、私らの生れただいぶ後まで「四民平等」ということを言っていた。

それから非常に大きな影響を受けて、百姓も自信が出来た。

山梨県のある旧家の若い主人が、祖父の二十前後の時に書いた伊勢参りの日記——明治元年か二年のものだが——を持ってきて読ませてくれたが、四五人連れの若い衆が北陸をまわって甲州に帰る途中、「どこか直江津付近にこのごろ士族で女郎になっているのがいるそうだ」という話を聞いてきて、「らしい」というだけで、はっきりしないのに、「どうかしてそれを買おうじゃないか」と、幾日も幾日もその噂ばかりしながら歩いている。そういうふうに「四民平等」ということが、農民にはわれわれが思っていないほど大きな影響を与えた。「百姓でも国のために憂えられる」という正しい考えから、「百姓も自由なことが言える」というのが、明治の初めの一つの非常に大きな現象であった。だから、村でいちばん旧家の誇りを持っていた者がみな政治家になった。ところが、「井戸塀」と言われたように、みなそれで財産をつかいはたして井戸と塀だけが残った。私らが地方を歩いた明治二十五六年から三十年代にかけてどの村にもそれがあった。それ以来、この地主の没落を大きな社会問題として私は考えてきた。

戦後、いわゆる農地改革のために悲惨な目にあって裏切られたようなことを言っている地主達は、じつはこのあとに出てきたもので、昔からの旧家で代議士も出さずに手堅くやってきたものも少しはあったか知れないが、それはごく少ない。私の郷里の大庄屋の家には私と同じくらいの年齢の主人がいるが、その人の一生などというものは、非常に謹厳で用心深い一生で、とうとう家を衰えさせることもなく、今度の農地改革ではじめて没落した。こんなのはこの付近に類例がない。私らの十歳ぐらいの頃、よくおしゃべりの女たちが寄り集まると、何村の某、何村の某と勘定して、あそこもいけない、ここもいけなくなったと話していたが、十何か村か大きな村のあった郡だったが、村々の旧家でほとんど問題のない家はない。そういう家の主人《あるじ》は、たんに酒色におぼれたというのではなく、みな新しい生活をしたためだ。一番はやったのは馬。以前は、馬子が馬の尻に乗るのを別にすれば、ほんとうの馬具をつけ手綱を取って乗るのは、「百姓の分際で」と言われ、殿様でないとやれない。それが、大変はやって、一郡に何か所かはいい馬を飼っていて、馬に乗って供を一人ぐらい連れて歩いている、そういう光景がよく見られた。一つには道が悪くて、医者が手車では駄目だから、私の兄の養家などは、廏をつくっていい馬を置いて、それに乗って往診した。そんなことが流行の端緒になったか知れない。三十か四十あった歴史の分っている旧家が亡びたのは、多くは最後の主人がそんなことをしたのであって、必ずしも、酒や政治ばかりではない。

世の中が変ったのは、こうした生活の様式の移り変りに応じて人の考え方が変ったのであって、明治の変りかたをただ政治変革の一つの現われとだけ見ようとするのは間違いである。私は、唯物史観みたいにひとしなみに全世界を統一しようというセオリーを承認しない。これから先どう生きてゆこうかという用意については、どうしても固有プラス新しい変遷という問題を処理しなければならない。

それに、この頃の若い学者は、過去の人がやったことを悪評するのを手柄のように心得ているけれども、誰でも失敗したあとなら、なんとでも批評できる。しかし、当時皆が皆迷っていた時に、毅然として国民の行くべき道を示したのは、容易なことではなく、また、真面目な少し知能や経験の足らぬような人は雷同しないではいられなかった。

明治憲法は、井上毅が起草したが、当時あれだけのものを掲げたのは偉かった。それは、非常に苦しんだ結果で、また、けっして一人のファンタジーでもない。憲法調査に主要な人物をヨーロッパに派遣しているが、そのさい、シュタインという人が非常に日本に関心を持って、「日本は立派な国なのに今のような態度で西洋の文物を入れたならば、あとで困るだろう」ということをいろんなことで教え、それが元老院の印刷物にもなり、われわれの考えにもだいぶ響いている。シュタインは、「どこの国でも過去に歴史があるから、ある国が非常に良くいったからとて、その通りにはいかない。自分の国の立場と経験とをよく考えてみなければならない」と言った。ほんとうにこれくらい平凡な真理はない。さきに言ったように、日本は、地理的条件から言っても、よその国とたいへん違っているのに、歴史も条件も考えずに、若い新聞記者などが、「東洋の英国」なぞと言うと、日本も、勉強の仕方によっては英国のようになれると思う者が、非常に多かった。今日は、また、ある者は過去をただ良かったといい、他の者は全部駄目だと言って、江戸時代を「封建」という名をつけて一つに見ようとしているが、同じ江戸時代でも、中央と地方とでは違うし、中央でも、皆が心を揃えて国を良くしようという考えのあった楽翁公の時代と、自分等の地位ばかりを保とうとしていた時代とは違い、三百年の間にも変遷があって、一概には言えない。若い人達がこんな大ざっぱな議論をして、参考書には西洋の本を取って、その考えを背後に置いて、隠したり現わしたりしている。今は、どうしても維新から憲法発布を通って今度の戦争までを一貫して見るような考えかたが、必要である。

たとえば、日露戦争が起ったときは、今度の戦争とは違って、とにかくロシアには恨みがあるし、日清戦争には多少の希望を持っていたが、ロシアを相手ではとても危ないというので気持が改まって、このさい気まま勝手は自分から棄権するということになった。だから、戦死者の遺族が、「お国の為だから」としんから言って涙もこぼさぬということもあったろう。そのばあい、ほんとうに情愛のある人があとから来て慰めたろう。新聞記者などが来れば、「これで武士《さむらい》になれました」と、いい言葉を使っている。「武士」というのは、公の人間ということなのだ。

当時、公共ということの教育がまだ足りなかったから、それには暗誦もしなければならないし、方式も立てなければならない。そして一般に上向きの時代だから、貧乏人もだんだんに心が高くなっていたから、彼等も「どうせわれわれは」などとは言わなかったろう。政治家のスキャンダルを知るようになって、いわゆるバカ正直を言っていてもつまらぬと思うようになった。山県有朋にしろ、井上馨にしろ、皆うしろ暗いことをしているだろうが、伊藤博文があまりに女に放埒だったのには驚いている。こうして世の中のために事実を無視して理想的な人間像を頭に描いた時代が去って、自然主義の時代になり、頽廃だけになってしまった。

六　新しい道徳の指導

維新以後、「有志者」ということが、さかんに言われた。この言葉は、それ以前にはなかった。漢語にある「有志」は、学問をしたいということで、たとえば、身を立て道を行うのだから、これとは違う。「有志者」は、実質において百姓の気の利いた者、百姓のうらで国家に志のある者を言う。ところが、近来は、そうではなくて、運動が小さくなったせいか、その運動のために費用の払える者を言っている。私が地方に旅行した時分、校長や村長から「村に有志がいるから、会ってくれないか」と言われたが、このばあい、有志というのは、平素自分のうちの田圃のことばかりを考えず、世の中がどう変るかとか、われわれはどうしたらいいのか、というようなことを考えている人達のことだった。

この言葉は、どこから出てきたかというと、方言からだと思う。東京では言わないが、九州ではヨイシュという言葉がある。シュというのは人の意味である。さらに鹿児島から奄美大島にゆくと、ユンチュという言葉があり、これは、わずかでも公の事務に携わると租税が免除になり、これには段階があって、一寸上がると、自分のために田圃を耕してくれる者を地位に応じて一人から三人までつけられるようになる。だから、金持にならざるをえない。家が豊かになるから、役をやめてもなんとか方法を講じてその地位を維持しようとする。そういうのが、ユンチュで、ユカルビト（与人）とも言う。これらの言葉は、たんに九州ばかりでなく、ひろく関西にひろがっていたと思われるから、きっと器用な思いつきのいい人が、ひょっとこの言葉から思いついて「有志」という言葉を使ったにちがいない。

ところで、現在いちばん選挙の癌になっている運動員は、この有志のわかれである。そのうち一〇％か一五％は、世話しているうちに面白味がわかったり、コツがわかったりして、自分も政治家になってしまう。あとの一部分——一五％ないし二五％であるが、これは、地方の議員となり、それぞれ親方を持っている。残りの連中は、これで一生食っている。地方的に差はあるけれども、一体にこれが選挙を悪くしてきた。一郡、一村、一家の「有志」があって、ふだんから開拓しておって、「私の声がかかれば集まる票が何票ある」などと言って、金を取り、相応自分の懐ろに入れ、一部分だけを政治に使う。普通選挙なのに、こんな言葉を平気で使わせて誰も咎めない。この原因は明らかにしなければならない。おそらくそれは、自分の判断は駄目で、人に頼まれて投票するものと思っているからである。

これを改革するには、まず聞き方教育をしなければならない。読み方、書き方と並んで、聞き方という時間を設けるのが一番いいのだが、それは出来ないから、教員が国語の時間を利用して、わかりやすく言葉を子供の耳に入れて、言葉を頭の中で翻訳して自分の言葉にしないでもすむようにする。そうでないと、外国語も同じことになるからである。

私は、政策の実行方法としては、文語廃止、口語改良論だ。口語を改良して、ちょっとの細かな感情の差も言えるようにして、聞けばすぐに吸収されてしまうようなものにしなければならない。親の叱言《こごと》など翻訳して聞く人間はいない。言われたらそのまま頭の中に入ってしまう。言葉を翻訳する習慣は、西洋でもラテン語の教育にはかなりあったろうが、日本ではそれがひどい。日本は長い間、書物の言葉と自らのふだん考える言葉との間に大きな差のあることを覚悟の上でやってきた。江戸時代からこの差を埋める努力がされている。たとえば、『経典余師』というのがあって、四書でも五経でもみな仮名で書いてある。別に読んでもよくはわからないが、ともかく草双紙の読めるぐらいの者なら誰でも読める。それで一時はこれが盛んになった。わからないという点で一番いけなかったのは、『大学』である。『中庸』なら、講釈してもらわなくとも、静かに考えればわかる。『論語』は、アネクドートを集めたもので、問答体にもなっていて、まだ分る。『大学』だけは、簡単で字数が少なく僅かだが、何べん読んでもわからない。こういう教育でもって、ありがたい言葉というのは、われわれが平素頭の中で自分に言い聞かせる言葉ではないと決めきらせてしまった。その点でもっと罪が深いのは、お経である。お経は、聞いていてわれわれでも「あの字だナ」というのが処々にある程度で、あとはよくわからない。そのうえ、千部経とか万部経とか言って、大勢を集めて一日になんべんも読むなどというバカげたことをやり、声を出しても言葉にならぬようなことをやっている。こうしてわかる田舎言葉よりわからぬ言葉に一段と尊い内容のあるように教えているのだから、普通選挙といっても、「あれが尊いんだ」と言われれば、その気になる。このごろ、東京あたりの選挙運動の言葉は普通言葉に近くなったが、田舎に行くと、かえってむつかしくなる。その上、人の悪い話だが、冒頭に「もう皆様にはこんなことをくどくど申し上げる必要はありませんが」と言ってしまい、そのあとウンとむつかしい言葉を使う。すると、俗に煙に巻かれるというけれども、「どうもあの言葉はいい言葉のようだ」ということになってしまう。二人が同じようなことを論じて、二人の言うことを比較しようという気にはならない。不思議な時には問い返さなければ駄目だが、それができない。問い返すのはサクラに決まっている。こうして、半分ぐらいしかわからぬから、まずまず多数の方についておこうという大勢順応党が生れる。表面は民主政治になっても、現実は寡頭政治である。その原因は、もちろん国民の智慮の欠乏であり、判断よりも思考力がまず不足している。この考える力を与えずして目標のみを示すことは、古今一貫の僻見であり、「黔首《たみ》を愚にす」といい、「依らしむべし知らしむべからず」が、いつまでも政道の金言とは情ない。それというのも、もとをただせば、結局文字を持たぬ国の悲哀とでもいうべきか。

私は、なんといっても、国民が自分の言葉で語り、自分の言葉で聞けるようになることが先決だと思っている。そうでなければ、正しい考え方を成長させることができないからであり、また、われわれが先祖から伝えてきた正しい正しくないの暗黙の指示を公のものとして成立せることもできないからである。

私の仕事

幸田露伴さんの小説で『雁坂越』と謂うのがあるが、此は私が大学か高等学校の学生時分に世に出たもので、私は此を読んで大きな感動を受けたことを今でも良く記憶して居る。また私だけではなく大勢の人びとがひどく感心したものである。もう一度読みたいと私はかねがね思って居るが、却々その機会を得ない。此小説は、甲州笛吹川上流に沿ったとある村で両親を失い不幸な生活の中に育った一少年が苦しさの余り家出して、小説の表題にあるけわしい雁坂峠の絶頂を越え北武蔵へ出る話だが、少年がこの峠の頂に出ると、遥か遠く武蔵一国が脚下に開けて居り、蓬々と吹く天の風が頬被りした手拭に当るのを味わった時の、少年の気持と其情景とが実に鮮かに写し出されて居た。少年は振返って自分が住んで居た甲斐の国の笛吹川に沿う一帯の地を望んでは暗然として心も昧くなるような気持がするのだが、眼下に開けた新しい世界を望んで小躍りして悦ぶ。私はその気分が何とも言えず嬉しかった。この小説に感動した人の多くも、やはり同じ感慨に動かされたのであろう。

亦此は後の話だが、ビョルソンの『アルネ』と謂う小説を読んだところが、その結構はちょうど『雁坂越』と同じで、フィヨルドに住む少年が生れて初めて北海が見えるところに立った時の少年の心の動きと情景を良く表わし得て居た。

此気持は、考えて見ると日本の少年が屢々味わわねばならなかったもので、日本文学の一つのフォームを形づくった程のものであろうと思う。「山一つ向うに姥が住んでござる」と謂うように、能の狂言の中にも良く出て来る情景である。自分の育った谷底の村から川添いに上り山を越えて外の世界に出て行くのだが、その広い外界の入口に初めて立った時の気持は、当時の少年の多くが共通に味わったものと思われる。

私もやはり同様であった。私が育った村の小学校は木肌の儘の建物であったが、当時は明るい色のペンキを塗った小学校が多かった。春の時候だったと思うが、後の山を登り初めて外の世界を望む峠に立ってそのペンキ塗りの小学校が眼に飛び込んだ折の心のときめきは、今でも忘れることが出来ない。

旅行者が峠を越える時に味わう心のときめきも、これと同じであろう。峠は自分と外の世界との繋がりにある停車場であって、当時の旅行好きは此気持に憑かれて居たのだとも言える。

私は家が貧しかったので、旅行の機会が却々無かったが、機会を求めてはよくやったものである。動機は、第一に日本には他処の入口と言うものを見る良い文学があったこと、もう一つは、田山君は古風な旅行家で単衣物一枚に脚絆という出立で行先決めずによく旅行して居たが、彼に旅の面白味を教わったことである。当時は日清戦争と日露戦争の間の時期で、今顧みて旅行道の歴史の上で最盛期であり、一番旅行し易かったのではないかと思う。私は今もって当時の旅行が懐しい。履物は草鞋であったが、草鞋は最上の旅行具である。この草鞋の快楽は靴を履いて居ては想像もつかない。亦当時用いた足袋のことだが、今普通使われて居る福助のゴム底足袋になる迄には、足袋に三度の移り変りがあった。初めはモンパと称する厚地綾織の足袋底生地が用いられたが、私の旅行期には、底が石目になった石底の足袋が使われるようになって居た。此石底足袋の時代は、約十年間続く。この足袋は旅行時ばかりでなく平常にも用い、その履古したものを旅行用に宛てたのである。其からゴム底になるが、これはどうも私どもの趣味に合わぬ。田山君は足袋無しで草鞋を履き甲掛けをして居た。草鞋の快楽と言ったが、草鞋旅の長所は沢山有る。新しい草鞋は初めはがさがさして具合が悪いものだが、湿り気のある道をものの三十分も歩けば足にしっくり落ち着いて何とも言えず履心地の良いものである。三十分と言えば、出立してから漸く平地が終り山路にかかる程の道のりで、足の裏にしっくり落ち着いた草鞋で山の岩道を踏む其心持良さは一種の足の快楽と称して良い程のものであろう。それに鞐《こはぜ》のついた脚絆のなるたけ小さめのを使った、今ならば巻脚絆であろうが、其小さめの脚絆を鞐でしっかり着けた時の足の軽さも旅の快楽の一つであった。

当時の旅で更に有難かったのは、道の案内人荷持役が容易に得られたことである。此等の旅の伴役は多くは其土地の人で、私はよく彼等から地方の話を聞き出すことが出来た。彼等も亦私共から東京の話を聞くことを楽しんだ。後になると、案内荷持役に土地の人は得難くなり、大抵は他所からの寄留者になってしまった。それに従って旅の面白味も少くなって行った。

こういう恵まれた時期は二十年か二十五年続いたのだが、私はちょうど其頃、全国広く旅をして歩いたわけである。初めは無計画だったが次第に身体も自由になり、地理の知識も豊かになると、計画を立てて彼処此処と自由に旅の楽しみを味わったものである。計画と謂えば当時直線旅行を企てたことがある。地図の上に直線を引いて出来る限りそれに沿って歩く旅行である。余り実行はできなかったが、それほどに当時は自由な旅であった。それに較べて今は、旅の途次自由に脇道に入ることさえ出来ない。荷役も旅の伴役と言うより専ら荷物運搬人で、土地の人と沁々《しみじみ》語らう機会も無くなってしまった。

私が旅の楽しみを味わって居た時代は、今から振り返って見ると、古い地方の文化を代表した階層が非常なセレクションを受け、古くから伝わった家屋敷を残して没落して行った激しい転換期であったと思われる。其等の没落階層は、その気構えからいっても当時の文化の中心になる人たちであって、政治家としても今の所謂算盤をはじく政治家とは異なり、文字通り国の為村の為働いた人々であった。彼等は地方の有力者と肩を並べる必要から、其財産を蕩尽したので、それは政治社交、政治交際によって滅びて行ったのだとも言える。

当時は非常な政治の不安定期であり、不安定なるが為に政界に進出台頭しようという野心を起す者が輩出したわけで、村の組織はその為大きな変動を受けて居た。今顧みてそういう農村社会の様相を沁々と思い起こすことが出来る。然しこの変動は、その後の移り変りの第一段に過ぎないもので、滅びて行ったのは新興階級の第一ランクとでも言うべき階層であった。私の旅行期はちょうどこの時期に相応してたわけだが、旅行好きの御陰で其実状を実際に観ることが出来たことは、私にとって得難い経験であったと思う。その意味で明治中期の社会相は、研究に値するだけの重要な価値を多く含んで居たのである。そのうち研究も次第に専門化し地方史社会史という研究部門が出来てきたのでそれへ委せるべき分野はそれへ委せ、従って私の研究分野も自然限られて来た。

この明治中期二十年代の過渡期とも言える当時の世相は、激しい動きを見せて居る昭和二十年代の今日と良く似て居ると思う。今日の動く世相の真の姿を知る為には、何者か標準を立てて比較して見ることが必要だが、私には明治二十年代の過渡期という一つの規矩が有る。老人の太平楽の広言を謂せば、私は其を身体で知って居るが、今の若い研究者達は知らないということである。彼等はセオリーの概念を当て嵌めて見て、あてはまらぬ事実には其ねうちを軽く見る気風が有るがそれでは研究の実は挙るまい。私は立論の拠り処を先ず事実に措くという地味な著実な研究が進められることを強く望みたい。これが私に地方の研究を続けさせて来た原因であり、今後も続けて行こうとする動機でもある。

私が若い頃経験した明治二十年代の世相もその一つだが、その後地方の社会が閲した激しい変遷は幾度か有った。時代が下るにつれて其周期が短くはなったが、このように社会全体に興廃期の交替があると同じように、家の歴史にも興隆の時期に続いて障害に蹪《つまず》いて訪れる衰微の時期があると思われる。大正五年新渡戸稲造さん達が中心に成って作って居た「郷土会」という団体が村落の調査を行ったことがある。山梨と神奈川の県境にある或山村を七八人で手分けして調べたのだが、私の担当した仕事は、寺の過去帳の調査であった。その折、家の推移に関して発見した一つの事実があった。それは天保年間の或数年間

——それは飢饉などのない平穏な数年だった——に、人の死亡に片寄りが有るということである。例えば、市右衛門なり三助なりの身内が数年の間に引き続いて何人も死んで居る。これが民衆の難渋した天保の飢饉というような時期でもあれば、有り得ることとして別に気に止めなかったであろうが、そういう目に見える因果の連関が思い当らなかっただけに、異様な感に打たれた。

その後折が有れば、此に比べ得る事実は無いかと墓場などを注意して居たが、外部からの影響が無くても同じ時期に一家が相継いで死亡するという現象に幾度か行き当った。凡そ血縁の正嫡による相続が正しく実現されて居る家は極めて稀なものである。福島県には高木家という正に血縁の正嫡によって十何代も続いて居る家があることを私は知って居るが、このような例は非常に少いのではないかと思われる。家が連綿として正嫡によって相続されて居るということは地方人の大変な誇りなのだが、連綿ということには大抵の場合フィクションが含まれて居り、必ずしも信頼出来ない。このように家の所謂正嫡による相続が困難であるということを見れば、此は或は私の主観的想像かも知れぬが、家も或一定期間経てば外からの影響ということでなく自然に衰微するという、家の寿命とでも謂うべき事実が有るのではないかと思われる。古くは平安朝初期に編纂された新撰姓氏録などでもそれを窺うことは出来る。このように、パーマネントな存在と考えられた家にも社会生理学的現象とも謂うべき盛期衰期の交替があることを考えれば、国の為の将来長期の計画を樹てて行くには余程の配慮が必要であることがわかる。即ち国民の間の連帯、地域相互間の交渉連絡は無論配慮されねばならぬが、それだけでは計画としては不充分であると言わねばならぬので、ジェネレイション間の連絡交渉を周到綿密にする必要があると思われる。それでなくては、結局鼻下思案の計画に終ってしまうであろう。

それにつけても、も少し日本には稠密周到な計画の樹立に役立つ社会知の発達があって欲しいし、それを基礎付けるような学問の進歩が必須であることを私は痛切に感ずる。

明治維新後、国民国家としての日本の進歩が期待されたわけだが、国民の全国的統一の上で困難であったのは科学教育である。科学者の地方に於ける社会的地位は低く、表に立った連中は、漢学の素養を受けた古い昔風の人たちで、一般の民衆は寺小屋で庭訓往来を読んで居れば充分であり経学などやることは不必要とされて居た。そういう漢学の人は、農民の素直な心情など知らずとも学が有るということだけで世に立てられ、大いに尊重されたのである。私の父親の時代には、平仮名片仮名などは一字も無い文章ばかりであり、仮名は婦人の用うるものとされて誰も疑わなかった。このような誤りが、民衆の日々の生活には縁遠い人ばかりを尊重させる結果となり、今日の煩らいの源を為したと思われる。

思えば明治の時代は、国民の教育を根本的に改める好期であったし、亦改めねばならぬ時期であった。然るに学校は文字を教える場所に止まり、民衆とは縁のない難解な文章を読み書きするのが学者と言われ、旧態依然たるまま今日に至って居る。日本の不幸は此処に始まって居ると言って言い過ぎとは思わない。今では一字一字の注釈が無ければ文章の意を子供に伝えることさえ不可能な状態にまで到っている。この事態を何とか改善しようとして漢字制限が行われて居るのであろうが、その為、昔の生活を窺うに足る届書帳面評論など読ませようとしても、制限漢字が多くて高等学校を出て居ても読む用意はない。この困った事態を解決するには、余程の用意と配慮がなければなるまい。

多数者の利益を真に考え得るためには、少数者しか理解し得ぬ文字を使って居ては到底覚束かない。明治も藩閥末期になって漸く其誤りに気付き始めたが、其時は既に遅く取返しのつかぬ状態に立到ってしまって居た。其真因は農村の生半可な近代化が、直接には農村指導層の考えの浅さと愚かさにある。欧米諸国の近代化と較べ一番の相違点は、此処に有ることを我々は良く知らねばならぬ。

このような状態にもって来て、進んだ国々の文化を鵜呑みにしようとするところに日本の不健康の因が有り、其の意味で現在我々は非常に悪い時期に入って来て居ると思う。然しこの事態の収拾打開を政治家の指導の力に頼むことは妥当とは考えられない。今は如何にすべきかの判断を導く基礎と成る事実と証拠を提出することに止めるべきである。何かと言えば直ぐ出来上った判断を判断の未だ出来ぬ者に上から押しつけるような指導をしたがるけれども、今は只疑うべからざる事実のみを提示して、其の事実の上に立って自ら判断し得るように仕向けることに、今心を傾けるべき最初の政策があると私は思われる。日本の民主主義が育つ地盤も其処に有るに違いない。と言うのは、何の確実な証拠もなく、亦判断らしい判断も無い儘に、「らしい」という雰囲気だけで全体が流されて居る現状を憂うるからである。例えば、学者先生がむずかしげな言葉で話せば学がある「らしい」と感ずる状況は随所に見受けられるし、これは正にボスの食い物たるにふさわしい状態と言わねばならない。「象牙の塔」から真理を説いてやるというような学問は、当人の善意に拘らず民主主義の成長を妨げる代物で、真の学問は身体を良くする為にする衛生学生理学のように世の中を良くする為のものでなくてはならない。幸い今は「学問の実用性」と謂うことを言っても別に人の指弾は受けないが一昔前は学問の実用性などと謂う言葉は、学問の尊厳を保つべき学者の禁句であった。

将来の我々の生活を導くべき基準を見定める為には、過去に於ける我々の暮しの仕方と現在のそれとがどれ程違って来て居るか、亦何処が良くなり何処が悪くなって居るかを綿密に比較検討して見なければならない。その確実な事実と証拠との上に立って初めて今後の生活の正しい指針も生れ得るだろう。現在私には、此戦争に至る前の政治、社会その他万般に対する否定的見解のみが屢々聞えるが、唯全てを否定するというだけでは内外共にその説に同情し賛成する者はあるまいと思う。而も其の説を難解な言葉で説くのでは、唯その口説の煙に巻かれた人達にだけ受け入れられることに終るのではないか。これは敗戦によって引き起された一種の反動現象と思われるが、仮に其と違う考え方を持とうと思っても、其考えの基準は無いし、若い人には判断の仕様もないという状態である。私は此の危険な風潮を切に憂慮せざるを得ない。

過去の確実な事実と証拠を知ることの必須を述べたが、その為には唯書かれた物のみに頼って居ては到底覚束かない。文化の中心地の事象なら兎も角、普通の人々の生活の実態は紙に書かれて居る筈はないし、書かれて居たとしても其は平穏無事の常態を現わして居ることは稀で、多くは不幸な異常事ばかりである。そういう記録に残らぬ生活の歴史――異常な転変もなく徐々刻々に不断の内部的変化を続ける生活の推移をこそ私は力を傾けて知り度《た》いと思う。亦、それを知り得て初めて正確な批判も可能であろうし、考えの基準も確立すると思われる。

私が最も恐れることは、事実に基かぬ早急な一方的判断の横行と共に、専ら洋学のセオリーを日本の現実に当て嵌めて足れりとする現在の一般的学問である。かかる風潮を私が恐れるのは、何も私のナショナリズムではない。日本は独仏伊その他欧州諸国とは異なって、永い間の固有の閲歴が背中にくっついているのだから、西欧社会から生れた洋学の理論が其儘この日本に適合し得るとは到底思えないし、それでは理解し得ぬものが後に必ず残るはずである。人間は凡そ何処も同じで何処かの優れたセオリーを持って来れば何事も全て解けるという考え方は、最も実り少い学風ではないかと思う。漢字を支那から輸入して今以て苦しんで居る日本の実状は其一例であろう。

少壮の学者たちは、その学問の前提の正当性を信じて疑わず、其方法を最高不動の原則と考えて居るようだが、日本のような国を研究するにはセオリーを動かすべからざる第一義とするような強張った考え方を改めて、先ず過去の事実を精確にし、其事実を研究を進める上の目安とする学問こそが、現在ではまだまだ実効を持つと考えられるし、そのような学問が育つことこそ先着と私には思われる。今政治や経済の植民地化が恐れられているが、私が最も恐れるのは文化の植民地化であって、それが自然学風の上にも現われて居るのではないか。日本の現実を理解し得る日本のセオリーが生れることを私は期待し度い。記録を最大の拠り所とする文献史学を貶めるのではないが、その考え方や方法よりも私共の研究方法の方がより実効性が高いことを私は密かに信じて疑わない。例えば、日本ほど地方地方によって寒暖の差が大で、而も同じ言葉を使用して居るような国は、他にその類例が稀であって、比較という研究方法を最大限に適用すべき正に恰好の地域であると思われる。亦試験地としての島が多く、これ亦私どもの学問のみが正しくその有効性を発揮し得ると私は信ずる。

私は現在まで其信ずるところを本にも書き話しもしたが、まだまだ其努力は不足であると思う。益々努めたいとは思うが、今後は印象の純な而も柔軟な判断の出来る若い人々に出来るだけ易しい言葉で語りかけたい。というのはジェネレーションの間の交渉こそ力を尽して其万全を期すべきで、それが今後の日本を育てて行く上で欠くことの出来ぬ要素であると考えられるからである。世相の激変する時期は、古い世代と新しい世代との交渉がとかく跡絶え勝ちであり、それが社会の生長にとって極めて危険な要素となることは、私が前に述べたところである。私は決して保守党ではないと自ら信じており、日本の進歩のために力の続く限り働きたいと思って居るのだから、若い人たちも大いにこの老人に語りかけてもらいたいと心から願って居る。

敗戦後民法の改正に当り、衆議院公聴会において私はそれに関する意見を求められたことがあった。老人の無邪気で私は大いに張切って長時間その蘊蓄を傾けて話したが一向効果が無かった。それは或いは政治家たちに法律施行の上の充分な用意が足りなかったからかも知れぬが、私はもう成人に説くことを諦め、青年、少年の人々に向って倦まず懈《たゆ》まず語りかけることに専心したい。そして私たちの祖先の黙々として続いた生活の歴史を文字の上での知識でなく心に嚙みしめてもらい、われわれの悩みの真の原因がどこにあるかについて純な疑問を抱いてもらいたいと思う。何時か国会で一議員が「今の子供たちは武蔵坊弁慶、曾我五郎を知らぬ、そんなことでは社会科教育の実効は如何にも疑わしい」と慨嘆したそうだが、名士偉人の名と事績を知らぬからと言って何等嘆くには当らぬと思う。私たちの祖先の生活の歴史を、子供たちが自らを写してみる鏡として考え得るような社会科教育であって初めて、その実効を云々出来るものだと私には考えられる。子供たちが「なぜ」「なぜ」を執こく親たちに投げかけるあの旺盛な好奇心を真の好奇心に化して行かなければ、我々成年の次代に対する責任は果されては居ないと言うべきで、其意味からも、正しい観察批判の学問が日本に育つこと、それが教育の本道として確認されることが望ましい。私は老骨とはいえ同志を語らって、そういう正しい学問の成長発展と教育の確立のために最後の努力を傾けたい。（談話筆記）

無知の相続

この文章はラジオを通じて行われた連続講演の一部の速記である。

放送はいっぺんに多くのかたが聞いてくださるから、その点は都合がいいんですが、その代わりに皆さんの顔を見い見い、おもしろく思われる方面にだんだんと近寄っていくということができないのは残念です。まして今まで皆さんがちっとも考えようとなさらなかった問題をここで新たに取りあげる場合のごときは、どうしても聞き手の顔を見ない、どんな顔をしておられるのかわからんということが、一つ勇気をそこないます。しかし誤解をなさっては困るのは、私は老人であるけれども、決して古い世の中の方がよかったというようなことを断定するものではなく、ましてや昔のとおりにもういっぺん生きようじゃないかというような勧告を、若い諸君に対してするものではないのであります。それは全くできないことではありますし、また、して必ずしもいいとは限っていないのであります。ことにこれから日本の選挙人となって政治の善悪を考えてゆかなければならない人々、または日本がどうなっていくかということを根本的に決めておかなければならない人々に、昔へおもどりなさいなどということはいえるわけはないのであります。

ただ、わたしどもの気になることは、わずか三十年か五十年か前に、村の人々の常識であったごく普通の知識が、今日はすでにこうやってお話をするのに骨が折れるようになっておることでありまして、これだけは一度、とり返さなければならぬ。ゴムまりのように、一方をひっこめれば一方がとび出すというようなものではないのでありますからして、これだけのものは、余分に皆さんに予備知識としてたくわえておかれることを希望せざるを得ません。

今まで違った方角ばかり、ことに戦争後は新しいものといえば必ず外国から来たものであって、われわれが一生の間に一度も交渉を持たないような問題にばかり全力を傾けて、それによって今まで持っておった、普通の人間が持っておったところの予備知識というものを失ってしまおうというのは、愚かなことだと私は考えます。

今日、私らの最も強く信じておりますことが二点あります。人間はいかなる愚かなものであろうとも、もしくは、きちがいであろうとも、人間の行動というものに趣意のないものはない、こうしようと思わずに動くものはないのであります。いくらわけがわからんと申しましたところが、わからぬなりに、何かそうしなければならない必要を心に感じておるのでありますし、説明がつかないというような理由は、要するにこちらの方にまだ準備が足りないということであります。不可解なる行動などということをしばしば軽々しく人は口にいたしまするけれども、これはいわゆる人間の愚かであることでありまして、わたしらのごとき年を取ったものが明言することによって、初めて実証をあげることはできますが、人間は七十になりましても、八十になりましても、初めて知ったということはありうるんでありますし、いわんや現在の若い諸君のごとく、平日考えておることはそれと全く縁のないことを考えておる人が、そんなことは初めて聞いたということをさもさも不思議のようにするのはまちがいであります。従って私らがしいて自分のことばを作って、なるべく皆さんが、「へっ、そんなことがあるか」といったような、聞き耳を立てらるるような問題を今日までいろいろと述べて参りましたのは、要するに無知の相続、すなわちこのわれわれがなんにも知らずにおったのだということを次の代に伝えたいのであります。年を取ってしまってから初めてわれわれの知らんことが多かったということを知っても、それは相続ではありません。われわれの一生の間に、考え考えて、この程度までわかったが、これから先はわからんとか、この理由だけは数えあげることができるが、あの理由だけはわからんといったようないくつかの研究を試みた結果、ここまでで私らは理解することができなかったから、これから先へは次の若い諸君がやってくれというふうな相続でなければ、これは実際、相続ではないのであります。古い時代のもので、現在もなお持っているものをすらもなくそうとしている人々が、新たになにものかを日本人の生活の中から発見しようということは無理なことではありますけれども、この方面に注意を払って心がけておりますならば、おそらく私のようなものからでも、若干の無知、今まで知らずに過ぎておったということを相続してくださることができようと思います。これが学問の国民性とでも名づくべきものであって、ひとりが知っておってすら、だれにも話さずに死んでしまい、その次の人はまたはじめからやりなおすというようなことをくり返しておったならば、いいかげん素質のりっぱな国民でも、必ずばかになってしまいます。ひとりひとりのばかはこれはやむことを得ませんけれども、国が全体に愚かになってしまうようなことがあったならば、再建はおろか、存続すらもあるいは困難かもしれません。

日本では農村についての学問というものが大戦以来、ことに終戦後はほとんど断念せられてしまっておりました。古いことはわからんもの、今わかっておることだけによって判断を下すのほかはないというような心持も、言わず語らずの間に学問のある人もないものもともに持っておりました。そんなことがあるわけのものではないのであります。ことにこの東京のごときは――東京に限らず日本の大都会というものは、京都を除くのほかは、多くは三四百年来の成立でありまして、この市民を構成しておる人々はみんな農民の子孫なのであります。わが家で作った米を食べながら大きくなってきたものの末なのでありま す。その人々が昔のことはまるで忘れてしまって、はじめからこういう乱雑なる大都会が中央にあったかのごとく誤解をいたしまして、それに基づいて常識なるものを作りあげようとするのは、非常に大きな誤りであります。こういうところを、こういう農村の一般的なる生活を通り越して、昔の人が持っておったところの憂いおよび悲しみ、およびその生活に伴なうところのさまざまの不安、その不安を押しのけて新たに成功した時の喜びという、そういうものの段々染めというものが、日本のいまだ描かれざる歴史なのであります。それをしも省みようとせずして、いたずらにわずかなる文字によって描かれたるもののみによって、日本の過去を判断しようとしたり、批評したり、はなはだしきにいたってはてんから軽蔑しようとしたりするものの多いことは、非常に嘆かわしいことでありまして、われわれがそれを憤っておって、黙って世の中を去ってしまいますると、諸君らはとうとうそういう乱雑なるものの中に巻きこまれてしまわなければならないのであります。

ことにわれわれの生活の中には、いくつかの難関があり、ある時にはやはり病に冒される、ある時には虫の害を受ける、大水の害を受けるというような災害が続出しましたり、時と場合によっては多くの圧迫する役人にいじめられて、にっちもさっちもいかんようになったというようなことが、それが記録に残っておるがために、そんなことばかりしてわれわれは、今日まで何千年という年月を暮らしたごとく推測するのは大きな誤りでありま す。われわれは昔、記録は必要でない時代に住んでおったのであります。特殊のことがなければ、すなわち自分の説明をしたり言いわけをしたりする必要がなければ、記録は残さなかったんでありまして、昨年も一昨年も同じような生活を続けておる間はだれも書いたものなんかは残しません。農民の間に書いたものの残りますのは、多くの場合においては、かくのごとき珍しい災害があるとか、もしくはまた百姓が辛抱しかねて一揆を起して、上の藩庁に向かって抵抗したとか、その他いろいろのことがある時でありまして、その時は一方のものの言いわけをもって始まり、他の一方のものの訴えきれないところの不平をもって終るのであります。こういうことがあるがために、それによって過去の農村の概念を作って、農村はその連続をもって生きつづけてきたかのごとくいうことは、非常に大きな誤りであります。こういう大事件のありましたところは、たいていは狭い一つの川の流れ、一つの半島の先というような特殊な区域において、それも毎年は起っておるのではないのであります。件数を数えてみますと、一年としてそういう事件の起らなかった時はないということは申せましょうが、それは日本の広い区域の所々において起るんでありますから、たった一匹ののみがたかってもからだじゅうがむずむずするようなふうに、そういう事件がそちこちであるということは、なんにも考えない人々に向かって、ただわれわれは貧苦と混乱との連続の中に生きてきたようなことをいうのであります。そういうことは絶対にありません。ことにわれわれが年々味わってきたところの、祭の終ったあとの安心、「いはひこし神は祭りつあすよりは組の緒しでて遊べたちはき」（神楽歌＝いみつつしんで仕えてきた神をば祭った。さああすからは組の緒〈刀のさやにつけた下緒〉を長く下げて遊べ、帯刀の人々よ）といったような種類の歌の心持で伝わっておるところの、必要なる儀式、必要なるお祭というものを完全に行った後に初めて感ずるところの幸福というものは、外部にいるもののわかるものでないのであります。

それなればこそしばしば世の中をいとうような人間もあるけれども、それよりも多くの大多数が、ことに日本でのごとく感覚の最も鋭いところの農民が、安心して故郷に住みつづけたのみならず、他日他郷に出るならば故郷のことを思いつづけて、いつでもホームシック（homesick）にならずにはいないようになるのもそのためであります。今ではたやすく帰ることができますがために、なんとも思わずに郷里を去り、なんとも思わずに帰ってこようとして帰ってこられない人が非常にありますけれども、これは交通の今日のごとく開けた結果でありまして、以前の状態においては決してそのような簡単なことで村を離れなかったのであります。むしろ自分の故郷を愛するのあまり、墳墓の地を去るに忍びないで、あまりに長くおりましたがために、人口があふれたり、またそのあふれたる人口に対する処理方法が十分に行われないで、今日はその悩みを受けておるのであります。つまりいちばん悪いもののわずかに記録に残っておるものを利用して、一般もまたまたかくのごとくなるべしというような類推をたくましくする人々の、判断に基づいて、自分の現実に今日まで過してきたところの生活の過去を解釈しようというような、無知なる状態になったまんまでおってはいけないのであります。これだけはどうか早くある程度まで知識を持ち、知識が持たれなければ疑いを持って、その答を努めて、かりそめにもそのような違った類推的の判断をするような人がありました時には、その正邪——その正しいか正しくないかということを判断する力だけは、若い人々が持たなければならないんであります。

若い人々というのにはそれだけの理由があるので、昔の人々は世の中の通常ということを非常に重きを置きまして、みんなが我慢するならば自分も我慢しようとか、みんながそういう考えならば私は特殊の考えを持つまいとかというふうに、いわゆる御多分にもれないという、雷同付和という傾向が非常に強かったのであります。これもまたさかのぼって考えてみまするると、日本のような海に囲まれたる島国で、外部に対して常に大きな不安をいだいておるような人々が、結合を重んずるのあまりに、ひとりの意見を立てないようにするという理由は十分説明はできるんであります。けれども、この大勢に従うという心持が、大きな不利益なる戦争にも巻きこまれ、もしくはまた戦争後のかくのごとき軽薄なる世の中の流れにも漂うていかなければならない主たる理由なのであります。こういうことを散ずるがためにも、私は勉強して、なるたけおもしろく、なるたけ珍しく、皆さんが耳を立て、聞き耳を立てて聞くような話をして、この心持をとり返さなければならんと思ったのですが、残念ながらまことに話がへただし、それに時間に限りがあって、とびとびにしか話をいたしませんがために、あるいははたして私のそういう志が届いたかどうかということを危ぶむのであります。

昔のことはまだこのほかにもたくさんに知らなければならないことがありまして、あなたがたが知ろうと思えば知る方法も最近は相応についているのであります。今日におきましては、もう決してそんなことが残らず無知ではないのであります。ある程度まで明らめて、皆さんに引き継ぐ準備ができておるのでありますけれども、なにしろ全体の傾向がそういう方面に対して関心が薄くなりかかっておりますがために、ともすれば縁もゆかりもない国々のことは手に取るごとく詳しく知っておりながら、自分らの生活についてはどんな質問を受けても答えることができない、答えることができないだけならまだ我慢ができるのでありますけれども、やせ我慢を出して、なに、どうせつまらないものだったんだろう、どうせ言うに足りなかったものだろうといったような考えを持つようになっては、日本の再建ということは非常にむつかしいんであります。日本の再建をするものはどうしてもまじめにものを疑い、またまじめに知識を重んじて、知識に反することを言ったり考えたりしないようにしなければならないのでありましょう。たとえば官尊民卑というようなことばは昔の一つの世の中の、常の姿であるかのごとく、よく口にするものがありますけれども、富めるものがおごり、わがままなことをするということはむしろ現在がいちばん激しいんであります。この民主主義なんといっておる世の中におきまして、かたわらにあすの日の食べ物がないがために、親子夫婦がいっしょに死ぬなんというような哀れなことのあることが、ちっとも隠さず新聞に出ておるにもかかわらず、また日本の生産物の数量が限りがあって、これを平均に分配するならば、ひとりひとりの持ちもののどのくらいであるかということが、おおよそわかるにもかかわらず、これを手を押さえて、その消費を制限するものがないのを奇貨として、ひとりで余分なものを使い、食べてしまって、消費の分配というものが、今日くらい不公平な時代というものは、いくら世の中が開けてからでもなかったのでありますが、しかしこれとても、やはり新文化の——新しい文化の一つのもたらしきたったものでありまして、すでに明治以前からでも、開けた土地では、やはりおごりのために罰せられるような、世間からつまはじきをせられるようなものがたくさんあったり、ひとりがわがままで多くのものが泣いたという例もあったのであります。それを昔はこういうふうに乱雑であったが、強圧的であったが、金持が強圧する――権力者が強圧したけれども、今はそういう時代でないといってもいいかのごとく昔の批評をしておるということは、いわゆる反省の足りない、自分のことをよく考えてみようとしないものの笑うべき弊害であります。

――連続講演「農村青年と語る　第十三回」による――

日本人の来世観について

一、両墓制

今やっている問題で一番興味あるのは、両墓制ということである。両墓制というのは、土地ごとに違った呼び名があり、それぞれ参り墓といけ墓、あるいは上墓と下墓といったりしているが、要するに、遺骸を埋めた墓はまいる墓ではないのである。まいる墓は大体お寺にあずけて、石塔が建ててある。近来それがだんだん乱れてしまったが、ことに東京など一番みだれてしまった。何しろ、墓を二つ作ることは場所をとるので、まいる墓は先祖代々の墓一つで間に合わせることも出来たわけである。英語でいうチャペルがこれに当る。つまり宗教上の祭礼を永久に行うところであるが、近来大分変って、ことに日清、日露の両戦役の結果、家から出て戦死した人もあって、そのために参ってくれるしするから、特別の墓を建てている。東京のような繁華なところでは、お寺の本堂のなかで戒名を書いた位牌をあずかるから、そこを参り墓にしているのが多い。田舎では二通りの墓があって一つは忘れてしまう墓である。私なども、私が生れる二年ほど前におばあさんがなくなっていたが、五つ位の時、お盆に墓詣りに行くと、七、八年前のおばあさんの墓がどこだかはっきり覚えているものがいない。それはつまり終いにはわからなくなってしまうが、それを覚悟で土葬にしたのだ。一方では頼りがないから、墓を作る時、墓の土をわずかもって来たり、髪の毛を残して埋めた形にするが、元来はそうではない。わからなくなるのが本意で、これが三昧というものである。

墓という観念からいっても、遺骸のあるところが墓である。遺骸のあるところには霊が宿っているというのでそこを大事にする。それは当然だが、死体のない墓をまいるというのは、どういうことだろう。

要するに霊魂を信じなければ、そんな慣習はないわけである。単に人間の死骸があるから、身体が追慕の目的物であるならば墓を二つ作ることはないわけである。ことに今は村に旦那寺というのが一箇所はあるから、これが管理するのが多い。それが決して原則でなかったことは、現に沖縄のように仏教信仰のないところにも行われている。お寺が現にありながら、少し名族になると、その墓場所がある。その方を卵塔《らんとう》といって、片方の埋めたというのは名がなかったり、もしあっても三昧などと私ども子供の時分は言っていた。

三昧というのは、本来は仏教の言葉だけれども、自然に帰するという気持があるのかも知れない。人情のないような話だが忘れてしまった方がよい、何処であったかわからなくなるのがよいという話さえあるくらいである。方式がいくらか違い、ところによると何か遺物の一部分を埋めなければ承知しないというのもあるが、私の家は神戸から十五里余離れた在方だが、私らの先祖の墓というのは、石のあるところしかない。片方は埋葬地だから、終には共同墓地になってわからなくなってしまった。明治になってから制度をあらためて、なるべく共同墓地に埋めてそこに祭をするようになった。そのころから、ぽつぽつ普通の平民でも石を立てるようになったので、今行って見ると、昔の埋葬地にたくさん石が立っているが、さりとてもとの祭り墓にも石がふえているので、どちらが中心かということに迷うが一番最初の状態は拝む場所であると思われる。

これがどうして起ったかというと、墓という語を正確に考えると、両墓制という言葉はあたらないのじゃないかと思うのだが、一方は墓ではない、埋めたところがもし墓という日本語ならば、片方は墓ではない。適当な言葉がないから、一応学問の上で両墓制といっているのである。

この両墓制は、大体九州にはないようである。東北の方も越後のところが境だろうといっていたが、今ではだんだんのびて青森県まである。西は妙なところが境で、山口県内の小さい川の流れの向う の方、四国も何でも松山より先の方の川の流れる向うが境である。しかしこの境は、もっと現地に行って研究してみなければわからない。

両墓制の意味を知るのには、エジプトを考えて見るとよくわかる。エジプトはあの大きなピラミッドを作るのさえも、ミイラを保存するためである。遺体というものを非常に大事にして、遺体のある所にもう一度霊魂が帰ってくるような気持もあって、あれだけの大きな石をもってしている。そうでなくとも、屍体保存ということは世界の大勢だ。支那なんかでも、生活程度には不似合なくらい立派な材木をつかって作った木棺に入れ、埋めるためには儀式に大した金がいるものだから、貧乏な家では、死んでからしばらく、放たらかしていつまでも何もしないで忘れてしまうものもずいぶんある。昔、私が支那を歩いたときなんか、南京のすぐそばの丘の上に、遺体をむき出しにして放り出してあり、その上で子供が遊んでいる。日本などでは想像もできないことである。こちらは死んだ時には土の瓶などに入れるが、そのうちに忘れてしまう。忘れるというより、村の申し合わせで五十年たったら、あるいはもっと短い期間で、こわすことを約束しているところもある。何しろ、土地が狭いので、処置に困るのだろう。対馬の北端の朝鮮のあたりでは、こわした瓶が転がっていて、不愉快である。わずかの土地が村はずれにあって、そこに三昧がある。

つぎに埋葬するために必要な場合には、掘り起してこわしてしまう。埋葬地を大切にしないということは、外国人もよくいう注意すべきことであるが、これが霊魂の信仰とからみついている問題で、屍骸を復活させるという気風はなくて、一代でもって体と霊魂とが分れるという考えで、もしそうだとすると、支那も恐らくエジプトの方の系統に近いものだから、われわれの魂に対する考え方がよほど違っていたのかも知れない。これは注意すべきことで、宗教史か哲学でやるべきものかも知れないが、その関係の人々もやらずにいたのだから、われわれの方でもとりあげて先に進まなければならない問題である。

二、死後の生活

死後の生活、アフター・ライフの問題は、日本ではかなり顕著な特徴があるにもかかわらず、今日まで人が問題にしない。

日本では広く弔い上げという慣習がある。弔い上げはだいたい三十三年である。三十三年までには、翌年、三年、七年、十三年、十七年、二十三年の年忌がある。その年忌ごとにお寺に頼んで塔婆を書いた。私の家では二十三年をやった。それから急に飛んで、三十三年になり、それを弔い上げといって、人間の死を弔う最終である。お寺に参って、いよいよ弔い上げでおしまいであると礼を言って、寺に頼んで塔婆を書いてもらって上げる。

『葬送習俗語彙』という本に書いておいたが、これと同じ慣習が全国的に行われている。場所によって、少しずつ形式は違うが、北の端の青森では「またがり塔婆」といって、木の一方が下の方に向いて広がって、人がまたがっているような恰好をした二股の塔婆を立てる。「角塔婆」というのは普通平たい板を削って立てるのだが、弔い上げのときは、やや太い角塔婆を立てることもある。「うれつき塔婆」というのはどの辺まで行われているか判らないが、大きな木を、大抵は杉などを使うが、梢に生葉のついたままの木である。その上に書く文言もきまっている。

弔い上げをすると、その家族は先祖代々の供養でもするときがあったらついでに祭りをするけれども、ただその人のためには三十三年以後は法事をしないのが普通である。ところがお寺は、偉い人であったならばなるべく長く、永久にやりたい、といっても毎年やるのは大変だから、たとえば菅原道真公の千百年祭の祭典というようなことをよくやる。そうでなくとも、あなたの家の御先祖は今年で五十年になると言われると嬉しさまぎれに、一族の繁栄をほこって盛んな法要をする。そうでなくとも、五十年忌、百年忌ということはよくやる。大旦那というのは大抵百年忌をする。お寺はいつまでも因縁があった方がありがたいけれども、昔の慣習はいま破れつつある。

今まで面白い慣習だと思って見ておったが、お寺に入っても角塔婆は一番よく目立つ、うれつき塔婆などというものも、土に青い生葉が出ているのは大変に目立つ。それで祭をすましたという気持になるのである。これまでところどころに珍しい例があったが、この弔い上げから神様になるという信仰がある。丈夫な柳など使うと芽が生えて木になることがあるから、山梨県あたりでは、そういうのを喜んで神様になった証拠だという。そのときに限って神様と呼んでいる。

日本では、神と仏との差別がわからなかったが、仏教は簡単にいえば、死んでから三十三年かぎりであって、それから先は、寺と縁が切れて、家々できれいな祭をするということが想像されていた。それだけではまだ歴史家は安心がつかずにいた。ところが、三、四年前まで知らずにいてびっくりしたのだが、沖縄は日本人と手を分ってから久しくなるにもかかわらず、まだ行われている。沖縄には一時禅宗のお寺を幾つか作った時代があったが、今でも仏教はない。それにもかかわらず、弔い上げをやっている。沖縄では今日は仏壇とか、神棚とかを、御霊殿と言っているが、下は押入れになっていて、上半分に三十三年以後の仏さんが並んでいる。なくなった日に供養する。お寺がないから坊さんは来ない。葬式というのが変っている。同じ民族かと思うくらい変っておりながら、弔い上げは似ている。ところによって、三十年にしたり、年限は慣習によって違っておるが、こちらでも「またがり塔婆」「うれつき塔婆」をたてるときが、五十年のところもある。沖縄でも三十三年になると個人的な位牌がなくなる。大抵は大きな川とか海に流し、あるいは押入の一番高い所にしまい込む。もっと念が入ると、字をけずってしまう。それまでは月々または一年のその月その日に祭をして個人というのを認める。それがなくなると、首里や那覇の近所ではウヂャン（神棚）に供える。そうすると一つになる。一つといっても、男女混淆ではない。島では昔から先祖代々に男の系統と女の系統と分ける慣習があり、男女二つに分けて祭る。祭る日はきまっていない。今の主人の誕生日を使うところもあるが、春先の彼岸に墓参りをする。そのとき二つの先祖代々のお墓に食物を供えたり、お祭をして墓に参るのであるが、これは毎年やる。個性を認めないで、もっとはっきりしているのは三十三年の間は精進である。これは沖縄本島だけではない。今回復帰した奄美群島でもそうするが、食物を供えることは、ただきれいであればよい。精進じゃない。精進するのは三十三年だけで、そこにはきちんとした世界がある。ここでも神になるということがある。

三、神になる

神という言葉は、英語のゴッドと意味がちがう。向うの連中は勝手に英語に訳して、その言葉で自分で概念をつくり上げているが、こちらで神というのは、汚れから清めかかって個性を喪った霊魂である。その間に差別があって、これが個人主義論の盛んな時分には問題になるのだが、家の先祖になった人と、傍系で結婚せずになくなって先祖にならなかった人とがある。この間に差別がある。結婚せずになくなった人は神という人のなかには入らない。これを無縁さまといってお盆には祭る。結婚せずに、子供をもたずに死んだ人、若くて死んだ人は先祖にならない。ここにはっきりした区別がある。

仏教は、今は始めから終いまで世話をするようになっているが、それは仏教の方の解釈の拡張で、日本に仏教が入って来たときは、三十三年まであずかってもらう心持であった。霊魂が動揺して迷っている間、ことに幽霊になって出かねない時期だけ救済するので、極楽浄土とか、十万億土に行くという信仰は、初めから日本人には信じられなかった。日本人が仏教の恩恵をうけ、もしくは仏教の救済を要求したのは三十三年までの間である。

弔い上げの考え方はお寺にとっては不利益である。有力な旦那に逃げられては困るので、過去帳というものを作って、どこそこの八十回忌、百回忌と書いていつまでも寺と縁の切れないようにしている。仏教というものは、魂がこの世の記憶に残って、浮動している期間中禍いをする、それをなだめる心持で未完成の霊魂の管理をやっておったということが、ごく具体的に現在残っている慣習からわかる。

その中でもっとも変っているのは、——私は二十三年前から注意していたのであるが——特に神様と関係のある家である。神主とか神職とか、その他の村の旧家で宮と関係が深くて、いつまでも仏教の世話になりたがらぬ家がある。そうした家はもっと切りつめて、仏教との関係を短かくする習慣がある。

土佐の吉野川の上流では、巫女が極端なものは三年ぐらいたつと寺と縁を切って神様になる。普通の家なら三十三年で弔い上げというところを、七年とか十年とかで、神様になる。神になるということは、日本の固有の信仰に復帰するということである。こうした慣習は土佐だけではない。これが古くからの考え方ではないかと思われるのは、沖縄の方でもちょいちょい実例がある。ノロ（祝女）がそうである。

ノロというのは祝詞《のりと》の祝《のり》と同じ意味ではないかと思われるが、まだわからない。ノロは根所といって本家についている。その血をうけたものを、一人選定して神を祭る役として、男は外側の仕事しかしない。奄美大島の信仰は鹿児島の抑圧を受けて、われわれが行った時は大分変形していた。鹿児島の影響の強いところは別として南の方へ行くと、まだその後跡が残っている。ノロというのは男も女も合せて全体の支配をする。少くも信仰の側においては、ノロは最大の権限をもって一族の信仰を統一している。

奄美大島の南のある一つの村では、墓場が二段になっていて、上一段に別の墓がある。これがノロの墓である。これだけは早くきれいにならなければならない。穢れた状態を離れなければならないので、祭を別にするからあとの一族は一段下のところにたくさんある。

ノロだけが一段上のところにあるのである。沖縄の方は、近世になってから墓制が変ったから、骨を保存することに一生懸命になって遺体を管理するということがおろそかになった。大体に遺物を残すのは骨だけだから、奄美大島では今もそうだと思うが、祭をするものだけは特殊の待遇をうけ、早くから神になるような状態におこうとする。

これつまり神道である。南の国とこちらの神道とだいぶ違っているが、そのなかでも祭に携わるようなものは、特殊のあつかいをする。土佐の御子神というものは、寺ができてから始めてできた制度でなく、それから独立するという気持で、以前から早く霊魂を浄めて、祖霊神の役をさせようとする必要のある人だけが、特殊の取扱いをうけるということが、仏教以前からである。それがだんだんわかりにくくなると理屈をつけるが、なくなった当座の若干の期間だけは記憶があって、それに支配される。その期間だけは仏教が入らぬ以前からでも、警戒しなければならぬ必要があった。それが仏教のない奄美大島なんかでも、その形がだんだんくずれていく。こちらは仏教が入り、キリスト教の邪魔が入ったときに、非常に仏教を保護したので解説が変化したが、以前からそういう時代があったと思われる。

日本人の考え方というものを、もう少しみんなが注意してくれるようになったら、かなり問題になろうと私は予期している。人間が死んでしばらくの間、この世にまだ執着というものがある間は違った感じ方でこれに対する。しかしある年限が来ると、きれいに浄められ、恩恵ばかりある、好意ばかりあるわれわれの神様になっていくんじゃないかと思うが、現在の結論をいうことはできないが、遠まわしにいえば、日本人は特殊な生活、特殊な精神経験というもの、霊魂経験というものをどこにおくか、日本人は死んでから後にどういう世界に、どんな状態に移って行くかということをきめる場合にも、人種的なちがい、歴史の相違というものを勘定に入れなければならない。それをしないで、アメリカ人がこういう霊魂談をしたとか、クリスチャンサイエンスに霊魂の問題をこう説いてあると言っている。日本人は特殊な地位、地理上の環境をもっているから、これにともなう今までの経験というもの、二千年にしろ、三千年にしろその間に違ったものをもっていることが証拠になる。学問はごく上等の問題だけを選んで輸出しさえすれば、日本の国が明るくなるという心持をもつことはやめなければならないと思う。日本人の霊魂観念がうそであるか真であるかは別の人が判断するとして、以前はこうであった、こう信じていたということをやらなければならないと、私は思っている。この次に再生思想について話をしよう。

（口述筆記）

私の歩んだ道

私の子供のころは、今のように書物がたくさん出版されなかったので、本が汚れて読めなくなってしまうくらいまで、同じ書物を何度も何度も繰り返して読んだものである。私の昔のことを聞かれると、どうしてもこのことから言わずにはいられない。

私の記憶しているところでは初めて少年向けの雑誌が出たのは明治二十二年の紀元節の日で私が十五の年である。『少年園』という名前の雑誌だった。それまでは一種の作文雑誌みたいなものしかなく、大人も子供もいっしょで、それも町に出れば買えるというものではなかったので、まして私の家のように町から離れた田舎ではあるはずがなかった。私の家は医者だったが家には子供の読むような書物はあまりなかった。しかし、字を読むことができるようになるとなにかしら読んでみたいという気が起る。そこで、家にある本はかたっぱしから読む。その中の大部分は、どこの家庭にでもある「節用《せつよう》」という種類の本

だった。厚い書物で、たいてい百人一首などといっしょになっており、家庭上で入用ない
ろいろの雑知識（たとえば十二支の日の数え方）が収めてあった。たいていの子供が、破
けてしまうまで、それを何度も読んだようである。
その本と百人一首はどこの家庭にもあったが、私の家には滝沢馬琴の『里見八犬伝』の
七輯か八輯の、犬山道節が出てくる部分がバラバラになって十冊ばかりあって、子供たち
のおもちゃになっていた。これは家に出入りする貸本屋が金を借りるか何かしてその代り
に置いていったもので、不義理から受け取りに来られなくなってそのままになっていたも
のだった。そのほかに『蒙求諺解《もうぎゅうげんかい》』といって、子供に読ませるためにかなのふってある日
本文で書いたものがあった。以上のようなものが寄せ集めて七八冊くらいあったのを弟た
ちと取り出しては、しょっちゅう読んでいたものである。つまり、子供の読物として適当
なものがなかったので、文字を憶えると仕方なしにむずかしい漢文の教科書を読むという
ふうだった。おもしろかったのは、今でも誰も顧みもしないような頼山陽の『日本外史』
で、非常に文章がよいので初めの部分はみな暗記していた。要するに絵の入っているもの
といえば「八犬伝」と「百人一首」くらいなもので、百人一首などは同じ坊主の絵でも、
こっちを向いている坊主は誰であっちを向いているのは誰、というふうに全部憶えてしま
うほどだった。小倉百人一首のほかに、足利時代くらいまでの武士の歌を一首ずつ収めた

『武家百人一首』というのもあった。その中で今でもはっきりと頭に残っているのは曾我五郎、十郎が松明《たいまつ》を持った絵で、そこに〝今日出でてめぐり逢わずば小車のこのわのうちになしと知れ君〟という十郎の歌があった。二十いくつかで敵討をして死んでしまうような人間がこんなむずかしい歌を詠めるのかと不思議に思っていたが、後になって『曾我物語』を読むと、その中にちゃんとその歌が書いてあった。つまり十郎が詠んだというのはうそだったのだ。

そんな状態だったので、田舎から出て茨城の村に住み、そこで前に述べた『少年園』をとってもらうようになった時の嬉しさは今でも憶えていて、忘れられない。特に、その中の挿絵などは非常に印象が深く、まだそらんじているほどだ。博文館その他から雑誌が出始めたのはそれから一年ほどたってからであったろう。

その後東京に出て来ていろいろの印刷物を見た時は非常に大きな刺戟を受けた。しかしながら、雑誌を読んでおもしろいことが書いてあるのを知っていたのと、またそれと同時に読むものも少なかったので、大人の読むものを読んでしまった。つまり今いういわゆる小説である。当時はまだ小説という言葉を漢学者は知っていたかもしれぬが日本人はようやく使い始めた時代で、坪内先生の『小説神髄』が評判になったのもそのころだった。ところがすでに、小説とは男女のことが書いてある物語だと知って読むのだからはなはだ有害だった。私にしてもこんなものばかり読んでいてはいけないと気がついた時にはもう一種の中毒状態に陥っていた。兄が心配して「お前たちは近頃小説ばかり読んでいるようだが、そんなものを読まないならば、本を送ってやろう」と手紙に書いてきた。しかしそう言われても、もちろん送ってもらった本は読んでしまうが、片方では小説も読むというふうで、なんにもならなかった。当時は硯友社《けんゆうしゃ》の『我楽多文庫《がらくたぶんこ》』が出始めたころで、馬琴・京伝・一九などの判が押してあって、真中に我楽多文庫と書いてある。現在では珍本となっているが、私はそれを隣に住んでいた隠居から借りて一号からずっと読んでいた。なにしろ退屈で時間があるのですみずみまで全部読んでしまう。そしてつまらない駄洒落などがあると一人でゲラゲラ声を出して笑うというふうで、子供としてはいやな子供だったろうと思う。

そんなわけで、中学へ通うべき時期には身体が弱くて学校へ行けなかったため、入学試験を受けたのは高等学校からだった。その時までにはたくさんの本を読んでいたので、いろいろのことを知っている。小説という言葉もまだゆきわたっていないから『新小説』という雑誌をシンコセツなどと読む友だちがいるとおかしくてたまらなかった。自分は一人だけ小説を知っている、文学というものを知っているのだと思うと他人には語れない自慢だったのである。それに、文学者のような人とつき合うと、そこにもいい具合にこれから小説家になろうという卵がウジャウジャしている。そんな人たちとつき合って非常に多くのむだな時間を費してしまったものだ。

だから、今述べたように小説はよく読んでいたが、私が若い時分に詩を書いたというのも周囲の友人の影響にすぎない。ただ歌は十歳くらいの子供の時から作っていたし、兄も歌をやっていたので、十五、六から正式に先生について歌を学んだ。その先生のところで田山花袋と懇意になりさらに国木田独歩・島崎藤村など、後に有名になった文学者を花袋から紹介されたのである。そういう人たちに影響されて一時は詩を書いたのだが、私はただ趣味としてやっただけだった。

学生時代のことで思い出すのは、私には妙なくせがあって試験の時はいつも一番最初に試験場を出てしまう。一度最初に答案を出したのを誰かにほめられたのが習慣となってしまったのだが、何の用もないのに、一時間の試験なら二十分くらいで答案を出してしまう。だからいつも試験場を出てから「あっ、しまった、あれを書かなかった」というようなことばかりしている。それほど試験に対しては怠け者だった。それでいて、寄宿舎にいると私の机上には雑学の書物が非常にたくさんある。「こいつの本棚をみると何が専門だかわからないね」と友だちが来て言うほどだった。それを憂えて「君のところに来ると真中に栞が入っている本が何冊もあるが、読みかけの本に栞を入れておいて、また他の本を読み始めるのは止めないか」と言う親友もあった。

学校では法科をやったので、大学を卒業すると直ちに農商務省に入って役人生活を始めた。法科を出る以上役人になるというのは、当時の学校のクラス全体の空気から考えて、ごく当然のことだった。しかしそのかたわら早稲田大学とかその他ほうぼうの大学で農政の講義をした。大学を出てすぐだから二十七、八歳のころで今から思うとずいぶん大胆な話なのだが、それでもドイツの本を読んで勉強して一生懸命に講義をしたものである。

こうして大学で講義をしながら、役人としての道を歩んでいったのだが、私の歩いた道は役人のうちでも暇の多いところだったので、子供のころから持っていた習慣から、その暇を読書に用いた。それに、読書をしていればだらけないのだ、という気持があったので盛んに読んだものである。

そのころは私のように法科を出て農業だけをやるという者などはいなかったので、農商務省の農政課というものの地位は非常に弱い。そこで、私は辛抱してもよいと思ったが、周囲の者が心配してくれて私を法制局に移らせた。ところが法制局の役人というのは暇が多い。当時は内閣と議会とが合わないで、しばしば解散する。そうすると、その間は半年でも一年でも暇になってしまう。というのは法制局は法律案を作るのが仕事なのだが、法律案を作っても、議会が解散してしまうと法律案は議会に提出されないからまったく不必要になる。今度次の内閣が成立して議会が開催されても、すでに前に作ってある法律案を提出すればいいというわけで非常に暇がある。それに役所としても予算が余るので、出張してこないかといって旅行をすすめる。同僚のなかには外国へ行く者もいたが私は金をもらって旅行するなら外国よりも日本の国内を歩き廻りたいと思って盛んに歩いた。しかもなるべく人の行かないようなところばかり歩いたものである。

その時分はまだ旅行といってもわらじばきで歩いたのだが、私が子供の時から身体が弱かったにもかかわらず、こうして長生きをしているのも、歩くことが好きだったからだと思っている。

ちょうど日本で旅行が盛んになり出したのが私の学生のころだったし、大学で農政をやってから卒業後もずっと田舎の問題に興味をもっていたため、私にとって旅行は非常におもしろかった。それに、旅行から帰ってくれば他人の知らないことを知っているのだから、いろいろ人に話もするし研究もする。そういったことから私は次第に現在やっている民俗学のほうへ近づいていったのである。もし私が民俗学というものの材料を集める仕事をやらなかったとしたら碁とか謡曲とかのほかに道楽をやっていたかもしれない。あるいは何かといえばすぐ解散という当時の議会の雰囲気が、私の民俗学の研究に幸いしたと言うこともできよう。

しかし、当時の役人が皆私のように暇があったのではなく多くはその日その日の生活に追われ、自分の地位を保つことや昇進のことを考えるのにいっぱいだったようだ。むしろ私のように暇があって旅行ができたものは例外だった。自分が暇だとどうしてもそういう他人の弱点がわかってきていやになる。そこで旅行をして自分だけの生活をしようとしたのかもしれない。あるいは、どこか他の者とは違うものを持っているのだという気持も手伝ったのかもしれない。とにかく官界の裏面がわかって長くいるところではないと思ったが、別にいいにくいわけでもなかったので、その後役人をやめて研究生活に入るまで、宮内省や内閣の書記官を勤めたりして平凡な官僚生活を送っていったのである。

私は子供の時から書物を読んだ量から言えば人一倍誇れるがなかにはただ読んだという記憶しかないものもあって身についていない。やはり書物はお菓子ではなくて滋養物なのだから、少なく適度に読むことを理想としなければならないと思う。

柳翁新春清談

書物の話——経験を訴える〝本〟を

世の中のことが分りはじめた五、六歳のことだが、まず第一に驚いたことは、私の家は学者の家でありながら、本というものがまるでなかったということである。

どうしてこんなに家に本がないのかと、私は幾度となく両親にも聞いたりしたが、あったものといえば「八犬伝」の二、三冊と、「『蒙求』の諺解」という破本ぐらいなものであった。後になって、いろいろと分ってきたのだが、その頃、私の父は長い間煩《わずら》っていたので不用なものは全部売ってしまっていたのである。そういう時代を私は非常な不思議な眼で見てきたわけである。今にして思えば、そういうことが反動となって現われてきて、それから少しでも余裕があると、すぐに本を求めるという習慣がついてきたのだと思っている。
十一、二の頃であるか、風呂敷を持って本を借りに行く習慣がついて、何度も行けないものだから、一度に背負って帰ってくる私の姿を見て、何も知らない人たちは、あの子は何をしているのだろうと妙な顔をされたことなどを今は思い出す。

　これもその頃の話であるが、元来身体の弱かった私は、ある夜、両親が「あの子は可哀想だ、二十まで生きるかどうか分らないのだから」というような話をしているのを、偶然に次の間で寝ていて聞いてしまったのである。そういうわけではないが、両親も私がせびるとまとめて本を借りてきてくれ、「早く読め、早く読め」と急かされたものであった。

　後に、私は世話をしてくれる人があって、内閣の記録課長という職を四年ぐらいやっていたが、その時内閣文庫の仕事もするようになり、私のような本好きの人間には誠に幸福な仕事であった。仕事というのは、集められた書物を分類・整理するのであったが、私は片っぱしから読んでいけばよいのであった。それでも読みたりなくて、家にまで小使に背負わせてきて読んだものである。今でも、私が読んで赤い付《フ》をつけておいた書物がたまに出てくるが、当時の自分を思い出して懐しいことがある。

　その頃の乱読は極度のものであって、後になって少しはよい結果も生んではいるが、反面、よく読まないで、およその見当で、あれこれものをいうような、学問をするものにとって一番有害な癖がついてしまったのは困ったものである。

明治二十四、五年の頃、ようやく〝文壇〟という言葉がいわれるようになって私の兄なども いろいろつき合いがあったので、小説本がかなり家に送られてきていた。読書欲を起すにはふさわしい時であったが、私が一高へ入る前の年で、まだ兄の監査がうるさい時であった。「あいつには小説本を読ますな」という相談をみんなでしていて、家に送ってくる本は全部隠されてしまっていたが、私はそれを見つけ出しては隠れて読みふけったものである。前後を通じて、私ほど乱読をしたものはいないのではないかと思っている。

内閣文庫時代で、一番印象が強く残っているのは、大塩平八郎の蔵書が出てきた時のことである。

皇居の乾門の二階に本がいっぱいあると、ずっと後になって小使が知らせてくれたので早速いってみると、窓のすき間から蝙蝠ばかりが出入りするような薄気味の悪い所に、ぎっしりと本が入っていた。それは犯罪人の刑罰にあったものの書物ばかりで、その中には大塩平八郎の蔵書も沢山あったのである。私はすぐに整理にかかり、内閣文庫にもかなり入れたのであるが、ネズミの糞だらけの門櫓の二階から、そんなものが出てきたのは、刑罰人から没収した書物の処分に困ってそこへまとめて入れておいたのであろう。

私は書物に恵まれていた。だから乱読も出来たのである。現在は一日中書斎に入って本を読むという生活がつづいているが、やはり自分の経験を訴えるような本を読んだ時の印象は強く残るものである。

旅の話――「雪国の春」紀行など

明治三十五年の二月に私は法制局の参事官になった。

その頃は、政府と政党がよくもめていたので、議会の解散が多かったのである。法制局にいる私たちの仕事は、議会に提出する材料や資料をそろえて用意することであったが、議会は間もなく解散するということは早くから分っていたのである。

議会が解散してしまうと、また翌年の臨時議会が開かれるまで何の用事もない。法制局はふだんは忙しいものだから、そういう時に、その代償に旅行でもしてこないかと旅費まで出してくれるのであった。そんなことが三年ほど続いた。私は書物に恵まれたことも幸福のひとつであるが、またこうして旅に出られたことにも恵まれていたのである。

一番長かった旅は北九州を歩いた時のことで、五島列島にも渡ったが、これは百日ほど歩いた。その頃は一年の四分の一ぐらいしか家にいなかったという年も多くある。

旅をするといっても、ワラジの時代であった。宿屋の番頭から、旅のすれっからしか、まだ旅なれていない客かはワラジの脱ぎ方を見ればすぐに分るというような面白い話を聞いたこともある。旅から帰ってきて、友人や新聞記者に「へえ、君、あんなところまで行ってきたのかい」などといわれるのがうれしくて、人があまり行かないところばかりを狙って歩いたこともあった。台湾のすぐとなりにある与那国島へ渡った時は、もう役人をやめて後の旅行だったが、最も得意なものであった。

今度、筑摩書房から刊行される私の本の第一回目は「雪国の春」を含んだ旅の話の集であるが、「雪国の春」を歩いた時は、私も役人をやめ、これからは思う存分に旅に出られるとすこぶる張切っていた時であった。慶応の松本信広君と出かけた行き当りばったりの旅で、道がなくなると、私より足の強い松本君は、「今度はどっちへ行きましょうか」などといって軽々と丘陵の上に登って行き、「あっちにしましょう」などといって、足の向くまま気の向くままに東北の海岸を歩いたのである。それが「雪国の春」の最初の旅だったが、当時は五万分の一の地図などなかった時代だった。苦労も多かったが、楽しいゆかいな旅でもあって忘れられない。松本君とは青森あたりで別れ、私は津軽の方まで行ったのであるが、松本君がその時の思い出を今度の私の本に寄せて書いてくれたというので、私もそれを読むのを楽しみにしている。

宿屋の思い出も沢山ある。忘れられないのは、九戸の小子内にあった清光館という宿屋だった。私はその宿屋のことを「清光館哀史」というタイトルで大正十五年に「文藝春秋」に書いてもいるが、清光館とは名ばかりで、なるほど眺める月夜は美しいのだが、宿屋の汚いことといったらお話にもならなかった。

旅は大分したが、しかしもう行かなくなってからの方が久しいので、鼻うごめかして話をするようなこともない。「雪国の春」や沖縄のことを書いた「海南小記」の頃はハイピッチというか、自分の生涯のうちでも一番油の乗りきっていた時代であった。だから思い出も深い。

そんな中で、沖縄だけはまだ未練がある。近著の「海上の道」も沖縄のことを書いたものであるが、もし、もう一度旅に出るようなことがあれば私はやはり沖縄に行きたいと思っているのである。島に生れ、島に育ったおばあさんたちと膝をつき合わせて、もう一度話をしたいものだと思っているのであるが、しかし、今は五人のうち三人は新しいことを知ろうとしている人たちだから、もう私などが知りたいと思うことを覚えている人はいないかも知れぬ。

戦後の旅で思い出されるのは東京から氷川丸で北海道へ講演旅行にいった時のことである。昭和二十二年のことではなかったかと思うが、久米正雄、小林秀雄、川端康成君などといっしょの出版文化の講演旅行で、私と長谷川君（如是閑）は一行とはだいぶ年がへだたっていたので特別扱いされ、一部屋に老人たちは押し込められてしまった。その時、二人でたしかタヌキとムジナは同じか違うかという話をしたことを嘉治隆一君が偶然廊下を通って聞き、どちらがタヌキかムジナか分らないと話の種にしていたそうである。私は後に「上毛民俗」という地方の雑誌にこの時のタヌキとムジナの話にふれて、この二つの動物の話を書いたことがあるが、私たちが部屋に押し込められたのは、河上徹太郎君と中村光夫君が酒の上でけんかをはじめたので老人には聞かせたくないので部屋へ押し込んだというのである。嘉治君がその時の話を詳しく知っているらしいので、ぜひ何かに書いておいてほしいと思っている。

戦後は近いところには大分出かけているが、京都以西へ行ったことはない。昭和十六年、九州の旅を終えて門司の埠頭に立って、もうこちらにくることもないだろうと思った時には、感無量だった。当時六十七歳だった私であったが、思えばあの時から二十年の歳月が流れているのである。

友の話——田山花袋のことなど

私が旅をするようになったのは田山花袋の影響が大きかった。田山は江見水蔭の感化を多分に受けていたらしいのだが、大変な旅行家で、どんなひどい山の中でも歩いていたし、またどんな汚い宿屋でも平気で泊れる男であった。

その田山にはじめて会ったのは私が十六の時、「しがらみ草紙」に歌文を寄せはじめた頃のことであった。当時、松浦萩坪《しゅうへい》翁の門に入って、さかんに歌を学んでいた私は、そこで十九歳の田山を識ったのである。

田山は歌を学ぶ反面、当時ようやくはやり出した西欧の小説なども読み漁り、やがて「オレは読むだけでいいのだ」ということで英語の夜学にも通い出していた。田山の家は父親のいない家庭で穏健な兄さんが家庭をきりまわしていた。そこで田山は旅行さえしていれば自由な身になれるので、どこへでも出かけていったらしいのであった。私を日光へ呼んで、日光の生活を味わわせてくれたのも田山のおかげであった。たしか明治三十年のことだったと思う。

日光といえば、私がはじめて当時の大家、文学青年のあこがれの的だった尾崎紅葉の顔を見たのも日光でであった。田山がある日「今日は尾崎さんが見えるので迎えに行かなくちゃ」というので、私もどんな人か、まだ尾崎紅葉を知らないので神橋の傍までついて行った。向うから派手な浴衣にチリメンの兵児帯をして何も持たずに二人歩いてくる。それが紅葉と石橋思案の二人であった。橋の上ですれ違って一寸挨拶したのを覚えているが、紅葉氏の顔はただ一度その時に見ただけである。紅葉氏の家と私の家とは距離的にも近かったのであるが、往き来はしていなかった。

「少し固すぎる位真面目な人間が、後生大事に小説を書いている、それが田山だった。……」と、私は田山のことを以前に書いたことがあるが、世の中では田山のことを大分誤解しているのではないかと思っている。もう今では田山のことを誰もいわなくなってしまったが、ただ何となく全体に世の中から忘れられて行くというのは可哀想なものである。文学史は機械的に年代別に論じ、グループをひとまとめにして批評したり、ただ無闇に賞めたり悪くいったりするが、同じグループでも、個々の人物はまるで立場も作風も違っている点を無視してしまいがちなのは困ったものだと思う。ここの処をこうしたのがあれのいちばんの仕事であったというように、仔細に書いてくれたらと思うのである。

泉鏡花とは大学の寮でいっしょの部屋に入ってから長い間交際をしていた。後に泉君は牛込横寺町に紅葉が住んでいた時、そこで玄関番をやっていたが、ある日、私が学校の部屋の外を通ったとき、畔柳芥舟君だったかが、「おい上らないか」と呼んだので、私は窓に手をかけて一気に部屋に飛び込んだ。その時、部屋の中に居合せていた泉君がそれを見てすこぶる爽快に感じたらしい。泉君の「湯島詣」という小説の中に、窓から身軽にとび上る学生のことが書かれてあるが、あれは私のことである。

いろいろなことを思い出すが、少年時代から青年時代にかけて最も私が影響を受けた人といえば、森鷗外氏である。

森さんは、医者で歌をやっていた私の次兄（井上通泰）の親しい友人であって、その兄が岡山へ帰る時に、私のことをいろいろと頼んでいってくれたのであった。子供だった私は、森さんのお宅に伺うとお菓子が食べられるので、よくお訪ねしたものだが、森さんはいつも快くあってくれた。

森さんは年の若いものに対しても、少しも年齢差を意識しないで「あれは読んだかね」とか「あれは面白かったから是非読みたまえ」とかいってくれるのであった。私はそういってもらえるのが本当に心良かった。森さんは「君は若くて分らないだろうが……」などということは一度もいわない人であった。

次の代の人々と共に

一

きょうの新しい喜びを記念すべく、何か所感を述べて置きたかったのですが、もう時間も少なくなったようですから、ほんの形ばかりの辞令を列ねます。私は年を取って居りますが、國學院に於てはほんの昨今の者で、まだ伝統の隅々までは通暁して居りませんので、或は独り合点の嫌いが無いとも限りませぬが、固《もと》より是は全体を代表した意見では無く、又何度でも改良し、訂正し得られる個人の希望のようなものです。寧ろ国運の新たなる展開のために、論議の種を留めて置いてもよいかとさえ思って居ります。

誰でも知って居ります通り、この大学の本務は神道の興隆に伴なうて、先ず其根源を審《つまびら》かにし、兼ねて後代の紛乱を討究整理するに在って、既に大半の成果を収めて居たのに、測らざる世変に遭うて計画の改定が必要となり、若い学徒の間にも多少の動揺を免れませんでした。斯うした時勢の対処策としては、最も必要なことは学問の独立、殊に教育の根基に培かうことでなければならなかったのに、いち早く準備せられた大学院の付設は、意外な故障に突当って、神道部ばかりは今にまだ完備しないで居ります。我々は是を兎や角と論評すべき地位ではありませんけれども、是に伴なうて是非とも一言して置きたいと思いますことは、この新たに生れた文化研究所というものが、決して彼に失ったものの穴埋めでも無く、又代用品でも無いという事であります。そういう誤解を防ぐことだけは、幸にして私如き者にも出来ます。

私が大学に居りました頃に、穂積八束先生という非常に潔癖な先生が居られて、自分の教えた講義と一寸でも違うと、直ぐに点を引かれました。それで先生の説をなるべく枉《ま》げないようにと、皆苦しんだものでありました。

学校は先生のコツさえ知って居れば、点が取れますけれども、文化研究所に在っては、社会を相手にする研究団体なのであります。聴き手は何処に居るか判らず、又発表せぬ限りは、世間から其存在さえも無視せられるのでありまして、決して大学院の代用品というものではないのであります。今日の時期に於て、國學院大学が文化研究所の創設の必要を認めたということは、充分意義があります。是が成功するか否かは、我々全体の責任であると同時に、社会の責任であります。

二

久しきに亙って、私の一番気懸りになっているのは、史学というものが元来今日の為に出来たものであるということを、学校の人達は考えずにいるのではないかという点であります。是は「古を鑑みて後の世を計る」という言葉があるように、中国の歴史の学者によって、何遍も言い尽くされて居りまして、過去を知ることそれ自体が、史学の終極の目的では無く、過去の事実を如何に正確に知っていても、史学の社会的意義は達せられないのであります。将来、再び斯ういう難儀な事が起らないように、又起った時には、どう処理すればよいかということまでが、歴史の目的の中に入っているのであります。

日本では幸か不幸か、極く古い時代の歴史ばかりが、非常に詳細に研究せられているが、近世史の方は余り手をつけられて居りません。我々の参考にしなくてはならぬ歴史というものは、寧ろ近世史にあって、其最後の圧巻ともなるべきものが、昭和二十年の終戦の御勅旨であります。是は我々の歴史として、永遠に忘れることの出来ない事で、我々はああいうことは聞くまい、ああいう情ない状態に遭うまいと思って、史学を志して勉強して来たのであります。然しながら、我々の力が弱いと申しますか、それよりも個人の力に限界があるのか、国の成行きというものが斯ういうものを守れぬようになった時代の力のためか、兎に角も我々は信ずべからざるものを信じなければならなくなったのであります。是が日本の性格に於て、どういう事を意味するのかということを、私は文化研究所の大いなる目的としたいのであります。そう致さぬ限り、必ず世間からの非難もありましょうし、第一此処に居られる諸君が皆承知せられないであろうと思います。出来るならば、私は一番いやな、面白くない問題からやりたいとさえ考えて居ります。

同じ歴史の中にも、愉快な事と不愉快な事とがあって、殊に近世史に至っては、死ぬ位いやなことがありました。明治の御一新に先立つ処の、幕府の時代には、尊皇攘夷ということが唱えられましたが、尊皇ということは判るけれども、攘夷をせねばならないということは、想像も出来ないのであります。当時は、尊皇も出来ず、攘夷も出来ぬ状態を嘆いて、それに対する態度を慷慨などと申して居りました。悲憤慷慨などともいいますが、悲憤ということは余計なことで、慷慨などという字も、我々が漢字を習得した時に、一番始めに憶えた字で、あの時の外に使う場合がありませんでした。処が、明治元年を境として、尊皇は引続いて尊皇であるけれども、攘夷という方は急に消えてしまったのであります。

皆さんの中に、或は御承知にならない方があるかも知れませんけれども、昭和二十年の状態と明治元年の状態とは、大分似ている処があります。あれ程攘夷攘夷といっていたのがすっかり無くなって、開国進取ということになったり、終戦の間際まで命を棄てた者もある位に、敵に降るのをひどく厭がって居たのに、一夜明ければまるで掌を返したように、すっかり変ってしまっているといったことは、考えてみるとおかしいのであります。よく伊太利とか西班牙と似ているからといって比較されるが、顔は幾らか似ているかも知れないけれども、そういう気風まで似ているかどうかは、吟味してみなければ、容易に賛成出来ないのであります。「日本は大勢を見るに敏なり」と言ったら、或は非常によい諂《へつら》った言葉かも知れません。

三

この大学に関係の深い芳賀矢一先生が『国民性十講』という本を書かれました時に、私は最初の読者の一員でありました。今になって考えてみますと、若干の痛い処は突いて居られますけれども、大体日本人の、然かも優秀なる人々の、嬉しがるようなことばかり書いてあって、日本人が学問にある人と学問の無い人との二派に分れていて、学問の無い人は無視せられる、若《も》しくは卑まれるという傾向の如きは、何処にも書かれていないのであります。処が、厄介な事には、日本の学問は、昔は非常に難しかったのであります。中国人でも、斯んな難しい文字を使うことが、皆が皆出来ないと思われるような文字を借用して、日本では公の文書に使って居りました。是を男文字と称して、この文字で書かなければ、公の文書にならなかったのであります。斯んな国は他には余り無さそうであります。

どうも今の岩橋先生のお話を伺って居りますと、日本書紀の如きは、著者の中に日本人が幾らか混って居たという程度で、大部分は帰化人ではなかったかと思われます。つまり、帰化人が日本の中央に来て、中央の有力者に認められたということを利用して、次々に必要なる粉飾を付けたりして作成したのが元であります。事実、嘘をついたということは申せませぬが、少なくとも、この中には時と場合によっては借り物があり、殊に干支の如きは、後から持って来て、然かも讖緯という唐の代に流行した、年数の計算の数学哲理といったものを、使ったりなどしている処をみますと、既にその時分から、我々の間には、学問の出来る人と学問の出来ない人との間の差異というものが甚だしかったのであります。

現在は、普通教育と称して、如何なる者でも、低能で無い限りは、悉く文字を習得出来るようにはなって居りますが、その教え方の違いが余りにもはげし過ぎるのであります。例えば、同じ学校に居りましても、高等学校では、日本史の研究か何かを学んで居りますと、崩した漢字でも読めますけれども、其他の学問をする者には、もう皆読めないのでありま す。是が酷くなると、娘が母親の手紙を読めないというように、本当に情ない状態になるのであります。文字の変り方というものは非常なものであって、話には困らないけれども、古いものを読まなければ、古人の友となることは出来ず、又古人が如何に考えていたかを、みることが出来ないのであります。ですから、国の弱点として、或る少数の者が唱えれば其他の者はついて来る、ついて来ない者を、世の中に背く者と見做して、其時々の流行とか気運とかに、猫も杓子も一生懸命になってみるような、一つの弊害があったのであります。戦争の終り頃には、大分戦さに厭《あ》きたむきがあって、心では押えて、服従して居た者もあったかも知れないけれども、斯んな風にして世の中が変ると、忽ちにして変って行くという事は、悔い改めねばなりません。今回の如き変遷はなくとも、将来形を変えて、繰り返されるかも知れないのであります。

四

昭和二十年の八月過ぎに、私の処へ元気のよい若い青年が沢山やってまいりまして、「貴方は戦争の原因は何処にあると思うか」ということを尋ねますから、「そんな事を今尋ねた処で判るものか、是は百年経ってからだ」と言ってやりました。もう十年も経て居りますから、そろそろ戦争の原因というものを、探ってよいのではないかと思います。我々のように年を取って、生き残りといわれるような者は、それをせずに、やれ何とか平和なという事は、辛棒出来ないのであります。日本の良い所については、屢々書物で表わされて居りますが、我々の気付かない弱点、然《し》かも痛い弱点というものは、今まで言われなかったけれども、是も詮索して、将来再び斯くの如き禍に陥らぬようにするために、どうしても究め尽くさねばならないのであります。

今日我々の一番憂いて居りますことは、矢張り国の姿であります。この間も、或る女の代議士の団体から、「今日何が一番必要な問題であろう」と言われましたので、私は早速「親子心中を無くする策を研究するのが一番大きな問題である」と返事をしてやりました。親子心中に至る事情を、周囲で知って居りながらも、それに対する設備が非常に不完全なのであります。病院ではベッドが足らぬといい、育児院では栄養が標準以下だという状態で、何も設備が満足に具わって居らないのは、ゆっくり手落ちのないように考えて、もう少し先々の施策を適宜にしなかったからであります。それは甚だ露骨な言葉ではありますが近世史というものを、史学者が粗末にしたからだと思うのであります。近世史というものは、日本のように長く続いた国では、上代史の結果であります。中世史の結果であります。然しながら、時代によって事情が変るということを顧みないで、昔は斯うだったから、今は斯うだという見方をするのは、歴史にも何にもなっていないのであります。

五

お話したい事は沢山ありますが、私は学生に向って、噛んで含めるように教える仕事は、もう年を取っていて出来ませんが、意地の悪い人々との間に、意見を交換して、お互いがなるべく近道を通って、有効な結果に導くような方法を採って行きたいと考えて居ります。私は戦後G・H・Qのあります間に、「アジア学会」という団体に招かれたのであります。其処の人達は皆大学を出て、宗教総論を一通り学んでいるのでありますが、それでいて「日本は自然崇拝だ」などと言って居りました。自然崇拝などというものは、ありはしないのでありまして、自分の学校で教えた通りに、日本がなっていなくては承知しないのであります。是等の連中に教えなくては駄目であります。

日本のような牧畜時代を経ずに農耕生活を営み、漁業を以て半分以上の生活を営んでいるという、経歴の違った特殊な国もあるということをよく教えて、無理な事や不必要な事を忠告してくれないようにしなくてはいけません。或は差障りがあるかも知れませんが、皆さんのお父さんの代、お祖父さんの代には、日本を「東方の英国」などといっていたことが、随分あるのであります。処が、実際は違っていて、島だということは異ならぬけれども、向うは潮は早いが、大きな河だと思えばいいような処で向い合い、両方とも平地になって居ります。成程、日本はアジア大陸に寄りかかっているようにしています。この為に、朝鮮から渡来したとか、大陸の北部から渡って来たなどという議論の源にはなって居りますが、それは実際におかしな話で、第一太き黒潮を横切って、日本へ横付けするような船が有りはしないのであります。沖縄の歴史を見ると、よく判るのですが、半分以上人は船で死んで居ります。船で死なぬまでも、丁度『日本後紀』にあるように、海上で難船して何十年目かに帰って来たり、帰化してしまったというような国なのであります。斯う いう国は、太平洋の赤道以南には大分あります。

近頃年を取って来て、殊に癇癪が起り易いのでありますけれども、犭をつけて英という字を書いたり、米という字を書いたのは、ついこの間のことでありますが、その犭を取ったばかりでなく、辶をつけたり、熨斗をつけたりして、大変な装飾を加えているような心持を、どうにかしなくてはいけないのであります。私はそういう事までを含めて、歴史というものが、日本の未来を指導する力を持っているように思って居ります。

六

この学校の伝統から申しますと、こういうような理屈を挟むのは、いけないかも知れませんが、昔の学者の一人一人の特徴を、見失っているように思われます。学長が居られる前で失礼でありますが、例えば四大人を同じ日にお祀りするものですから、同じような仲間だと思われてしまいます。本居先生と平田先生とは違って居りまして、平田先生はだんだん議論が進んでから、自分の信仰を打立てて、それに従わぬ者を破門するようなやり方がありますが、本居先生はあの大きな著述を、三十何年かかってやって居られたのにも拘らず、その間に昔の史学を考えて居られました。是は『玉勝間』を読んでみますと、よく判るのであります。決して上代の事を知りさえすれば、それで能事畢《おわ》れりとはして居られず、其後にどうなって来ているかということに、非常に力を入れて居られるのであります。例えば、平安朝中期以後の朝廷の記録などを、活版の無い時代に、どういう風に探して読まれたかと思う程、よく読んで居られます。

是ばかりでなく、今一つ我々の注意を惹くのは、だんだんと本居先生が有名になられてから、伊勢詣りや京入りした序《ついで》に、又江戸へ下る途中に、松阪に寄って先生に会うている学者が非常に多いのであります。入門した人の数は限られて居りますけれども、それ以外に入門はしないが、先生のお話を聴いて帰るという者が多く、其話は沢山『玉勝間』の中に記録されて居ります。そして、古の言葉の起りや昔の人の心を知るには、田舎を見に行く方がよいとか、我々のように田舎を対象にして、都会を幾らか後廻しにしようと思って居ります研究には、非常に有難いものなのです。この先生の学問は長く残りまして、先ず伴信友翁が其部分を主として継承致しました。黒川春村翁などの、あれだけの学者をつくった家でありますが、其『神名帳考証』という本を読んでみますと、矢張り「この事に注意しろ」などという事が書いてあります。我々の有難いと思います事は、國學院の学統の中にも、この御陰を蒙って居られる人が、沢山あるのであります。

この学問は一つにつながって居りまして、今日まで続いているのであります。ですから、日本の信仰の根源を知っただけでは、実は満足して居れず、それが何処まで残留して今日に至っているか、若しくは如何なる原因によって途中から変形してしまっているか、どれだけが昔の儘残っていて、どれだけが後世まで伝えられているかということを、究めねばならぬのであります。元は、そういう学者が方々にありましたけれども、現在では國學院より以外に、そのような人を出す処は無いのであります。大学で二つの仕事を取るのは欲張っている、それは民間の仕事だと仰有るならば、其手配をしていただけば、必ずしも学校で窮屈な思いをする必要は無いのでありますが、然しながら、誰かがやらなければならぬ問題なのであります。

七

今日まで、復古という事をよく申しますが、神道の復古ということの必要になった原因は、此処にいらっしゃる河野さんなどもよく調べて居られるのでありますが、非常に沢山の何々神道というものが出て、皆昔の神道を復活しようとしているのであります。今日の宗派神道というものは、我々が見て困るもので、その中の一つとして人間の死後の事、人間の一生の価値というものを考えた宗教は無く、皆病気治療とか貧乏人が金持ちになるというような事ばかりを取扱って居りまして、是は英語ではマジックというもので、信仰とは申せません。そのようなものにして置いて、古意に戻ろうというのは、どうかして居ります。何故に今日の如く変遷して来たかということを、一目で判るようにして置きたいのであります。

この学校は一寸世間に稀なる大きな文庫を持って居られ、二度の火事に遭うていると聞きますが、それでも非常に沢山のいい本があります。ですから、少しずつでもいいから、自分の見たのは是だけで、この本は値打ちがある、この本は是だけの部分が値打ちがある、この本は駄目だという事を、紙に書いて挟んで置いて、後の世に残して置いたらよいかと思います。そのような事をしては、落書に近くなりますから、余り奨めてはいけないけれども、少なくとも次の代の何年かの学生との間の、縦の交流ということをやらねばなりません。例えば、加藤玄智さんの大著が明治を境にして二冊出て居りますが、其儘にして置いては拙いのが沢山あります。あの時代にしては、入用であったかも知れぬが、今はもういらないということは、学生各自で共同し合わねばなりません。是は限りある予算を持っている処の、文化研究所だけでは出来ないのでありまして、矢張り皆さんがお互いに提携して、十年なり、十五年なりの間に、積上げるようになさる外はないのであります。そうすれば、もう少し学問の容態が変ろうと思います。

斯ういうことは、文化研究所の問題の範囲外でありますが、兎も角日本は本が非常に豊富であるということに陶酔して、読みもしないで、いいものと悪いものとを一緒にしているのは、大変悪い事であります。その点だけは、研究所の中に優秀なる学者が出てまいりますから、是等の人達に頼んでそういうようにしたら、文化研究所が全然大学の学部と無交渉に歩むことなく、お互いが助け合うことが出来はしないかと思うのであります。私は此処に来ている若い学生を始終見て居りますのは、この人々と何時《いつ》までも議論が出来るように長く生きて居って、国のもう少しよくなるのを見たいからであります。

日本を知るために

一

日本民俗学会の第一回の年会に際して、会の実状とこれからの計画とを、ごく簡単に陳述しておきたいと思います。

学会は明治の初年来、次々とわが邦にも起って、ごく手堅く今日まで続いているものも幾つかありますが、数が多くなって行くとともに、だめなものも時々はまじり、中には雑誌の購読者を確保するために、こしらえたかと思うような、いやな学会も実はあります。いちばんいけないのは会長が名ばかりで働かないこと、また働けない年寄を会長にかつぎ、学問の進路がどっちへ向くかも知らずにいることであります。十年ばかり前に、日本方言学会というのができて、その最初の会長を持ち込まれたときに、私は一つの条件を出した。

これなどは久しい間、英国の民俗学会でもやっていることで、向うでは珍しい例ではないが、まず会長の任期を一年とし、おのおの就任の挨拶《あいさつ》として、学問の今後に対する見解、ないしは抱負を述べることで、そのために会はいつでも活き活きとし、また今までは同情者程度であった多くの会員が、おいおいと会の事業に身を入れるようになる。この慣行を日本方言学会にも入れようというので、その時は一同皆承知したのであるが、たった一年にしてその条件は守れないと言い出し、すなわち私はさっさと退身しました。会はもちろんそのために潰《つぶ》れはしなかったが、その代りにさっぱり仕事をしていない。結局一人や二人の力では、こういう新しい計画は実現するものではないということを経験したばかりであった。今度の日本民俗学会なども、これが健やかに成長して行くためには、もう少ししっかりとした心構え、ことに中堅となるべき委員団のあやふやでない一致が必要であることを感ずる。形の上で会長のようなものがもし入用なら、委員が年中行事式に順番になるくらいの覚悟をもたなければならぬであろう。その点を明確にするために、この第一回の年会を開催したのであります。

二

日本民俗学会の成立ちについては、偶然に私がきわめて覚えやすい記憶をもっている。

今からちょうど十五年前、私が還暦の誕生日を迎えた際、同学の人たちがそれを記念してやろうと言って、始めて民俗学の全国大会を開いた。その時の記録は『日本民俗学研究』という題を付して、岩波書店から出して世に行われている。今から考えてみると、まことに好い時代であって、講演や発表の会が昼夜にわたって一週間もつづいた。その時の一つの集まりにおいて、地方から出て来た人ばかり四十何人かが話し合いをして、例の満場一致をもって、一つの永久の会を作り上げた。それがこの会の前身たる「民間伝承の会」である。私はその発起人でないのみか、潰れると後がまずいからという理由をもって、むしろ同意を渋っていたのである。しかるに賛成してくれなくても構わぬという大へんな意気込みで、しゃにむにこの会を作ってしまったのである。そうして会員を募ったら全国三十数県にわたり、六百人近くの人がたちまち加入して来た。その人々の大半は、今でも遠くから支援しているのだが、やはり中心は東京だからこちらにいる人が多く働かねばならぬ。ひどくその人たちが苦労するのを、棄てててもいられぬので私も少しずつ助けた。そうしてだんだんと潰すのが惜しくなったのである。

そのうちに戦争が始まりまた苛烈《かれつ》になり、紙が得られなくなって皆苦労した。それで少しは通りがよかろうかという希望をもって、今日も出席しておられる橋浦泰雄君などの考えで、全国二十人ほどの世話人の中から、私を引き上げて代表者みたいな地位に据えたのである。それがそのまま居据わりに、今度新たに組織を改めた日本民俗学会の会長に、私が留まっているたった一つの理由である。実はこれはつまらぬことで、早くどうにかしなければならぬと思う。全体還暦の記念などというのは、別な言葉でいえば「永々御苦労様」ということである。それをさらに十五年も後になってから、引き出して働かせるという理由はないと思う。ただそうは言いながらも、何十人かの全国の同志者が、若くして戦場の露と消えた中において、ともかくもこうしてまず活き残り、今日の大きな喜びに逢い得たというだけは、言葉にはいい現わせない深い感謝であって、私の発言権は何よりもさきに、この学会の確乎《かっこ》たる歩み、誤謬《ごびゅう》のない成長のために費されることが、これに答うる最も適切な方法だと思う。

三

今日世の多くの学会なるものが、かりに名ばかりの存在を許されるのが常例であるとしても、なおこの日本民俗学会のみは、何としてもそんな気楽なことはしていられない、という理由は幾つもある。

第一には、我々の同志の多数が、今もって地方に分散していて、中央との交通すら妨げられがちであり、まして各地相互の聯絡に至ってはほとんど絶対に望みがたい状態にあるこし、そのために孤立の研究の淋《さび》しさに堪えず、しばしば中道にして英気の衰え行く懸念のあることである。その弊害はすでにすこしずつ現われはじめたようにも思われる。これには最も親切な中心機関の、絶えざる声援と激励とが必要だということである。

第二のもっと大きな理由は、我々の今進んで釈《と》かねばならぬ問題の大部分が地方にあり、これを解説すべき手段資料というものが、やはり飛び飛びに主として地方に残っているということ、それを互いに注意し合わないと、眼の前にあるものすらしばしば気づかずに過ぎることで、これらの証拠資料を整頓《せいとん》し比較して、いつでも利用し得るようにしておく機関が、なかったらまったく仕事はできないということである。

第三のさらにそれよりも迫った理由は、世間の好意と関心、これが最近豊かに溢《あふ》れるようになったのはありがたいことだが、我々の説明が足らぬためであろうが、今もって見当ちがいな概念によって、褒《ほ》めたり珍重せられている場合が多いことである。ことにジャーナリズムの方面では、これを上品な物好きとも、余裕のある生活趣味とでも定義づけている人が多いらしく、いかに諸君が心深く、この知識を実生活に繋《つな》ぎ付けようとしているかも省みずに、毎年きまったように「踊りはどの地方のが面白うござるか」とか、「オバケはあるものですか」という類の、頓狂《とんきよう》な題目ばかりをひっさげて話を聴きに来るような記者が多い。私たちはこういう質問にあうたびに苦笑し、かの昔の唐人の詩の「憐むべし半夜空しく席を進めて、蒼生《そうせい》を問わず鬼神を問う」という句を思い出して、何ゆえに青人草《あおひとくさ》のことを尋ねてはくれないのかと、情けなく感ずるとともに、一方にはまた「それでもまったく構い付けてくれないよりはよい」などと、いい気になっているような人たちの心を、口惜しくも思っているのである。社会科が普通教育の主要な科目になっている今日、内からも外からも、まだどれだけの役目を日本民俗学が負うているかを考える人がないということは、つまりはまだこの学問の本質が明らかになっていないのである。学会の出て働かなければならぬ区域は、今ちょうど前面に展《ひら》けているといってよい。

四

これはどうしても一国民俗学という学問が、主として何を明らかになし得る能力を具え、またいかなる知識智慮をもって、この世この国に尽そうと心ざしているかを、説き立てずにいた者の方に、より大きな責任があると思う。もちろんそれを手短かに述べることはかなりの難事業であろう。我々の手を出している間口は広く、しかも前代に対するあらゆる疑問が、結局は皆釈《と》けるようになるのを、理想とすると言った態度が、私たちの学問の出発点でもあったからである。世には象牙《ぞうげ》の塔などと称して、人生社会の用に立つか否かを詮議《せんぎ》するのを、下品なことのように厭《いや》がる気風がつい近い頃まであったが、それも時代により国により、また学問の種類にもよりけりで、こんな広々とした沃野《よくや》に入りながら、好きな花ばかりを摘んでいたのでは、すぐに日が暮れてしまう。老人だけはそれでもよろしいと、言ってくれる人がよしあろうとも、私なんかは俗物だからとうていそんな気にはなれない。何とかしてもっと具体的に、自分たちにもできることはこれだけと世の中に披露して、それによってほかからも当てにせられまた励まされ、そうしてまたもっと張合いのある勉強がしてみたいのである。それには今日はことに好い機会、最も働き甲斐《がい》のある時代でもあるように考えられる。その点をとくと来集の諸君とともに討究してみたかったのである。

それで今日の話題をきめるのにもちょっと迷ったのだが、実はもう大分前に、島根県から出していた一つの仲間の雑誌に、自分は「日本を知るために」という見出しを掲げて、民俗学の効能を説いてみようとしたことがあった。これは馬鹿馬鹿しいほど調子の高い標語ではあったが、人をはっと気づかせるためには、思い切ってもう一度使ってみるのもよいかと思う。「日本を知るために」、日本民俗学は大いに働こうとしているのである。日本ならもう知っていると、ただの観光団の人だって言うかも知れぬが、実はその中に省みられざりし生活というものが、非常にどっさり残っているのである。それがただ単に事実の発見だけであっても、なお無知を知にするということには大きな意義がある。ましてやその間からは、今まで判らぬ、説明ができないと、あきらめかけていた大きな疑問を次第に説明して行けそうな手掛りが潜んでいるのである。尋ね探るということを粗末にしてはならぬと思う。

五

学者には今まで、めったに判らないと答えた人がなかった。だから現在知っているだけの事実のみによって、さしあたりの答を作るのであった。人を欺くまでの悪意はないにしても、少なくとも自ら欺いていたことは、古来の学説の瞬間も休まずに、次々と改訂せられて来たのを見ても明らかである。口にするさえも情けない「日本はなぜ敗れたか」、もしくはどうして今日のごとき状態に陥ってしまったか、答はここにあるという人がいくらあろうとも、今までお互いがまるっきり心づかなかったことがこれほどあり、まだこれからも次々と現われて来そうな形勢に直面しては、とうてい私たちはそのでき合いの答を受け取って、さようでしたかと言っている気にはなれない。廻りくどい道ではあるが、今まで省みようとしなかったのが悪いのだから、辛抱しなければならぬ。何としてでもこの莫大な新しい知識を整理して、おいおいとその中から、動かない原因を見出して行こうと努めなければならない。その方法をやや気永に、日本民俗学会が立ててみようとしているのである。現にまた少しずつは見込みが立ち、答えられると言えそうなものが出て来ているのである。

人生の疑問には、幼な児のアレナアニから、死にかかった老翁のどこへ行くのかまで、その種類は千差万別、分量はちょっと見当もつかぬくらいに多いが、私たちはこれを役に立つ立たぬによって、だいたいにまず二つに分けてみることができると思っている。歎いて還らぬ過去を解説するだけのものは、急ぐ場合には後廻しにしてもよい。その中にも棄てがたい意味をもつものが多いが、用途の間接なものは余裕のある人の手に委ねてもよい。これに対して一方には役に立つ事実、これからどうしようかを決するに臨んで、ぜひとも知っておくべき事実がある。未来はもちろん「史学の管轄」ではないが、しかもかくなるという因果の法則が不変であるならば、主たる参考は実地に経て来たもの、ことに自分の国の近代史の中から捜し出される。東洋では歴史は昔から、ただ目的のために尊重せられたのであった。ただその方法が甚だしく型にはまり、知るべき多くの事実を省みずにいた。

六

一例をいうならば将来の労働組織をどうするか。これに対する資本の活用方法、これをいかに導いて行くならば、憤り怨《うら》み悲しむ者が一人もない、明るく安らかで楽しい世の中が迎えられるかという問題である。それには新たなるユウトピア、無何有《むかう》の郷《さと》を夢み出すよりも、我々ならばまず過去の経験を求める。そうしてその経験の大部分は、今まではまだ埋没していたのである。これも一つの無知の告白であるが、今からもう五十年の昔、私は偶然に米国のある若い経済史の学徒と、書状の上での友人となったことがある。何かこちらで判ることなら調べてあげようとそう言ってやると、日本の労働組織について知りたいと言って来た。これには非常に困ったので今でもよく覚えている。どんな内外の辞書を捜しても、新しい工場より他には心あたりのものがない。

田舎の人たちは一般に、最もよく労働していることを知りつつも、彼等の働きのどういう部分が組織なのか、私にはまったく判らなかった。つまり今までそんな言葉を持たず、また誰も意識しなかったのである。これが大きな刺戟となって、自分はもとより同志の人たちにも勧めて、努めてこの働く人々の間に入って、知らずに彼等が生きている約束を見つけ出そうとした。ユイとかモヤイとかテトイとかコウロクとか、今までの群労働はもっぱら慣行であって、それがまた氏族姻族、居住地域等によって、すべて相互的に協定せられているのである。文書記録には載せられず、また容易には明文化し得ない、複雑でしかも平和な旧式の労働組織の、まだ確かに行われていることを知ったのである。それから以後の五十年、その間の激しい変化は人の知るところである。かつて今説かるるような荒々しい手段を用いなければ、獲得できなかった労働組織なるものがあったろうか。それは騙《だま》されていたのだ、睡《ねむ》らされていたのだと、言う者は多いにきまっているが、果してそう言い切るだけの事実を知っていて言うのであろうか。いくら概括論でも少しは廉《かど》をつけ、また実証を示さなければなるまい。知りもしないで、のっけからそうきめてかかることが、新しい時代の論法なのであろうか。

大地主制が夙《はや》く日本に入ったのは事実である。その隣に土間に寝るような貧農は住み、中間には鬼みたいな取立役のいた例もないとは言わない。ただそれが昔からのこの邦の普通の姿であったということは、ちっとも証拠がないのである。近世の新田開発には、町から商人地主の大資本を入れて特権を与え、それがまた米の大量供給者となっていたゆえに、これを常態と解するがごとき独断論は起ったのだが、古くから開けていた土地について観《み》れば、小作は例外であり、たいていの農家が自分自分の田を持って、小さく助け合っている村は、今でさえまだいくらも見られる。それを農村の未来を説く政治家が、少しも顧みずにいた結果が、今ちょうど現われて来ているかと思う。こうして無造作に忘れられてしまった古来の小農の村々と、これから新たに作り上げようという理想の農村とは、どういう点が必ず変っているべきだというのであろうか、何だか双方ともまだはっきりとしていないで、比較をすることもできないのではないかと私などには思われる。

七

わずかな注意と用心とをもってすれば、多分は陥らずにすんだであろう悪い状態を、平気の平左衛門でパスさせておきながら、後になってから騒ごうというなどは智恵も何もない話である。そういう中でも農村の形勢は、時すでに遅しの感がなくもないが、漁村に至っては今我々の見ている前で、盛んに資本化しつつあるのである。それもこうしなければ新しい世の要求に応じられないという部分、たとえば遠洋漁業などは別にしてよい。他の大部分の今までの自由な労働組織を、何ゆえに保存しておこうと骨折る者がないのか。多くの改革論者は意地悪でも陰謀家でもない。つまりはまだ保存の価値ある前代生活様式が、今も伝わっていることに気づかないのである。日本民俗学のこれから向って行くべき仕事は、特にこの方面に多いかと思われる。海の生産の我々を養う力は、今日の時勢においては非常に重要なものであると思うのに、漁村海村の生活実状は、まだ片端しか調べられていない。白状をすれば民俗学の研究は、いささか片よっていた。今までは農村山村の古風な伝承に熱中して、幾分かその他のもの、海の端々とか離れ島の調査を後まわしにしていた。それを心づき考え直す時期が、ややおくれたけれどもまだ間に合ううちにやって来たのである。しかも一方に内陸の村々においても、私たちの得た知識は比較の基礎であり、また有力な暗示である。こちらでも粗末にしたり断念したりする必要は少しもない。ただこれからはもっと丹念に、海を相手とする人々の旧来の生活ぶり、いわゆる顧みられなかった労苦の跡に注意を払うようにしたいと思うだけである。最近世に送られた『海村生活の研究』は、三年以上もの努力を傾けたものであるが、場処も限られまた見残した問題も多い。民俗学研究所の計画しているように、近い将来において残りの離れ島の調査を推進して、将来の労働組織の安定策のために、豊富なる参考資料を供給して行きたい。それには島々の居住者たちの中に、新たな同志を見つける必要があるかと思う。すなわち「日本を知るために」、まだまだ我々は遠く歩まなければならない。

民俗学の話　一人座談

白状いたしますと、私は前から極く万人向きの小さな本を拵えたいという希望を持って居りました。それで、どういう点に力を入れてお話したら民俗学というものの全貌が摑めるか。こういうことをむしろ、私のほうから素人の側の方々に御相談したいような気持なのですが……。

と言って、いきなりそういう質問を私の方から出すというのもおかしな話で……まあ質問を引き出す、という心もちで、極く序論のような話を、ぽつぽつお喋りして見ましょう。私が話し出すと、どうしても苦心談のような形になりがちで困るのですが……。

＊

私の一番長い間苦心をしました点は、どうも仲間の人が随筆家風な学者になりがちなことでありました。

自分が第一、世間から長い間随筆専門業みたいに言われているのです。私どもの仲間の人は、誰もかも或ところを大変面白く見てそこにはいってゆくが、他のところには手をつけない、そういう人が多いのです。そんなわけで、世間からは随筆風に見られますし、内輪でもつい随筆的にやってしまう虞《おそ》れがあります。最近の五六年間というものは、この傾向と闘うのが一番大きな苦心でありました。しかし、これは言いわけではありませんが、元来、民俗学はそういうところから成長して来た学問なのです。それで、寛大な意味ではサイエンスの仲間にはいるものではありますけれども、関係者自身も決してサイエンスということを主張してはいませんでした。この学問については、イギリスでの発達の歴史はわかっているのでありますが、その中で一番学問的な研究の仕方をしているアンドリウ・ラングという人が民俗学会の集会の席上で、やがてはサイエンス・オヴ・フォークロアなどというものが出来るだろうと言っています。それは千八百八十何年かのことでありますが、この言葉を裏から解釈すれば、サイエンスではないフォークロアという通俗の言葉とサイエンスという学問の言葉とを結びつけて言ったことになるのです。その時、席上の人々が揃って笑ったということでありますが、フェアリーテールズというものに対して、いくらかユーモアを含めてそう言ったのだろうと思います。それで、そういうことを言った気持の中には、行く行くは、一つの科学として成立つだろう、ということは信じているが、現在の状態では、すぐに科学であるとか、学問を研究しているのだとか、そういう風には本人自身たちが思わなかったということが現われているのであります。

まあこういった事情ですから、その成立を考えて見ると、世間の人が冷淡に、「随筆学」などといって居りますのも、あながちに無理とはいえないかも知れません。

今から六七年前に、クラッペという人が、サイエンス・オヴ・フォークロアという本を、非常に苦心して書いて居ります。私どもも早速それを読んだのでありますが、これはちょっと失望させられる本でありました。結局やはり書物の方から、文献の方から入って行こうとするやり方なのです。材料の取扱い方なども、方々に沢山の採集の記録が出ているに拘わらず、それを使おうとはいたしません。そして写本なんかで残っている中世以後の古い文献ばかり利用するようなところが見えるのでして、少なくとも帰納的、インダクティヴの学問ではなかったのです。これはあるいは私の思い違いかも知れませんが、イギリスという国柄が、殊にそうなのではないかと思います。

グラフィという言葉は、大陸の方ではどうも軽んじられて居りますが、イギリスではそんなにこの言葉を馬鹿にして居りません。ジオグラフィとか、ステノグラフィとか、そういうものを、みなサイエンスの中に数えて居ります。そのように寛大な国ではありますがそれでも、フォークロアばかりはサイエンスではないということを内輪の者がいっているような状況であります。

その主な理由は、日本のことと較べて見るとよくわかります。一番主な理由は材料が乏しいということです。材料が稀薄になっているのです。学問の材料にしなければならないものが、日本のように、門の外に一歩出ればすぐあるという国とは違っています。何しろインダストリアル・エラが始まってから百数十年にもなろうという国ですから何もかもすっかり新しくなり切っています。それですから、一つ二つ残っているものがあると大変珍重します。材料が乏しいためでありましょうか、所謂普遍化することが困難なのです。何処へでも行きわたるようにこの方法だけで昔のことを調べるということは、実際困難です。それればかりでなくこれは民間から出た学者のせいでありましょうか、何かに凝りはじめるとそればかりやるようになる、例えばグリムの影響が強くなるとグリム協会が出来て、昔噺の研究ばかりをする人が出て来ます。それから目的の側から見ましても、キリスト教以前という時代がヨーロッパではかなり興味のある問題になったものですから、古代信仰の問題だけに入って行こうという形になりがちです。一方、前にも言ったように、材料がいいかげん乏しいのに、その上に学者の側に、総論を書こうとか、一般的なサイエンスらしい行きわたった書物を書こうという気持がないものですから、したがってどうしても随筆的になりやすいのです。日本について言うと、イギリスにくらべて近世になったのは急激でありまして、まだ古いものがいくらでも残っております。この点は私どもの方がこの学問にとっては大変に好都合なのでありまして、イギリスの学者の後に追随するのはまちがいなのです。そうは言ってももともと言葉でも、イギリスのものをまねしている位ですから、私どもはじめ多くの人間が、自分達の学問の方法として、ついイギリスでやっているような方法をとりがちなのであります。これはどうも今までの私どもの病であったろうと思います。

しかし、翻ってみますと、何もそう義理がたく、すべてのものに薄く、浅く、ひろがらなければならないということはないかも知れません。

日本には、随分昔風というものは残っています。大ていの人は、それに注意せず、言われて成程そうかと思うのです。言われなければいつまでも気がつかないでいるようなものが多いし、又気がつかないのが普通なのですから、昔風の残っていることにヒョッ、ヒョッと、何時《いつ》でも気がつくようになるためには、問題によってはかなりの練習が必要でありまず。或問題については、私どもが特に昔のものを知りたいと思う心を持っているために、わざと老人や律儀な家庭を訪ねたりして昔風ということを知ろうといたしますが、ものによっては全然そういうことを考えずにいるのです。そういう実例は拾えば拾えるものです。

例えば自分達が可成り昔風な社会道徳観を持って居りながら、それを知らずに世の中がすっかり新しくなったように、一廉《ひとかど》現代人になったように思うものが沢山あるのです。問題によっては、中々古くからの伝統を知るということは骨の折れることです。

ですから分りやすい興味の多いものを、銘々のものが選んで、たった一つか二つの問題に深入りして、世間からは随筆臭いと言われることをそう虞《おそ》れるには及ばないのではないか、浅く、広く散漫に知っているよりも、その問題に力を入れてその問題だけを一通り練習して、練習が出来たところで、こう偏ってはいけないというような気持が他に出るようにしていいのではないかと考えます。

ですから、何か特別の研究をしてかなり深入りしている人には、わざと意地悪い位に「そればかりが問題ではない」というように言って、総論を振返ってみなければいけない、総論に当嵌めてみなければいけない、ということをしきりに言っているのです。

現在は、正直なところ将来日本で流行する問題、他人がやり出すと自分もやりたくなるような問題というものが五つ六つはありますが、それを総計してみたところで、私の所謂民俗学にはならないのです。つまり民俗学はまだ現在の東京と違って空家が非常にあるのです。

町には出来上った家が立並んでいますし、また人の住んでいる家もありますが、空家もたくさんあります。いわばただ町といってもそれがみんな一様であるとは言えません。現在或一つ所だけをみてそこに偏ってしまってもサイエンスとは言えません。そこがむつかしいところで、色々と苦しみました結果、言いわけでもあり、また自分をなだめる考え方でもありますが、現在のところ、私どもの一人一人をみて、その人がある特殊のことばかり調べているが、「あれが民俗学か」ということにたいする答は、この町の譬えで答えられると思います。まだまだ空家だらけなのです。

民俗学の総論のような書物がなかなか出ないのもこれと同じ理由からです。

ここでもう一つお話しておかなければならないことがあります。「学問というものは、目的がなければばならない」とよくいわれますが、殊に大学で教育をうけた人は、何かというと、私どもが何ヶ年かやっていることに対して、「目的を明らかにかかげないから駄目だ。方法ばかりやって居って、目的をかかげないからいけない」といいますけれども、それは一つの誤解です。そういう性質の学問は他にもたくさんあります。天文学がそうでありまして、なるほど考えようによれば、天文学は星のことを知る学問だと言えば、目的がたちますけれども、まだこれから先新しい星がいくつみつかるかわかりません。歴史にしてもそうでしょう。史学というものは、もしはっきりと目的をかかげさせられたら説明がつかないでしょう。私どもが知らなければならないことがらは、これから先いくらでも出て来るのです。そういうわけで、私は、目的を置いて学問を分類するということは軽蔑してよいと思います。目的をかかげなければ学問でないという人があれば、そういう人を何も相手にしなくてもよろしい。それでは何処にサイエンスとしての特徴があるかといえば、やはり方法なのです。或一つの方法があるからといって、そのために特別の学問を独立させるには足りないという人があるかも知れませんが特に他ではやらない一つの貫徹した、自分達だけでそれに必ず依るという方法があれば、その方法によって一つの学問を特徴づけることはさしつかえないと思います。

現在ソウシャル・サイエンス、すなわち社会科学というのがおこりまして、エキザクトな自然科学というものとくらべて少しも遜色がないように言っておりますけれども、しかし、自然科学と全く同じ方法でやっている社会科学などというものはありません。ああいうものを科学と申しますけれども、サイエンスの本当の根本的の自分の観察を基礎とする、他人と自分と一緒になってみとめたものを出発点として議論する、という意味の社会科学というものはまだありません。「ありません」などと言っては、少し言い過ぎるかも知れませんが、まあ私どもの知っている所ではないようです。ソシオロジイでも、本当に帰納を使ったソシオロジイというものはありません。史学も今日、あまり科学らしくないやり方をしています。教え方にしても、研究の仕方にしても、私どものはどこまでも真似をするばかりではないのです。

いやしくも、サイエンスと呼ばれようとする限りは、その方法——自然科学が成功している方法によらなければならないでしょう。すなわち、一般的の知識、人も我も共通に認める知識——何遍しらべて見ても、これこそ確実だと言うことの出来るようなもの——その証拠が、本当に支えてくれなければ、断定は出来ません。断定の出来るものを肯定する——というこの方法は、まだ他の学問では十分に出来ていないようですが、私どもの方ではほぼこの方法で進んでいるということが出来ます。勿論、現在のところまだ完全ではありません。資料がないのですから不完全には違いありませんけれども、とにかくそうした手続をとらないでは確かなものということを掲げない、この方法によって厳密に吟味して、他人も自分も認めないわけにゆかない結論に到達した場合に、これをセオリー、法則として掲げるのです。そうすれば、事実として、存在を主張し得るということだけは疑いありません。

さて、それでは研究の材料としては何を使うかというと、現在では、ぴったりとはあたらない言葉かも知れませんが、残留思想といいますか、サーヴァイヴァルスというものを材料にして居ります。これはイギリス風といえばイギリス風なのであります。

イギリスでは、先程も申し上げたように、非常に昔風の残り方が少ないものですから、それを名づけて、ただ昔風とはいわずに、サーヴァイヴァルス——すなわち、生き残り、まぐれ残り、といっています。現在あるべきものでないものが残っている。それを材料にして丹念に色々の方法で整理して、比較研究の材料に使うのであります。そんなわけで、先程申しましたアンドリウ・ラングという人は、サイエンス・オヴ・フォークロアと言って居ます。そして、もし他人からサイエンスである所以を問われるなら、サイエンス・オヴ・サーヴァイヴァルス、すなわち残留を研究する科学だ、ということを言って居ります。

サーヴァイヴァルスの科学だというと、エスノグラフィなどというものから独立することが出来ます。エスノグラフィは、未開人というもの、未開人の文化というものを研究の対象とします。文明人の持っている文化の中に、ところどころに斑点みたいになって古いものが現われます。恰度《ちょうど》地層かなんかで見ますと、全体は水成岩の新しいもので被われていますが、ところどころに火山の噴出物みたいなものが出ている。そういうもの——すなわち、全体の中の際立ったものを取扱うことを目的として、今日やって居ります。

イギリス人は、このサーヴァイヴァルスという文字を気楽に使ってフォークロアを定義づけて来たのであります。

最近になってから、私ども大分迷うのですが、これについて議論が起って参りました。四年ほど前に丸善に、ホッジンというアメリカの女の人の書いたサーヴァイヴァルスという本が来ました。著者は聞いたことのない人ですが、私どもの仲間は大分読んだものです。だんだん考えて見ますと、初めて言い出した時の文化残留というものと、近世人の考えているものとは大分違って来ました。

イギリスのような国ですと、ほとんと職工とか農夫とかまでが一通り新しい教育を受けて新しいものの考え方をしています。ただその中に、すまして生活していたら、一切の伝統あるものが、死んでいるものと見えるのです。ところが日本のような国だとそれがそう見えない、日本では新しいものと古いものとがからみ合って存在している、そうして古いものが残留などという言葉では言われない位に残って居ります。

一体全体、こんな場合、残留という言葉を英国流に使うのがよいか、それともそれに対して何か特別の言葉を使う方がよいか。それよりももっと根本的な問題は、どうしてそんなものがあるのか。ただ偶然にあるのか、それとも特別に何かの事情で残ったのか。まだいろいろと問題はありますが、それは今後考えて貰わなければならない問題であります。

日本の事実について申しますと、ホンの偶然に残留を、砂金を拾うような心持で拾うのではありません。つまり、私なら私という人間が、次第に成長し世の中に住むようになってから、感ずるところがあって惟神《かんながら》の道にもどる。筧克彦君は好い例でありますが、若い時に新しい学問をやって、後に惟神の道に還りました。これは新たに附け加わったものと見て貰わないと困ります。古代のものがただ残っているのではなくて、意識して保存したのだとも言えるし、また移植したのだともいえます。そういうものが現在の日本にたくさんあります。

話は横道にそれるようですが、今日昔に還れ、昔に還れという人があります。私などの若い頃から二度ばかりそういう時代がありました。

最初は明治二十年前後です。国粋保存を盛んに唱えた頃で、私の兄などは、まるで西洋のけのあるものは全部卻《しりぞ》けたものです。大学生でありましたが、夏休に日傘をさして雪駄で帰って来たのをおぼえています。あの時分の国粋風はすさまじいものでした。のちに硯友社の人たちや西鶴崇拝の連中が江戸文学を味わうようになって、チョン髷こそ結わなかったが、江戸時代の人のようにパッチを穿いたり矢立をさしたり、こんな時代に戻ったのです。

つまり、こういう点から見て、人の心持によって、残留を少なくすることも出来るし、新しいものに移って行くことも出来るし、またそれと同時に古いものをたくさん保存したり、復活したり、また色々古いものを掘り出してそれをハイカラなものにしたりすることが出来ます。残留説というものは日本ではよほど違った形で取扱わなければならないようです。

適当な言葉がないので、今仮りに残留という言葉を使って居りますが——この残留を資料として研究する私どもの学問は、バイオロジイなんかとよく似て居ります。植物の成長していくのには理由がない。ある植物は、ただ昔もこの通りこの国にあって、よそからはいって来たという何の証拠もないし、そうして今でも同じような生え方をしているから、多分昔からこういう生え方をしていたのだろう、といわれる。またある植物は洋名しかなくて、明治以後に西洋からはいって来たものであるから日本在来のものではない、といわれる。また、これは日本人の知らなかった成長のしかただとか、日本より支那の方に多くあるとか、朝鮮でも咸鏡道に行けば新しい部分がはいっているが、南の方にはまだ古いものが残っているというように、さまざまな見方があるのです。

とにかく、昔から残っているものを、残留と呼ぶかどうかは別として、それを並べて見て、それの成長の過程を見るのです。今日までになって来た道筋を知るのです。それにはいろいろのテクニックがありまして、慣れれば何でもないことですが、慣れないうちは、ちょっと疑うような方法がいくらもありますが、それを丹念にやって見る学問、という風に私どもは解しているのです。

＊

もっと短かく判りやすく話すつもりだったのに、たいへん長くわかりにくくなったようですが……。

今まで述べたようなことを、もし私が同情のない人に話した場合果して揚足を取られるでありましょうか。実は、私どもは世間見ずで内輪ばかりで太平楽をいっているものですから、根っから他人の攻撃に見舞われたことがなくて、見当がつかないのです。

簡単に言えば、目の前に残っている世相の中で、古くから伝っているものを比較研究して、その中から自然に見つけられるもので、昔から今日までの経過を知り得るもの、いくつもそういう条件がついています。そういった風に定義づけたら、目的の定義はつかないかも知れませんが、方法の定義はつくと思います。

最後に申し上げたいことは、それでは民俗学をやったらどういうためになるかということです。実は実際問題としてはかなり辛い問題があります。事実、私どもも実際上の効果を念頭におかずに、やりたいことだけをやっているわけではありませんが、民俗学は即効薬ではありません。これは歴史でも何でも同じことだと思いますが、正確に過去の事実を教えておいたら、そのためによい判断が出来るようになります。それと同じように、民俗学の方でも、正確に過去から今日あるまでの所以を説明して行くことはやはり結果に於いては、世の中のためになるのではなかろうか、と私は思って居ります。

春秋以来、利害を離れて批評しよう、というのが歴史なんですが、唯知識の非常に貧弱な人がそれをやると、他人に濡衣を着せたり、難題を吹掛けたり、不当に攻撃したりしますけれども、段々細かく隅々まで歴史の知識が浸透して行ったら、その書いてあることは、かなり良い結果を齎《もたら》すだろうと思います。どうか超然たる道楽の学問だ、もしくは学問の為めの学問であるというような考えを捨てて、そういう姿があるならば寧ろそれを反省して、それが仮令《たとい》遠い未来であろうとも、十年や十五年には来ない収穫であろうとも、しまいには斯《こ》うなるのだということを皆に見せるようなやり方をしたいと思います。

江戸時代の非常に圧迫のあった、民間の人間が口をきくと叩きつけているような、そして段々人間が貧乏になった時代ならば、歴史をあまり批評すると実に不愉快なことになりますけれども、現在は縦から見ても横から見ても百年前から見ると非常に良くなっている。この位文化の大飛躍している時代はない。この位昔とは違うぞ、ということを大きな顔をして説くのに都合の好い時代はないのです。それが反対に、昔から都合の好いことをやって居った国が現在こんなに貧弱なんだという印象を与えることになっているのじゃありませんか。

むしろ今日としては、昔はいけなかったが、しかし今日は幸いに斯うなったといって、聖徳を讃え申し上げるような気持を作りたいと思います。私は宮内省の書記官を若い頃して居りましたが今の皇太后陛下がお患いになりまして、大正五年に葉山においでになって長く御静養なさっておいでになり、よくおなり遊ばしてお帰りになった時に、恰度《ちょうど》私は南の御車寄、御所の一番南のお玄関ですが、今の陛下と秩父宮様と高松宮様、お三方がずっとお並びになってお玄関にお出ましになる。そこを今の皇太后陛下が車に乗ってお上りになる。陛下は左をお向きになって御覧なさいました。その時の光景に、私は非常に感激いたしました。私は大体今までの歴史を知って居りますが、長い間の歴史で、国母陛下で、次の王子様の御母様でおありになった時代は殆ど数える程しかない。その時、私は本当に母子の御愛情をもって御子様方を御覧になる御有様を目のあたり拝しまして、こんな良い時代というものはまったく有難いことだと思いました。その時に私は、ああ実に日本の国がよくなったなあと思いました。その時私は一人でもって二晩も三晩も御世を謳歌して、殆ど悦びを禁ずることが出来ないような気持がしました。

それからずっと気がついて考えて見ますと、宮中のお祭は村のお祭とよく似ています。中間の神社のお祭は色々やかましい儀式があったりして違っているが、宮中のお祭と村々の小さなお宮のお祭とは似ている。これではじめて本当に日本は家族の延長が国家になっているという心持が一番はっきりします。民間の年越の祭とか収穫の感謝の祭とか、自然のお祭というものを、宮中と同じようにやっていることは、民間の者が知ることはいくらも機会があるけれども、天子様がお心付きになるような時代が来たのは本当に悦ばしい有難いことだと思いました。それが私のこの学問をする大きな刺戟になって居ります。

明治人の感想

郷里のこと

――きょうは、おもに明治時代のことをおうかがいしたいと思います。初めに幼いころのお話をおうかがいしたいのですが。

柳田　わたしは郷里が神戸付近で、兵庫県の辻川というところです。そこに生まれて、十の年までいました。それから、その家を売っちまう必要があって、隣りの二里ほど離れた母の実家があるところへ移りました。北条というちょっといい町です。そこへ三年近くいて、兄貴が一人前になったものだから、呼ばれて東京へ出たので、郷里といっても、それだけの知識なんですがね。それが非常に引力をもっていましてね、年をとって旅行するときにいつでもそれが頭にあって、風物がそれと比較されます。田舎のことを考えるときには、まず最初に自分が十の年まで育ったところを考えます。おそらく当時は、世間の動揺もひどかったからでしょう。

わたしが十歳までというのは明治八年から十七年までですが、私のところは貧しい村だけれども、家の前の通りの道が銀山から但馬へ行く国道になっちゃったので、いろいろなものが通るのです。人力車の綱曳きというのがあって、綱曳き後押しというやつが通る時代ですからね。

――なにか出雲の国造さんのことも。

柳田　国造さんが前を通った、烏帽子をかぶって。それはよく覚えていますね。明治十四、五年、七つか八つのときでしたが、そういうものがたいへん通るのです。

――先生が北条におられた時分に、新しく町に入ってきた産業はございませんか。

柳田　産業も少しはありました。たとえば鍛冶屋が刀と関係なくなったし、士族に用がなくなったものですから、一軒入ってきました。姫路からでしたね。そういった職業がちょいちょいふえてきたり、店屋もずっと賑やかになったし、小さい町なんですがだんだん繁盛してきましてね。それから郷里がちょうど加古川から姫路へ行く立て場になるのです。そこで旅の人が食事をしたり、車を継いだりする。だからわれわれは、たいへん世の中に接触する機会があったわけですね。人力というものは、もとは恰好も少しはちがいました。

うしろに絵が描いてあるのです。妙なことがはやったんですね。たいてい凧に描いてあるような絵なんですがね。うしろにそういう人物が二人か三人描いてあって、それをわたしがほかの子どもたちを連れていって、〝これはなんだ〟と説明してやる、それが得意でね。母はやかましく、そんなところへ行っちゃいけないと言うのですけれども、絵を見たらすぐ帰るからと断わりを言って、子どもを大勢ぞろぞろ連れ、〝これは金時だ〟〝これが頼光だぞ〟ということを言ってね。うちの親父は医者でしたけれども、医者がはやらないで、漢学の先生をしていましたからね、講釈なんかするのが得意で、かぶれたんでしょうね。

―― 小間物屋なんかは、ずっと昔からありましたでしょうか。

柳田　小間物という言葉はたしかにあったけれども、店はなかったですね。もとはほんの草鞋を売ったりするようなのが二軒くらいありましてね。そのうちにちょいちょい酒を売るとか、小間物を売るというところがあったのですけれども、店なんかはないです。元来宿場ですからね。家がみな表口近くに出ているから、そう改造しなくても商売できるのですね。いま行ってみると、その面影がかすかに残っていて懐しいです。以前はあそこを綱曳きが三台通ったとか……。

わたしのところから神戸まで九十里あるのですが、あれを一日で着こうと思うと、走らなければならない。それにはどうしても綱曳きでなければだめです。一人だけにすると、いくらか普通の歩調になって、体を休めながら案内役を兼任しながら行くので、どうしても遅くなりますから。

――その時分車はゴムでございますか。

柳田　そんなことを言うから、君らは時代がちがうと軽蔑される（笑）。ゴムはずっと後です。わたしが髭をはやして、方々出張して歩いている時分ですから、明治も四十年前後ですからね。それまではチリンチリンと音がするのが楽しみなんですから、単に輪だけじゃなく、鎖みたいなものをからんだりして、派手なものでしたよ。

――それじゃ来ると非常に目立ちますね。

柳田　あれが通ると道路がこわれるし、よく目立つのです（笑）。三台してかけ声がするからね。ヤーヤーヤー、ヤイヤイという声を出して。よく母が話をしていましたが、姫路から神戸に行く用があって、母が行ったのです。大蔵谷という明石の東のところは、よく追剝が出るところなんですが、そこへ行くと火をたいているやつがいるというのです。どうしてもそこを通り抜けなくてはならない。そうしたら車屋が、よござんすといって、綱曳きがかけ声をして通ったそうです。昔の車屋は、声なんかちっとも遠慮しないですから。ゴム輪なんて、まるで違いますよ、話が。ゴム輪になった当座は寂しかったですね。金の輪が車の上で道をきしっていくところがおもしろかったのですから。

――その時分ですと、自由民権の時代ですから、壮士みたいなものはどうですか。

柳田　壮士はあまりいないですけども、ただおかしいことはね、わたしの七つか八つの時分ですね。自由の権というのは嫌な言葉だと、非常に悪い印象を受けたことがありましてね。わたしの家は医者でしたから、門から少し離れているわけだ。ある晩、酔っ払いが門口に寝ていて、どうしても退いてくれないのです。夜十時ごろでしょうね、こわくてぶるぶるふるえていた。そのうちに連れの者がやってきて、なだめて連れていこうとすると、酔っぱらいが、〝自由の権だい〟と言う。それで自由の権というものは悪いものだと思ってね（笑）。それが頭にこびりついていて、いまだに自由と権をいっしょにすることに対していい感じは持っていないです。あの時分はなんでもそう言ったのですね。自分が勝手なことをするのに自由の権。自由とは支那じゃ悪徳ですからね。なまけ者とか、ほったらかしということを意味するので、リベラルをこう翻訳するものじゃないのですね。リベラルだってもとはそうでしょうけど。奴隷を解放させるのがリベラルだったんだから……。

――さかのぼれば似ているわけですね。

柳田　あの時分みんなが自由の権と言っておった。個人の価値とかいうことなんだけど、酔っ払いがそう言ったのを僕は覚えておって、それが先入主になって、とうとう一生自由というものに対しては、人にもあまり同情を持たないですね。自分もそんな言葉は使わないけれども。

なにしろ口が達者になった。江戸時代のちょうど頼山陽なんかの時代から、そろそろ中国筋では、士族でないものが学問するようになったのです。現にわたしの親父なんかも田園の耕作をせずに、本なんかを教えてくらしておった。そんなのがたくさんおったわけですね。そんな連中がいろいろ言ったものですから、あの時分のは少し軽薄でしたね。雷同付和的でした。決して、百姓のほんとうの腹から出たのじゃないようでしたね。

――先ほど先生は、「世間の動揺がひどかったから」とおっしゃいましたが……。

柳田　わたしが郷里を出たのが、十二、三ぐらいでしたから、そのくらいのときに眺めた異変ですが、明治十五年に板垣が岐阜で演説しておって切られた。これは危なかったのですよ。

――神道中教院とかいう場所でしたね。

柳田　板垣は殺されなかったけれども、非常に大きな打撃でしたね、わたしらの子ども心には。そんな悪いものならもう少し調べなければならない、いいものならば可哀そうだ、という気持でした。

――あのとき自由党の連中は、鎧なんかかついであそこへ押しかけたと言いますが。

柳田　くわしいことはちっとも知らなかったのです。とにかく板垣が誠心誠意やっている演説を、国賊だと思って、やっつけにいったものがあることは事実だし、わたしはやはり政治というものには敵がある、二つに対立するものだ、ということをたいへん考えさせられました。

――その時分の気風で、ひどく変ったというのはどういう点でしょうか。

柳田　百姓の家が二つに分れたのはあの時分からです。百姓の家にはっきりと二つの階級があったら、はじめから問題が起って仕方がないけれども、必ずしも財産にはよらないのです。つまり、いくらか読書力が多いのと少ないのとのあいだに一つのクラスができましてね。そのわずかな連中が村を支配するようになりました。たいていは二十歳代でしたね。村の勢力は、少しうまくやるのがいると、四、五人で握っちゃうのです。この連中は理屈がわからないように、わざと漢語を使うでしょう。それで面くらっちゃって言いなりになったのです。わたしらの村ばかりじゃなかったようです。あの村は誰と誰とという話をしていましたからね。それが陰におって、とにかく、政治の衝にあったりしますけれども、決して道徳家じゃないですから、あれがずいぶん政治道徳というものをこわしたでしょうね。あれに話しておけばどうにかなるということで、無理を通したりしたようです。

――そういう連中は、前からのものとどういう関係にあるのですか。

柳田　引きつぎではないけれども、いくらか財産もあり、本が読めるか、もしくは遺伝があって、少し理解力が進んでいたのでしょう。わたしらの生まれた村に、五、六人おったけれども、ほかの働く百姓とは顔つきからしてちがいました。しかしあのころのことをなんとかしてもう少し調べたいと思いますね。中央政府があるので、そういうものは歴史のうちに入らないといったような感じをみな持っていますからね。しかし明治四年にいよいよ旧藩制度がなくなり、廃藩置県によってこのかた、憲法発布されたのが二十二年ですから、それまでのあいだの変化の仕方というものには、かなり後世を運命づけるものがあるかもしれない。村々の歴史を、人を調べるような心持で、大字《あざ》ごとに見て歩いたら、ある村じゃなにも残っていない、ある村じゃ残っているということがわかるかもしれませんね。おばあさんというのは狭い区域のうちじゃ、なかなか役立つものでしてね、固有名詞なんかよく覚えてくれています。

――ちょうど明治の中ごろまでのあいだに、非常にたくさんの家が没落したといわれますが……。

柳田　どうも農村ではそれほどじゃありませんね。いけなくなる家はきまっておりましてね。三つに分ければ上流に属する家です。上流に属する家は、少し自分の勢力よりよけいな仕事をしたりしまして、したがって神戸とか姫路へしょっちゅう往復するでしょう。そういうやつがしくじるのですね。家の没落はずいぶんひどいです。明治の十年前後にかけて、経済界の動揺したときに、滅びてしまった家がかなりあるでしょうね。

――主にどういうことが原因でしょう。

柳田　支出過多でしょう。支出過多で一年二年なら我慢できるが、一年豊作がくれば取りもどせるという楽観をしているうちに、だんだんたまって、しばらくは情ない思いでくらしておって、いよいよ売るということじゃないですか。それがいちばん多いと思いますね。亭主の心得ちがいです。

旅の経験

――先生がよく旅行された明治三十四、五年のころは、道案内がいっしょに歩いてくれたそうですね。

柳田　それはいちばん最初の時分のことで、いい経験でした。どこへ行っても警察や役所に話して、これから山越しに歩くんだから、荷物を背負ってくれないかと言うと快く承知してくれた。はじめのうちは土地のもので、かなり知識を持っているやつがついてきてくれたのですが、ほどなくどこへ行っても、よそからきている寄留人が警察なんかの雇い仕事をするようになって、なんにもならないのです。はじめは案内を兼ねて、この土地はなんというところかと聞きながら知識を養おうと思ったのですけれども、それができなくなりました。

旅行でいちばんおもしろいところは、山にあがって峠の向うに行くのです。そのうちに三つに一つぐらいは、大きい道路ができたり、トンネルができたりしているものがありますが、そういうものじゃないやつを拾って、昔からの通路を越えてくる、これがいちばん旅行のおもしろみなんです。信州なんぞは、小さい文章に書いたことがありますが、国外、県外に出る峠道が、たしか大小七十いくつあったと思います。そのなかには汽車が通じたり、国道ができたりしているものがありますけれど。そのなかには非常におもしろいところがあるのです。はっきりと県境が分れていたり、分れずに入り混っていたり、両方から寄り合って、県境へ来て住んでいるため、村は一つで国は別だったり……。

―― 先生が歩かれたなかで、どういう県がおもしろかったですか。

柳田　単に場所だけじゃないのです。時期ですね。たとえば飛騨の白川というところは、わたし以前は、よほど探さなければ、よそから入った人はない。日向の椎葉というところは、向うの人が、東京から人が来たのははじめてですよと言ったのだからたしかです。

―― 印象深いですね。

柳田　向うにも印象を与えるけれども、こっちも目がとんがるですね。耳がとんがるのです、そう聞いて。

――そういうところへはじめて行ったのは、おもにどういう動機からですか。

柳田　帰ってきて威張ろうという、君あすこへ行ったのかと言われるのがうれしくてね（笑）。それが誇りで、なるべく自慢と言われないように用心しながら、チラリ、チラリと……（笑）。どこだいと言われるのを予期していた。政治家だね（笑）。しかし、私はいちばん最初じゃありませんでした。新聞がたいへん助けましてね、高等学校時代わたしよりも一つ二つ年齢の上のやつが、二、三人全国を歩きました、わらじをはいて。

――先生は法制局に入られてからも、ずっとよくお歩きになりましたね。

柳田　あれも同じような動機だけれど、その時分、政治上の関係でバランスがとれているものだから、二つの政党がちょっとしくじるとすぐ国会が解散になった。すると半年も歩いていいという暇ができる。

みんな無理算段して外国に行くのですが、それが僕らには馬鹿馬鹿しくてたまらないものだから、いくらかそれに対する反抗みたいな気持があって、国内を歩いたのです。わたしらの時分には馬もないのですから、何十里もぜんぶ歩きました。わたしは歩くのはなかなか達者でした。足ばかり大きくなってね。腰から上は軽いのです。いちばん旅行のしやすいたちだった。

——起源論に対して、先生が盛んに批判したのは、起源論そのものがへんだったということと、もう一つは、そういった旅行でいろんなかたちを見たことがあるためでしょうね。

柳田　そうなの。事実をもっと調べるというほうが実際は旅の動機だったと思うけれども、起源論というものは、どうも都会における学者の食物だからね。お前は知るまいけれども本にはこういうことが書いてあるということでおどすんだから。

主婦学

——話はかわりますが、明治以後の女性で変化したといったらどういう点でしょうか。とくに主婦の地位などについては……。

柳田　主婦学《マトロンリー》というのは立派なものですね。あれは、ほんとうに、歴史をもっと書いておかなければならないと思いますね。亭主は鷹揚なほど亭主として評判がいいのです。妻君にまかせなかったら家はつぶれるのです。亭主がしょっちゅう女房に指図したり、口出しするようじゃいけないですからね。なにより、女房がしっかりしていなければならない。第一親父は政治家になる。ことに中流以上になると、子どもの教育には、おっ母さんの言うことが非常に影響するのですね。それがわかっているものだから、舅さんでも姑さんでも、今度の嫁はといって探すときに、非常に注意するのですね。現在はだいぶ違うでしょう。現在は学校でおよそ嫁の教育程度の見当がつくから、あすこの学校は評判いいからいいだろうなどということで決めちゃう。しかしなんですね、主婦学《マトロンリー》というものは発達していたわけですね。日本じゃ地方の旧家で、家の名声を落さないようにしようということで……。

――それがいちばん発達していた時期は、いつごろでしょうか。

柳田 さあわかりませんね。ずっと以前からあったかもしれないけれども、亭主がいくさばかりやっている時代だとわかりませんね。近世のほうが効果があるでしょう。優秀な息子を見ると、必ずおっ母さんかおばあさんがえらいですね。

――そうすると、そういうおっ母さん、主婦の能力が落ちてきたのは、どういう原因でしょう。

柳田 ちょっとわたしらにはむつかしいんでわからないけれども、わたしどもの養家の母親はおとなしかったけれども、実家のほうの母親というのは実にえらい人で、批判的でした。自分のことは批判させないけれども。やはりおっ母さんというものに、一つの方針があるのでしょうね。口に出したり、文句にしたりしないだけで。それは、たとえば家の名を落さないとか、漠然たる言葉のなかに含まれているのじゃないでしょうか。あのうちはもうだめだろう、あの奥さんになってからは、ということをよく言ったですからね。あれが消えてしまったのは惜しいですね。復活する必要はぜんぜんないけれども、そういう時代を経ていままできているんだから。

――そういう方針のようなものは、家の中で養われたものでしょうか。

柳田　そうでしょうね。少し年とるまで家におったらそうでしょう。そうじゃなくても、姑さんが引き受けて、嫁を教育するのでしょうね。教育の仕方が、私を大事にしろというんじゃないから、嫁さんのほうでも承服したのでしょうね。どうもそうだと思う。

みな一つの方針というものがあって、昔から伝統があるのだから、いつの間にか家を代表して、娘たちが嫁にいくにも、嫁をやる先がそういうことを考えて、あすこの家はいい家だけれども、おっ母さんがだらしがないからというのが、一つの悪い条件になるのでね。

――やはり教育がなければ駄目ですね。

柳田　教育がなければいけないですね。親孝行ということをただ教えさえすればいいとか、うまいものを食わせさえすればいいというふうに考えないで、おっ母さんの心になってものを考えるということを教えなければだめですね。

――そういうことと、よく旧家へ奉公に出したり、見習いに出したというのは。

柳田　あれもいい教育になるでしょうね。大阪あたりへ、シオフミといって娘をやる家はだいたいきまっています。そういう家は世間から認められているんだ、という誇りがあって、主婦がだんだん改良していったようですね。年齢も三十くらいが境でしょう。ある年齢に到達したら、その覚悟をするのがふつうのいい奥さんなんでしょうね。ほとんど播州じゃ、嫁入り前に、どこへもいかずに、家からくるお嫁さんというものはなかったですから。大阪へ一年か二年くらいは行ってくる。大阪でも、シオフミにくる娘を二人くらい預っているところのおかみさんは、ほんとうに尊敬されましたね。主婦学《マトロンリー》というのは、道徳であるよりも一つの芸術だね。もう少し調べたいものです。漢字を使って婦徳なんていうからわからない。わたしの母はたいへん貧乏して、健康を悪くして、晩年にはだいぶヒステリーになっていましたがね、そのヒステリーを押さえていくきついところがありました。うちは八人兄弟で、八人とも男ですが、父親というのは実にあんな善人はないと言われるくらい、なんにも知らない人なんです。母親は自分の力が少しあまると、近所の夫婦喧嘩を仲裁してやる面白い人でした。それは遺伝しないのだ、わたしのところには女がないから（笑）。

――しかし先生の学問には遺伝しているのじゃありませんか。

柳田　母が世の中を観察するときの見方なんかは、やはりいくらかはうけているかもしれませんね。晩年ひどいヒステリーになって、だいぶ大勢の人に迷惑をかけ、決していいおばあさんとは言えなかったけれども。

――それは、播州から離れたせいじゃありませんか。

柳田　それもあるでしょうね。いろいろ不幸がありました。ことに、わたしの兄弟はたくさんあったけれども、一人だけ前途有望なのがいたのですよ。生活に困らないような職業をやるのがね。それがパタッと死んじゃったのです。そばで見ておってもわかるくらい、そのときは打撃を受けましてね、ぐちを言うようになりました。もとはぐちなんぞ決して言わない人だったけれども、考えてみると、早く死んだのです。

――千葉へおっ母さんが移られて、言葉が違うのでいろいろと……。

柳田　千葉へ行ってからは、ほとんど上方語で理屈を言うものだから通じなくて……。

――本来の能力を発揮できないのですね。

柳田　発揮できないのですよ。ですから自分としては楽しみがないわけでね。夫婦喧嘩の仲裁というものは、女房がニコッと笑うところでおしまいになると芸術品だからね。それができなくなったのです。郷里の辻川の村には、実によく夫婦喧嘩をする家が、向う三軒両隣りというか、三軒か四軒かあるのです。近所から迎えにくると、またかいと言いながら得意になって仲裁にいくのですよ。そうすると、さあ殺せと言っているのが、それだけでもってやめるのですね。おっ母さんの顔を見ると喧嘩がサッと下火になっちゃう。面白い人でした。

ことば・漢学・教科書

——先生が国語の問題に関心をもたれたのは早いのでしょうね。

柳田　どういうふうに入ったのか、覚えがないのですが、国語は好きで、学校にいるころからやっておったですから、そのころでしょう。もとは国語とは言わなかったね。標準語という言葉ももちろんないです。古語という言葉はあったでしょうね。古語に対して中世語という言葉もわれわれがこしらえたようなものです。国語という全体の名前はもちろんあるほうが便利だけれども、いまほど自由に使っていなかったのじゃないでしょうか。

——日本の昔からの言葉がありますね。翻訳の言葉じゃなくて。そういうものにはいまでも愛着をお感じになりますか。

柳田　歌は自由だからなんでも使えるけれども、明治にできた言葉を使ったんじゃ歌の感じがしませんね。わざと入れるのは別ですよ。明治以前の言葉じゃないと駄目ですね。どうも明治以後の言葉というものはかなり多いですから、歌というものはそれだけ制限されている。たったそれだけの理由からでも、和歌というものは、自然に消えることを我慢すべきだと思いますね。明治の言葉を使わずにやったらとても古くさくなるし。努めて入れるようにしている人もありますけれども。

――明治以後漢語を合成して作った言葉というものはどう思いますか。

柳田　あれは無茶ですね、文章の言葉でしょう。新聞なんかいまでこそ穏健な言葉を使っているけれども、昔はひどいですからね。翻訳する人は、漢字や国語をする時間をさいて、外国語の言葉を覚えたわけですね。両方をやることはとても許されなかったですから。そのせいか、最初の外国語の翻訳というものは、それはもう、ほとんどなっちゃいないですね。アブストラクトの言葉はなかなか容易にきまらないし、はじめてできた言葉は仕方がありません。

――明治時代というのは、意外なことに、いまは忘れられているけれども、漢学のいちばん栄えた時期と言われていますね。

柳田　明治がとくに栄えたといえないけれども、幕末は、本を読むといったら漢学ですから、非常に実際的になにかを得ようとするようなまじめさを持って読書した時代なんでしょう。わたしたちの知っている時代では百姓が漢学をやると、あまり評判のよくない地方がありましたね。百姓の分際で漢学をやるというのはまちがっている、というわけです。ところによるとずっと開けましてね、医者でもなければ坊主でもないのに漢学をやる時代があったのですね。いまじゃ漢学をぜんぜんやらなくても、できている言葉を適当に採用すればいいのですからね。漢字さえ知っていれば、漢学はやらなくてもいい。昔はその出典がどこにあるかといわれるのがつらいものだから、一生懸命になってジャスティファイする。

――明治の教科書についてはいかがですか。

柳田　学校と関係しなくなったものだから遠くから見ているのですけれども、実に教科書というものは歴史の多いものですから、変るときには極端に変って、また少しあと戻りする傾向があってね、非常におもしろい。なぜこういうふうになったかというと、半分くらいキャピタリズムも加わっているかもしれない。必ずしも個人々々の判断じゃないかもしれないけれどもね。大きな裁判事件〔教科書事件〕があったでしょう。あんないやな事件があったものだから、心あるものが入り込まなくなっちゃって……。

――明治二十年代までは教科書といっても、国定がなくて自由でしたね。

柳田　「ハト・ハタ・タコ・コマ」なんという教科書はぼくらは知らない、使わないんだから。はじめから「アジア人種・ヨーロッパ人種」、これが、あの当時の小学読本の一の巻ですからね。ずいぶん長く使いましたよ。あとで見ると、アメリカでこしらえたウイルソンのイングリッシュ・リーダーの直訳なの（笑）。教科書まで翻訳したんだから。最低学年の初等八級でそんなむつかしいことを教えていたのです。

―― 初期はみな翻訳でしたね。そういう教科書で教えられたのですから、明治の前半の人というのは、ヨーロッパ、欧米なみのことが頭に先に入っているわけですね。

柳田 君は覚えていないだろうが、「鶏がひよこをなくして、この牝鶏は甚だ憂え悲しめり」とか、「魚を釣るには雨天の時をよろしとするか、しかり天少しく曇りて風なく、暖かなる日をよろしとす」というのが一年の教科書のはじめにあるんだ。翻訳の原本を見たらなるほどと思ったけれども、乱暴なものでしたね（笑）。「しかり」なんてね、叱られることかと思った（笑）。昔はずいぶん無駄なことをやっている。いまでもやっているけれども。優秀な人たちは相応な反応を示すからね。しかし、全部を教育するときには、もう少し考えなければならなかったかもしれない。

学問のことなど

―― 時代がずっと下りますが、最近の先生の学問のことについておうかがいしたいと思います。終戦のとき、先生は、これからどういうことをしなければいけないとお思いになりましたか。

柳田 やはりいまみたいなものをやっていればよかったのじゃないでしょうか。年寄り相応だから。わたしはもう少し日本の近世史が具体的なものになればいいと思って、後陽成天皇の関ケ原の役で終る日本の歴史書に対しては、非常に悪い感じをもっております。なにかできそうなものだ。『国史眼』というものが出ている。あれが一つの拠りどころでしたね。そのまえに『国史攬要』というのがありました。それを子どものときに読んだのです。これが幸いにして西南戦争まで書いてあった。西南戦争からこっちになると、新聞もあるし、人の喋ることも聞きますけれども、江戸時代というものはそれではじめてわかった。ひどいものですね。近世史は足りませんね。文学史とか芸術史というものはずいぶんあるけれども、世の中全体の移り変りを書いた歴史書というものは少いですよ。『国史眼』はわずかだから、一冊だけでもって関ケ原以後取扱っていますから、そこをもう少しやらなければいかんと思うね。地方差が実に大きいということを、われわれは現実に知っているからね。知っていながら材料がない。書いてくれた人がないから、一律にこっちの例をひいてべつの例はひかないで総合したりしているからね。藩ごとに考えるとたいへんですけれども、だいたい一地方というものがあって、四国は違うとか山陰道は違うということはずいぶんあっただろうと思うのです。それを書こうとする人はあるけれども、地方較差というものは旧藩の領分で制限されているものだから、大きい藩におる人はいいけれども、小さい藩にいる人はなにも書けないのです。明治になるまでの、ことに徳川時代の上三分の二くらいがわからない。それをほんとうにやらなければいけないと思いますね。

江戸時代の移り変りが大事で、東京だけだってたいへん変っているし、まして地方の変り方というものは、それぞれ別ですから。

――結局、江戸時代の地方史が非常に欠けているというわけですね。

柳田　そうですね。百姓のほうはそうたくさん活躍しないから、共通点が五〇%なり六〇%あるものと見ていいかもしれないけれども、上のインテリ層、貴族のほうは、一方では勤皇でやれるところと押えられるところとありましょうしね。地方の学問がうつぼつとしてあったことは大きいからね。なにがもとかわからないけれども、国学者は国学が盛んになったからだと言うが、はたしてそうなのかどうか。とにかく学問は別として百姓の利口になったことやなにかを調べたい。われわれの学問はそういうことをやろうと思ったのです。低いところの生活を問題にしているのであって、別に風俗に興味をもっているわけでもなんでもないのですけれども、どうもする人がないね。

――先生よりずっとあとの人になりますと、歴史の本は維新までしか書いてないので、その後の歴史を地方にわたってひろくやる必要があると考えてますね。

柳田　わたしのねらっているのは、江戸時代社会史の維新運動のほうはいいから、あれに拘泥しないで平常に進んでおった時代の歴史が知りたいんだ。それ以前に細かい傾斜で移動しているからね。少くとも江戸の中期以後に、どこかに目に見えてはっきり傾斜面が出ているのです。それを見ないで初期と同じだという人は一人もいませんけれども、しかしどこが区切りだということをやろうと思うと大胆すぎて怖いから言いませんしね。江戸時代史というものは存外書かないものですから、史学の人がもう少し書くといいと思うけれども。伝記に近いものはやっているけれども、国全体を見わたして農村の調子がどう変ってきたとか、こんなところに明るい光が見え出したとか、そういうことを書くやつは少い。それがわかるといいな。総合することができないのですね。ことに下半期は往来が激しいし、一つの地方だけに限ることができないのです。

―― そうすると先生の今もっておられる関心では、江戸時代が主なんでしょうか。

柳田 ええ。歴史をやるくらいなら、古いところをせんさくして、伝記か歴史かわからないことばかりやっているのはだめだというのです。坊さんの伝記なんかは、ほんとうに無駄だからね。読んでいるとすぐにいやになっちゃう。同じようなことをやっているだろう、毎日毎日。殿様なんかも平和の時代に武将でもないし、ほんとうにみな均一生活をやっているんだから。

だいたい学者に空想が足りなくなりましたね。わたしら年取って無責任なことは言えないけれども、若いうちならどんな空想を出しても、あれはしくじった、言いそこないだったと言ってもいいのだから。なんと言ったってわたしらの一生のはじめとあとと比べるとだいぶ進んで、たしかに緻密になって注意深くなっているのだから、けっして悲観すべきところはない。

魂の行くえ

一

盆のお精霊《しようりよう》を、山の嶺《みね》へ迎えに行くという風習が、大野郡下荒井の部落にあるという簡単な記事は、私たちにとってはかなり貴重なものである。越前では今もまだ先祖の魂が、山の高い処に留まっていて、盆にはそこから子孫の家を訪れて来るという信仰が、そちこちの山村に保存せられているのではあるまいか。何とかして誘導尋問の形でなしに、諸家の故老の言うところを聴き集め、それを綜合してみたいものと思う。

昭和二十年の秋、自分が世に送った『先祖の話』という本には、古来日本人の死後観はかくのごとく、千数百年の仏教の薫染《くんせん》にもかかわらず、死ねば魂は山に登って行くという感じ方が、今なおお意識の底に潜まっているらしいと説いておいた。これにはそう思わずにはいられない数々の根拠があり、決していい加減な空想ではなかったのだが、何分にもその一つ一つの証拠力が弱く、日頃耳に馴れている天上地底の後生説《ごしようせつ》を、打ち消してしまうには足りなかった。これからさき我々がどちらを信じてよいかの問題とは関係なく、かつてこの国の住民の多数が、どう思い込んでいたかは事実なのだから、二つとも本当だということはないはずである。それを決定しようとすれば、この越前の風習は粗末にならぬ資料である。

現在の盆の魂迎《たまむか》えは、通例は廟所《びようしよ》、すなわち石塔のある処へ行くことになっている。墓《つか》も動けわが泣く声は秋の風などという句さえあって、故人の霊もまた土の中に休んでいるように、推測する者がだんだんと多くなったように思われる。しかし誰でも知っていることは、石碑を一人一人の死者のために、建てるようになったのは新しいことである。古いといっても元禄以前の石ははなはだ少なく、日清戦後の頃から、急に個人のものが多くなったが、それでもまだ共同の墓地に送られ、おいおいにその場処の知りにくくなるものが相応にあり、しかも盆の魂祭りをせぬ家は、村方には少ないのである。どこへ精霊さまを迎えに行きますかという問いは、民俗学の仲間にはしばしば必要であった。

谷川の流れの岸へ、または橋の袂《たもと》へ、または路の辻へ出て迎えるという答えが折々はあり、九州と奥州のごく端々の方では、盆の市に出て精霊を迎え申すというものもある。それよりももっと数多く方々で聞くことは、盆花採《ぼんばなと》りと称して野山に出て、桔梗《ききょう》や女郎花《おみなえし》その他の定《き》まった野花を折り帰り、それを魂棚《たまだな》に飾ること、これは歳棚《としだな》のためのお松迎えと同じことで、この植物に付いて神霊が家に迎え入れられるのだと、私たちは前々から解しているのだが、一般にはこれを仏法の供花《くげ》も同じに、ただ欠くべからざるこの日の祭具というようにしか見ておらぬ人が多い。詳しくこれに伴なう作法や約束を比べてみたら、そうでないことはやがて判《わか》るのだけれども、それにはまた大分の弁証を費さなければならぬ。

それよりもやや顕著なのは、盆草刈りまたは盆路作りといって、この精霊迎えに先だち、普通は七月七日の日に、草を刈り路をきれいに掃き浄《きよ》める習わしで、山に接した村里ならば、今でもこれをしないという方が珍しいかもしれぬ。この時には墓薙《はかな》ぎなどといって石塔場のまわり、または村内の通路をもきれいにするが、特に注意すべきは一年にこの日だけ、山の頂上から麓《ふもと》の里まで、常はかまいつけない一筋の路を刈り払うて、それを精霊様のござる路と、いっている人が今でも多い。墓地へ精霊を迎えに行く村々でも、まだこの盆路作りを続けているものがいくらもある。墓は祭場であり、精霊をこれへ迎えて来るのであって、家の盆棚は新たに設けられた第二の祭場だったろうということが考えられるのだが、それを立証するまでの資料が、今はまだ出揃《でそろ》わずにいるのである。

二

近いうちに世に出る信州上伊那郡の『黒河内《くろごうち》民俗誌』には、越前のと同じ例が一つある。ここはいわゆる南アルプス連峯の、ずっと北へ伸びたやや低い山々で、その麓に接した西側の村里では、もとは一般に山へ盆様を迎えに登ったらしく、その習俗は近い頃まで残り、その場処はわずかの草生地で、そこを六道原《ろくどうはら》と呼んでいる。六道は仏教の言葉、人が現世の果報に引かれて、死ねば六つの道のどれかに分れて行くことを意味していた。そこまで行ってもなお我々の祖霊は、迎えられて盆には戻って来るものと思ったのである。この六道原が名のみ存して、今日はもうはるばると登って行こうとはせず、魂迎えには村々の寺の庭に集まり、そこへ山から採って来て置いてある樒《しきみ》の小枝を、めいめいに家に持って還《かえ》るのを、魂迎えとしている部落がだんだん多くなったらしいが、この日六道原へ行く者が、近頃まで少しはあったというのは、習俗変遷の過程を示す例として意味がある。前に掲げた七月十一日の盆花採りなども、このごろではそう遠くまで登って行かぬ者が多いようだが、それでもまだ方角や場処はおおよそきまっていて、どこから持って来てもよいというのではなさそうに思う。

それについて考え合される一事は、これはお盆の迎えとは別だが、婦人が産室に入った際に、馬を牽《ひ》いて、または負縄《おいなわ》を肩にかけて、山へ山の神を御迎えに行く習わしが、東日本の諸処において注意せられている。事によると越前の山村にも、まだあろうも知れぬが、馬で行く場合にはその馬が立ち止まり、いななきまたは立髪を振り、その他なんらかの異常な挙動をしたら、それを合図にしてそこから引き返して来るというのが普通であった。神の御姿はもとより眼に見えないから、昔の人たちはこういう些細なる徴候をもって、神の実在を信ずるような、訓練を受けていたと見るの他はないのである。そうすると馬を持たぬような貧しい農夫が、ただ負縄やショイコを肩にして、御迎えをする場合にはどうしたかというと、これにも自身に異常なる感覚が起ると、神が途中までもう出られていることを確信してさっさと引き返し、そうでなければ特定の場処まで到着して、願いの言葉をもって素朴に背なかを向けたことと思うが、その所作まではまだ談《かた》ってくれた人がない。島根県の西部などでは、藁《わら》を布切れで編んだ背負台をセナカウジと呼んでいるが、山でセナカウジの縄をほどいて手に持ち、山の神を載せ申す唱えごとが、まだ記憶せられている。しかしそんな事をして、もしも返し申す時の言葉を忘れていたら、大変なことになるからといって、今では戒めてみだりにこれを口にする者がないということである。

唱えごとはこうしておいおいに忘れて行くものかと思われる。盆のホトケ迎えなどでも、信州では墓所へ新しい荷縄を、肩にかけて行く者がもとは多かった。現在は成人はもう言わなくなったが、今でも少年だけは、墓石の前に来て背なかへ両手をまわし、じい様ばあ様さあ行きましょと言い、またそう言わせようとする土地が方々にある様子である。山の頂上のいわゆる六道原に行っても、かつては成人がそう言うことをしていたのではなかったろうか。また、越前の下荒井などではどうだったか、知りたいものと私は思う。

それからなお一つ、山に家々から登って行く代りに、寺の庭に集まって、そこから植物の枝を迎えて来るという例は、非常に有名なものが一つ京都にあって、今でもまだ盛んに行われている。これだけはいろいろの書物に出ているから詳しく説く必要がない。日は盆の月の十三日、木の枝は最近は槙《まき》の葉となっているが、やはりその行事を六道参りと呼ぶのであった。墓所へ行かずともここで槙の小枝を求めて来れば、それが精霊様迎えになっているのである。誰かもう気がついた人があるかも知らぬが、この六波羅《ろくはら》の寺には本名がちゃんとあるにかかわらず、昔から愛宕《あたご》寺の名をもって知られ、その理由が十分に説明せられていない。一方には京都の西北に屹立《きつりつ》して、町のどこからでもよく見える愛宕山は、今でも信心の者が登拝して、必ず樒《しきみ》の枝を折って還る山であった。ここへ家々の祖霊を迎えに行く風習がかつてはあり、今ではその信仰が改まって、一部分だけ町中へ移ったのではないかどうか。愛宕山の樒が原も、本来は一箇の六道原ではなかったか。今日はもちろんいつ参っても樒を売っているが、ここでも稲荷《いなり》山の験《しるし》の杉のように、衆庶の競うて登る日が定まっていたのではないか。それが初秋の盆の日でなくとも、私はかまわぬと思う。というわけは、七月魂迎えの特に盛んになったのは、中世以後のことだからである。

三

次には山の頂きに登って火を焼《た》くということ、これも越前の今立《いまだて》郡の村々に、幾つもの顕著なる事例があるというのは、私にとっては新しい暗示であり、これによって始めて山から盆の祖神が降《くだ》って来ることが、推定し得られるような気がする。御承知かと思うが、山に登って篝《かがり》を焚《た》くという例ならば、『歳時習俗語彙《ごい》』にもたくさんに列挙せられ、稀《まれ》なることでは決してない。信州はことにそれが盛んで、諏訪《すわ》を中心とした広い農村では、今今はスポーツに近く、子供の大きな楽しみの一つにもなっている。近江の湖東にも三河の海岸にもあるのみか、京の大文字《だいもんじ》などはそれが名物となって、外国にまでも遠く知られている。火を焚くためには必ず山に登るであろうが、それだけではまだそこへ精霊を迎えに行くものと、きめてしまうことはできないのである。いわゆる高燈籠《たかとうろう》の火は、以前江戸の町に盛んに行われ、それから諸国に拡まって今でも止めてしまうことのできぬ土地が多い。山で火を焚くという印象的な行事が前になかったら、こういう発明も起らなかったかも知れぬが、それだけにまたこれは単なる道しるべで、夜空を遠く訪《と》い寄るものに、ここが故郷の家のあたりなることを、知らせる方便のごとくにも解せられて、むしろかえって山からも歩み降るというような、以前の想像を覆えす効果があった。私なども白状をすると、もとはこれによって、最初から祖霊は空を行くと信じられたかのごとく、一度は想像していたのである。

実際、あるいはそういう風に解する人が多いかもしれない。ここで考えてみてよいことは、今日の人の居住地が、だんだんと山から離れて来たことである。水も薪《たきぎ》も後の山からという村は、引き続いて今もあるけれども、それは知らぬ間に少数分子となり、この国土を代表することができなくなっている。都市と工場地の大部分、すなわち人口の最も多い区域は、すべて近世の初頭に海から拾い上げた陸地で、そこにはもう入会《いりあい》山も断念しなければならぬように、死んで行くべき嶺々も遥かで、しばしば霧霞に隔てられている。人が空中から祖霊の訪い寄ることを信じ得なかったならば、たちまち我々の永遠は解しがたくなるのであった。いわゆる高燈籠文化はこの点において意義がある。馬でも荷縄でも迎えに行けないような処に、我々の魂は行って休んでいなければならぬまでに、幸か不幸か島の天然は拡大したのである。日本人の来世観が、恥かしいほども紛乱している原因は、主としてここにあると見てよいようである。

以前はどうであったろうかという研究は、この方面において特に実用がある。あった事実を知りもせず考えもせずに、勝手な理窟をつけようとするのは嗚滸《おこ》だからである。最初先祖の魂を迎えに、登って行く処が山だったときまれば、山で火を焚くのは烽火《のろし》・燈台のためでなく、祭の行事の一部分だったことが判って来る。今でも盆には墓の前と門の口に、迎えと送りと再度の火を焚くことは、全国普通の習わしであるのみか、古来の祭は主として夕暁《ゆうあかつき》の間に行われ、篝火から電燈まで、おおよそ火を燃さない祭というものはかつてないのである。

今立郡各村の山上の火祭は、他の府県の類例にもまして、特に魂迎えとの因縁が濃《こま》やかであった。その一つは正月の左義長《さぎちょう》とも同じに、篝火の片端に小屋を作って、祭の夜籠《よごも》りをした形跡のなお遺っていたことである。その二はこの火の燃え上るときに、お精霊を迎えまたは送るという言葉を、高く唱えたことで、それをヤイヤイボとかコンブク様とか呼んだのは、永い歳月の言葉の転訛《てんか》であるらしいが、日本海に面した多くの平野の村では、墓や家のまわりで火を焚く時にもこれを唱え、たいていはジイ様バア様、またはジイナバアナと呼びかけていることは、すでに『先祖の話』にも述べた通りである。家に達者な祖父母のいるときでも、そう言ったらしいのを見ると、これは代々のふる人を意味する、最も素朴なる小児語だったと解せられる。

四

それからなお同じ折に注意しているが、秋田県北部の一地域では、村の少年等が岡の上に登って、越前今立郡の村々とよく似た火祭を行うのは、春の彼岸の中日の行事であった。そうしてやはりこの火の燃えるときに、ジイ様バア様お出《いで》やれを高唱していた。同じ国中一般の習俗ではあるが、期日は土地ごとに少しずつの変化があるのは、私には意味が深いと思われる。それをやや詳しく言うならば、久しい間にめいめいの解釈、または他の外部の状況との折合いが、いつとなく行われたので、単なる模倣や感染でなく、むしろ日本人なるがゆえに、夙《はや》くから持っていたものの、土地ごとに成長した痕《あと》かと思われ、従ってその多数の例の綜合によって、民族の自然の歩みが判って来て、将来のよい参考になると思う。

たとえば魂迎えから魂送りへの期間は、だいたいに短縮の傾向を示している。現在は迎えるのが十三日の夕刻を通例とし、送るのは十六日、それも午後であり、または早朝であり、東京などではまだ十五日の深夜に、送ってしまうという家も多い。最初からこうときまっていたのではないとすれば、迎え火を山で焚く日が、七日であり五日であっても怪しむに足らず、あるいはそれよりもずっと早い日に迎えて来て、主要なる生活行事を、その祖霊の眼の前において、実行したという時代もなかったとまでは言えない。稲の栽培の開始から終局まで祭の謹慎を持続するなどは、今の人からは想像もできぬことだが、田の神は春の始めに山から降り、秋の終りに山に還って、山の神となるという言い伝えだけは、全国に分布している。あるいはこの間にも物忌《ものいみ》の波があり、祭を幾つもの儀式の重さ軽さに、分けて考えることが許されたのかもしれない。

これも立証の大きな責任を、今後に負わなければならぬ問題だが、私などは実は家々の田の神を、やはり祖霊であったろうと思っているのである。春の彼岸にジイ様バア様が、火に迎えられて里に降って来るということは、すなわちその目的が田業を援護するにあったのではなかろうか。今度キティ颱風《たいふう》の惨害を受けた、赤城《あかぎ》山東麓の農村などでは、旧四月八日に定《き》まって山に登って行くが、それは過去一年の間に死者のあった家に限られるという。しかし他の地方に広く行われる卯月《うづき》八日は、めでたい家でもやはり山に登り、火祭こそはないが、山からいろいろの木の花を折って来て、天道花《てんとうばな》と称して高く竿《さお》の先きに結わえて立てる。比叡山の花摘みも同じ日で、この日ばかりは女人禁制の山が開放せられた。これを仏法で解釈する説の、しどろもどろなのを見てもわかるように、ここにもかつては山に花を迎える日が古くあって、それが農業開始の卯月の祭だったことも考えられる。かりにそうだったとすれば伝教《でんぎょう》大師の、わが立つ杣《そま》よりも古いことになるのである。

盆を魂祭の日とし始めた原因も、仏法の介助以外に今一つ、暦の改定がトシの始めを、くり上げたことがそれだったらしい。春の種播《ま》き苗取りと、秋の刈入れ稲積みとの中間に、水無月《みなづき》という旧六月が、耕作者にとって気遣いな月であって、ここでいろいろのねんごろな祭の営まれたのは、おそらくは祇園《ぎおん》以前からの事だった。今では一般に六月の朔日《ついたち》から、十五日までに祭をすませるようだが、不安はなお多くその後にも残される。八朔《はっさく》は今いう二百十日に該当し、それを過ぎるとやっと心が休まるということは、大昔とてもほぼ同じかったであろう。そうすると六月晦日《みそか》のいわゆる夏越《なごし》以後、この日に入るまでの中間に一つの戒慎の日を置くことは必要で、それが偶然に朝廷の盂蘭盆会《うらぼんえ》、寺々のいわゆる自恣《じし》の日と、合体することになったのではないかどうか。とにかく記録文献の上では、法師の干与した行事だけが早く現われ、家々の魂祭がはるかに遅いばかりに、この風習までが外来のもののように、久しく断定せられていたのだが、これほど大きな仏法の影響の下でも、なお日本固有の考え方は伝わっている。百年二百年の遠い先祖が、毎年この日になると元の家に還り、生きた子孫の者と交歓するということが、果してあの宗旨で説明し得られようか。山へ戻って次の年の初秋に、迎えに来るのを待っているというものが、実際に仏法のホトケなのであろうか。

日本を囲繞《いにょう》したさまざまの民族でも、死ねば途方もなく遠い遠い処へ、旅立ってしまうという思想が、精粗幾通りもの形をもって、おおよそは行きわたっている。ひとりこういう中においてこの島々にのみ、死んでも死んでも同じ国土を離れず、しかも故郷の山の高みから、永く子孫の生業を見守り、その繁栄と勤勉とを顧念しているものと考え出したことは、いつの世の文化の所産であるかは知らず、限りもなくなつかしいことである。それが誤ったる思想であるかどうか、信じてよいかどうかはこれからの人がきめてよい。我々の証明したいのは過去の事実、許多《きょた》の歳月にわたって我々の祖先がしかく信じ、さらにまた次々に来る者に同じ信仰を持たせようとしていたということである。自分もその教えのままに、そう思っていられるかどうかは心もとないが、少なくとも死ねばたちまちコスモポリットになって、住みよい土地なら一人きりで、どこへでも行ってしまおうとするような信仰を奇異に感じ、夫婦を二世の契りといい、同じ蓮《はす》の台《うてな》に乗るという類の、中途半端な折衷説の、生れずにいられなかったのは面白いと思う。魂になってもなお生涯の地に留まるという想像は、自分も日本人であるゆえか、私には至極楽しく感じられる。できるものならば、いつまでもこの国にいたい。そうして一つ文化のもう少し美しく開展し、一つの学問のもう少し世の中に寄与するようになることを、どこかささやかな丘の上からでも、見守っていたいものだと思う。

昭和二十四年の九月五日、この月曜日は、松岡約斎翁が亡くなられて、ちょうど五十三回目の忌辰《きしん》である。翁は仏教は信じられなかったが、盆の魂祭は熱心に続けておられた。

日本人の神と霊魂の観念そのほか

折口信夫対談（司会・石田英一郎）

いとぐち

石田　今回はご多用の時間をこの座談会のためにおさきいただきましてまことにありがとうございました。実は司会者といたしましては、この機会にできるだけ多くいろいろな問題について、柳田、折口両先生のお話を承りたいというはなはだ欲の深い希望をいだいているのでありますが、先日来両先生ともご相談のうえ、中心的な問題をだいたい大きく二つに分けてお願いすることにいたしてみました。

その第一は私どもの「民族学研究」一三巻三号に発表いたしました「日本民族＝文化の源流と日本国家の形成」というあの座談会にたいする反響が各方面の読者から盛んに聞こえてまいりまして、その多くは、あれは非常にいい有意義な企画であるが、ただあれだけでは問題がつきているとは思われないし、物足りない点があるので、ぜひああした問題をもっとつづけて展開してもらえないか、という希望が非常に多かったのであります。そうかと思いますと、先日歴研と民科歴史部会との共同主催で開かれました、あの座談会にたいする合評会に出席してみましたところ、そこではあの座談会で、だいたい意見の一致をみたと思われるような根本的な問題につきまして、ほとんど全面的に否定的な意見が圧倒的でありまして、ああいうものの見方は根本的に間違っている、ああいう解釈はとるべきではない、という意見が盛んに述べられ、一部の人びとがそういった見解をもっておられるということもわかったわけでありました。いずれにしましてもあの座談会で提出されました問題はこのままで終らすべきものではありません。殊にあの中の民族学的な部分について述べられておりますが多くのことがらには、だいたい一九三四年ごろまでの柳田、折口両先生の学問の成果の取り入れられているものが少なくありませんが、しかしどちらかというと、その民族学的な研究というものは、日本の外からみた研究に重点がおかれている、これにたいして日本民族というものの内奥から、内のほうからの研究を多年お進めになってこられました両先生に感想なり批判なり、あるいは注文というものをぜひ承りたいと思うのであります。そうして今後に残されたもろもろの問題につきましても、その所在を明らかにしていただきたいと思う次第であります。

それから第二には両先生の中心的な学問であるところの日本民俗学というものが、その対象をば一応日本一国に限っておられるというところからくる学問的限界というものは当然考えられなくてはいけないことでありまして、そこでこの日本民俗学と、それからもう一つの民族学との関連、ということについての原理的な、理論的な問題がいろいろと出てくるのであります。殊にこれは一部分は民族学と共通の問題にもなり、また一部分は民族学との境界あるいは分業関係という問題にもなるものと思いますが、日本の民俗学的資料の上に立たれた学問でも、歴史、殊に古代研究のほうに向われる学問傾向と、むしろ現在的、実用的とでも申しますか、われわれ日本人の当面の問題、あるいは未来の問題に正しい解答を与えたい、という意欲に導かれた学問傾向とがありまして、柳田、折口両先生の学問にもそれぞれ重点のおき方に差異がおありかと存じます。こうした問題をも今回は理論的に併せて検討していただきながら、日本民俗学という学問の本質的な根本問題に立ち入りまして、そうして最後に今後の日本の学問の発展のために両先生のお立場から、何を、最も痛切にご希望になっておられるかというような点を忌憚なく私ども後進のためにお示し願いたいと存じている次第でございます。

そこで、最初に第一のほうの問題、すなわち同号の雑誌に発表いたしました座談会にたいする感想と批判、というところからはじめていただきたいのでありますが、それをだいたい全般的な問題と個別的な問題、この二つに分けまして、最初にあの座談会そのものの意義とか価値とかいったようなものにたいし、両先生とも詳しくお読みくださいましたので、その全般的な印象や、ご感想を承りたいのであります。これまでの文献史学や考古学というような学問にたいして、日本民俗学の立場にお立ちになってこられた両先生の態度なり、お考えなりをも併せてお漏らし願いたいと存じております。いかがでございましょうか、あの座談会をお読みになった全般的なご印象を、柳田先生からどうぞ……。

柳田　私がいちばん愉快であったのは、白鳥〔庫吉〕先生以後の研究が、江上〔波夫〕君たちによってこんなにも進んでいたかということがわかった点です。細々した批評になると、今聴いたような反対意見もあるくらいならば、その反対意見を読んでからのほうがいいかもしれないが、それはまた後に補充することとして、さしあたり私の思っていることをいうと、ずっと以前から長いあいだ、民俗学と民族学の二つの学問は、必ず融合するという夢をもっているわれわれとしては、その時期がまだほど遠いということに、非常な淋しさを感ずる。アジア大陸のような広大な区域をとって論ずるにはこれでも十分かもしれないが、われわれ自身は自分の国のことだけに、当然にもっと細かいことを考えているので、どうもこれは考古学にたいする陰口になりそうだが、石とか金とかいう永く朽ちないものだけで、いろいろな過去をきめられることは心細い。日本は草木の殊に繁茂した島で、しがってその朽ちやすい資料を利用した文化が多い。これは形が残らないのが当り前だから、それらにも気がつくように、自分らの学問を進めて行かなければならない。それと共に向うからももっと進んで来てもらわなければならないという気持ちもあって、今日は座談会の批評よりは、むしろ現在の民族学の状態にたいする批判に傾かざるをえんだろうと思う。批判というよりは注文というものをしなければならないと思っている。そういうことが今日の座談会の中心になることをたいへんに希望している。細々したところに気になる点がある。民族学が非常に勢いよく進んでいることを認めつつも、前途はまだほど遠いという感じを、表白せずにはおられません。

石田　折口先生はお読みくださった全般的な感想として、どういうことをお感じになりましたか。

折口　大きな綜合的な研究が起ってくるのだということをいよいよ感じました。今の先生のお話にありましたように、いろいろな態度が、緻密になってきました。緻密な部分はだんだん正確になってきましたが、それだけに、わずか残っている隙間が目立ってくる。そういう点ばっかりの研究が進んでおって、その間の研究が進んでおらない。綜合のためには、その欠陥がいよいよ眼についてくる。そういうふうに感じました。それが早く埋まるようにする、その点、研究の題材や、結論の密集して緻密に存在しているという点で、われわれのしている民俗学の強みがありますす。具体性が多いといえるのでしょう。それを感じました。それと同時に、民俗学の方法も、あれから大いに刺戟せられて、大きな変化の自由に生じるようにしなければならない、という気がいたしました。その点感謝したいと思います。

石田　今両先生からはなはだ示唆に富んだこの全般的なご感想を承りましたが、具体的に、しからばどういう点について、そういうふうにお考えか、という問題へすぐ入ったほうが、なお今のお話をいっそうよく承れるのではないかと思います。たとえば日本人の固有信仰、日本の神といったような問題を端緒にして、両先生のご批判を承るのも一つの行き方かと存じますが。

稲の文化と日本の統治民族

柳田　しかしそうした個々の問題を考えるためにも、もういっぺん前号の座談会にあらわれた根本的な立場といったものを、もう少し見極めて進むほうがよくはないだろうか。私は日本民族の構造については、今までだって人種の混淆ということを認めている。決して単一な民族が成長したものとは思っていない。ただ種々の参加はあったが、たとえばこの神霊観念、死後の存在に関する固有の信仰を、今日までもち伝えたいちばん優秀なものはその中の一種族、数が多いか、力があったか、知能が進んでいたか、ともかくも最も重要な　種族であった、というように考えていたのであった。ところがあの座談会にみるような出発を肯定するならば、最初から日本の固有信仰は雑駁なもので、いくつかの分子の複合形であるという議論ができるかもしれない。はたしてそういうことがありうるものかどうか。少なくも江上君のいわゆる騎馬民族が朝鮮半島の突端まで来て、ひょいとこちらに越えた、そうしてそれが新たに有力な統治民族になったろうという、あの推測過程がはたして証明しえられるかどうか。この点を今一段と明らかにしたうえでないと、私たちの携わっている神道などの議論はできなくなるような気がする。一応は愉快な思いつきであり、また二、三思い当ることもあるが、いちばん気になる点は船のことです。それをちっとも説明してみないで、これだけ海上の隔離をひょいと跳ね越えて、騎馬民族がやってきたということは、いささか大胆に失した飛躍ではないかと思う。大陸の考古学、遺物研究にはは船の問題が出てこないが、これは一言でいうならば陸つづきだからである。島の上古史ではたちまちに船、船材と技術との問題が出てくる。武者とその騎馬とをどうして運んだかが説明を要求する。そんな大きな船は千五百年前にはなかった。そこで小さな船を三艘なり五艘なり、横に連結して波風に耐えるようにするためにも、特別の社会組織を必要としたであろう。それにはどれほどの期間の経験と考案とを重ぬべきだったか。はたまた何物がその準備を無用になしえたか。それを説き尽くさずして日本の統治民族、いちばん有力な民族は大陸のあれだといってしまったことがもういっぺん批判してみるべき要点ではあるまいか。しかも古書に書いている神々の記録と、現在の国民信仰とのあいだには、単なる複雑化とか、衰弱減少とかいう以上に、往々にして方向の違いさえあるように思う。それを解説しうるような資料はまだ決して出揃っていない。この点からいうと、いかなる奇抜な起源論でも、成立しうる余地はたしかにある。平たくいうとわれわれは、むしろもっともらしい新説の、民族学のほうから提出せられるのを待っているのである。そうして半島は明らかに一つの鍵なのである。『書紀』に伝えられる以上の関係がまだあったのかもしれない。人は盛んに往来移住し、通訳を用いた記事があまりに少ない。言葉は上のほうではあるいは通じておったのではないかとさえ思われる。それにもかかわらず、国民信仰の根柢におりて、彼我の間に行き通うたものが、少なくとも今はまだ見つけ出しがたい状態にある。馬で飛び渡ったろうという一説のみが、裸で提出せられてもただ始末に困るばかりである。二つのミンゾク学のあいだの海峡は、存外に深くまた広いようですね。

折口　われわれがいちばん民族学の方に望むことは、南のほうの関係がどうも北ほどは進んでいない。それを民族学のほうで、これからもっと身を入れてやってくれたらどんなにいいかと思っている。この釣合いのとれない片重《かたおも》り、それがいちばんわれわれのいわば不満に思う点です。北のほうでも、南のほうでも、船が備わらねば渡れないことは同じです。北から北からと皆がいいたがるのは、地図の上で物を考える今までの癖かもしれませんが、一方にはやっぱり何が入って来ているかを見究める学問、すなわち民俗学の活動が鈍かったためと、いつも私たちは自責するのほかはないのであります。

柳田　古代史の研究が不十分だから、あまり強いことはいわれないが、日本の統治民族と名づけられる中心種族の中には、米に関する文化がはやく発達している。アメノナガタ（天ノ長田）の名があったり、スサノオノミコトの罪状の中にも水田耕作に関することがあったり、とにかくに米は早くから栽培しています。無論最初からとまではいえないかもしれないが、たとえば弥生式土器のころにあった、縄文土器のころにはないと、境を立てて見ることはできない。主要種族の精神生活は、稲の栽培とかなり深く繫がっている。北のほうから馬に騎《の》って半島の端まで来た民族は、米を以て神を祀る習俗をいつ採用したろうか。ここの解決が江上説にはついていない。いま折口君のいわれたように、一面からばかり問題をつっつき過ぎた嫌いがたしかにある。あの結論を取り消せとまでいわないが、これは有力なる構成分子の一つであるというくらいでとどめてもらわないと、国民信仰の問題に入るのにはりあいがない。

石田　それではただいまの問題について、自分の理解しているかぎりにおいてお答えいたします。この前の座談会でだいたい結論的に皆さんが一致されたと思われる点は、ああした騎馬民族が大陸から朝鮮半島を経て日本に入る前に、つまりだいたい、弥生式の文化から古墳の前期というあの時代にかけて、日本列島に住んでいた民族なるものが、だいたい南のほうの米の栽培、水田耕作という文化を基調にしたもので、『魏志』の「倭人伝」なんかに残されているその民族がだいたい南のほうの文化系統を携えて日本列島にずっと拡がって、多くの小国家を建てていたと考えられることじゃあないかと思うのであります。そこへそれとは別個の系統の、もちろん農業もすでにもっていたでありましょうが、それよりも北アジア的な、あるいは遊牧的な、ないしは軍事的な性格の強い民族が、たとえ人口は少数でも、非常に軍事力、政治力において卓越していたため、この短い時間に、急激な速度でもってそうした農耕民族の征服を行なった。しかし文化的にはやがて数的に優勢な先住農耕民の根強い文化とさまざまの形で妥協をとげざるをえなかった、というふうな見方がだいたいの根幹をなしていたのじゃあないかと思うのであります。ただいま柳田先生の指摘されました船の問題について、征服民族がもし朝鮮半島から渡ってきたならば、それにノルマン・コンケストに似たような海洋的なものがもっと強く先史学的にも、文献的にも残されていいじゃあないか、海洋的なものが薄い、強く残っていない、この点に疑問がある、ということはこの前の歴史学研究会および民主主義科学者協会の歴史部会合同の合評会において、松本信広先生からご意見が出たところでありまして、今後に残された一つの問題ではないかと考えております。ただその時の松本先生のお話に、神武東征の神話の中に、その海洋的な性格がかなり出ているというようなことも指摘されました。そういう点も併せて問題となりはしないかと私は考えております。

柳田　船の問題は未決として松本君のご研究に任せるとしても、米の問題はどうでしょうか。以前から倭人というものが米を作っている。これはうまいから、いいからということで取り上げたのではあるまい。われわれの神祭りには、米は欠くべからざるものだ。新たに米を以て供物にすることを定めたということは考えられない。それでは国の一般信仰を説くときに、ちょっと軽重を失することになる。ただ私は折口君のやり方と違って、現代から昔へ、お尻から登って行こうとしている。そこのところの繋ぎをつけるために、折口君のほうでももう少し降ってきてもらい、こちらから上って行くのと、どこかで合うのを待っていてもいいが、それでは今までやってこられた折口君の古代研究との調和がつかないのではないかとおそれるばかりです。これをさてどういうふうにしたらいいでしょう。米を供御《くご》とすること、米を以て祖神を祭ること、この慣行はどう考えても新たに加わったものでない。これが民族生活の要件であることは疑うわけにゆかない。この根柢をどういうところに見出すか。つまりは支配民族が米のない寒い国から渡ってきたとすると、どうしても問題はこの点にぶっつからなければならない、そういう鉄壁がある。それをどう解決するか、私などはこの問題を、しばらく未決にしておくのほかはないと思って、このくらいにして前へ進みますが、あなたはどうですか。

折口　よろしゅうございます。ただ古代史に記述せられた事実と、ちょっとでも連結点を作ってゆくと、大和民族、出雲民族などという名辞が浮かんできて、合理的になります。どうかそういう立場を作らないで、別の名目を新たにたてていってもらいたいものです。ここでわれわれのほうではそういう語を使う必要がないので、合理化を逃れているのですが、範疇を異にした名辞を以て表わしてゆくことは、大きな救いになります。騎馬民族、乗槎《じょうさ》――槎《いかだ》は少しおおざっぱですが――表現方法が、新しい考察点を示しているようで、心の躍動を感じさせられます。

石田　もう一つつけ加えさせていただきます。前の座談会では、朝鮮半島からきた民族は当時満洲、朝鮮に次々に建国していった騎馬民族の例から推して、ごく少数の組織された部隊で征服を遂げたのではないか、したがって数において、あるいは文化において、それ以上に根強い地盤をもった米作農耕民族の倭人とのあいだに幾世代ならずして血液的にも文化的にも融合が行なわれた、そういうような見方に到達したのでした。したがって皇室そのものの中に先住農耕民族の血液なり、文化なりが非常に強く入った。それを多くの民族征服の例にみますように、男性を主として女子をあまり伴わない、軍事的組織をもった征服民族が、被征服民族とのあいだに婚姻関係を結んで、そこに新しい民族を形成して行く、という過程として一応考えてみたいと思うのであります。

柳田　いかがですか。これは容易ならぬことで、よほどしっかりした基礎をもたなければいえぬことだと思う。いったいありうることでしょうか。あなたのご意見はどうです。つまり横取りされたということを、国民に教える形になりますが。

折口　われわれはそういう考え方を信じていないという立場を、はっきり示していったらいいのではないでしょうか。そうすると石田さんなどとは、正面から衝《つ》きあたることになりますが。

南へのつながり

柳田　日本の古い記録を読んでみると、天つ神と国つ神、天神《てんじん》と地祇《ちぎ》、神武天皇の詔《みことのり》にもこの二つの信仰があったと認められる。歴史の進むにつれて、地祇が小さくなって、おいおいと天神系に移り変ってきている。とにかく最初に入って来たものが男性ばかりで入りこんだようなものだったならば、天神信仰、天つ神信仰が起るまいと思うが、それはこれから新たにきめなければならない。非常な勢いで国つ神信仰が衰えている。奈良朝以後には殊に著しい。延喜式《えんぎしき》の神名帳《じんみょうちょう》になると国津神の社の数はずっと少ない。旧信仰がなくなっている。つまりは時代の勢いが、他の一方へ傾いてきたとも見られる。いくらか感情を交えた議論ですが、これをこのままにしておいて古代信仰論、固有信仰論に入って行ってもいいものだろうかどうかでしょう。この問題だけは先決問題のような気がするが。

石田　その先決問題に、もう少し何か解決の手がかりを与えていただけないでしょうか。

折口　どのみち、北方から来たのだ、南方から来たのだ、という形に昔から対立しておりますし、中間の両方から来たという考えでおさまってきていた。それに世の中がこういう状態だし、それがかえって善良、真実な研究を、きわめて自由な形で追求するに都合よくしているし、悲しいことだが、もうこれ以上に、われわれの学問の解放せられる時代というものが考えられないまでの状態なのですから、早晩決定しなければならぬ問題は、今が一等はっきりと扱える時期ということになりましょう。だから宮廷史に関する題目や、宮廷信仰関係のことは、今日以上によい研究時期がこないのではないかと思います。こんな際にそうしなければならぬということは、われわれ学者にとっては、たいへんなことですが、片づけておいたらどうでしょう。

柳田　明治初年からいわゆる高天原《たかまがはら》実在説といった問題がどこかから出てきた。いわゆる神話も遠い世の現実という解釈が強くなって、われわれの高天原はどこだったかという疑いを持つ者が多く、しまいには何かツングースの一民族でもあるような議論が、叩き潰されもせずに長いあいだ歩んできたのを私は知っている。

今でもまだ人が認めていないのは沖縄です。沖縄の諸島は相互のあいだがたいてい一日航程だが、ともかくも水平線の外になっている低い島だ。沖合に出なければ見えない。たとえば宮古《みやこ》と沖縄本島とはたしか七十五海里、こちらの島に立っても向うが見えない。渡し場的なものではない。沖に魚をとりに出て、この向うに島があるということがわかれば行って見る気にはなろうが、計画を立てずに流れ着いて、そのままいつくということはありえない。北から来たという議論のいちばん弱い点は、北九州の北岸に上ってから、分派を出して琉球の果てまで渡る気になったということにあるので、これはかなり説明のしにくいことではないかと思っている。私だけは今まで、いろいろなところでいうのですが、この点が存外今日まで考えられていなかった。南のほうの路というのが顧みられていない。少し皮肉な見方をすれば、北アジアの研究が南海史より先に進んでいたから、鳥居〔龍蔵〕君をはじめ例のツングース起源論をやったのではないかと思う。これに対立しうる幾多の証拠をもっていながら、ともかくも盲従しなければならぬという理由がどこにあったか。南の端の八重山《やえやま》宮古群島の生活にも、こちらと共通のものがいくつも行っている。言葉でも何でも少し調べてみればわかる。あれは居残りです。あんな出張所というものがあるわけはない。今まで南方説が法外に軽んじられていた。ところが折口君などの骨折《ほねおり》によって、少しずつ沖縄の固有信仰が明らかになった。信仰にも言葉にもアルカイックのものが残っていて、中には説明のつかないものもあるが、新しく作られたものが少なく、またよそからの影響は受けなかったろうと思うものが多い。こういう無意識な共通点は、両者が同一民族であるということを、非常に有力に証明しています。第一次の移住地から、さらに勇敢なものが出て行って再び編成した社会とみていいかどうか。南方史の研究は現在の必要が迫っているが、私たちはまだ台湾なりそれにつづくフィリッピン諸島、その相互の関係を少ししか見ていないものであるから、具体的なことはいえませんが、ともかくこの方面を少しなげやりにした嫌いがありはしないか。あまりに北アジアの研究だけがめざましく進んで、豊富な遺物が出てきて保存せられているので、いささか眩惑せられた形ですね。学説は統一すべきもの、それの対立することを決して望むわけではないけれども、南についてもう少し民族学という学問が系統的に、調査しなければならないことになるのではないかと思います。

石田　南との関係にわからないことが多いという理由は、やはり時間的に、非常に古くからつらなっているという理由もあるかと思います。

柳田　それもあるでしょうが、地形でしょう。島は仲よくするにも戦するにも非常に狭い、かなり大きな島、宮古の主島にしても八重山の石垣島にしても狭い。少し戦をすればすぐ滅ぼされるか死にたえるかする、それで歴史の記録がない。歴史の根拠がないのでどうしても無視されている。

石田　そこを二つのミンゾク学の力である程度うめうると思うのですが。

柳田　民族学はだいぶ進んだものだという考えを断念しなければならない。片面が非常に温たまって片面が冷たいという気がする。

石田　確かにそうです。

柳田　おそらくはやはり日本と同じ状況だ。南のほうの島では多くの器具、芸術品は草木をもって作る。土を掘っても出るのは骨くらいのもの。遺物が少ないので考古学の助けを借りにくく、だから調査をしてみれば北ほど楽にゆかぬ。船の問題はほんとうにやってくれなければ駄目ですよ。船の話が出たのがいい機会だから、西村真次君がやった以上に、船材の問題、それから船隊組織の問題などぜひやってもらいたい。

折口　もう一つは、残っていないばかりでなしに、海に関しての表現を避けた傾きのあったことです。戦争前に文部省から、海に関する歌の話をしてくれといってきまして、結局話しましたが、海洋の幸福など歌った歌がない。海は楽しい、海は嬉しい、海に親しんでいるというのは『万葉集』にもない。『万葉』を作るころは、大和の奈良が中心ですが、奈良以外の人もたくさんある、海を知っている人もないわけではないが、海にたいしては怖いということのほかは表現しなかった。『万葉』以外でも海の歌にはほとんど力ある歌はない。

柳田　旅は総体に草枕、苦しい悲しいものとしていたからではないかと思う。

折口　怖いということがありますが、そのほかにも、海の噂をすることを避けたのだと思います。われわれの考える以上に、海にたいする表現欲というものが見られない。だからといって、日本人は海に関係が乏しい山地の人ばかりが文学を自由にしていたというようなことはいえない。殊に南方との関係に先生がおっしゃったように、遺物が少ない、遺物の捜索がまだゆきとどいていないということが、関係が少ないというふうに考えられることになってはいけないと思います。東亜の状態が昔のような有様でいっていれば、南方の研究もさらに栄えることでしょうが、その期待が薄くなりました。いずれにしても、北に豊富に資料があり、南にはこれが乏しいということは、われわれの民族を考えるものにとって、肯定否定両面にわたって、不幸なことだと思います。

柳田　これは言い過ぎで、あるいはおこられるかもしれないが、われわれを指導しているものが西洋の学者、大陸の学者の研究で、海の方面からの研究が少ない。それがどうしても大陸説のほうへ傾かせやすいもとになっていやしないか。イギリスのように植民地に大きな勢力をもっているところでも、著書はやはり島のものは少ない。また探してみてもない。島にたいする関心のないことは、中華民国自身もそうだ。かつて「島」という雑誌を出すときに、島という字を探したが法帖にない、われわれ日本人はどうしても島のこと、したがって海や船のことを、考えなければならないように使命づけられている。だから他の国がやらないというので、つきあいにやらなかったらいけない。日本でこそ島の研究をやらなければならないと思う。

石田　北との関係は考古学や文献において、殊に後の時代になると資料が豊富だから、議論のウェイトもそちらに傾いているように感じられるかもしれませんが、私どもとして考えていることは、北からあいった騎馬民族がきたにしても、その基盤になっている日本民族、殊に米作農耕民族というようなものは、来た道筋は別として、文化の系統として東南アジアあるいは南海の方向と非常に古い時代からつらなっていた、また基層的な文化としては非常に強力なものだ、というふうに考えているのです。ただそれを表わすだけの細かい材料が、北ほどたくさん出ていないというだけで、ものの考え方としてはそこを決してないがしろにしていないつもりです。

柳田　実際の歴史の問題、日本の皇室を含めた統治民族というものが、北から送られたものかどうかという問題をきめるとき、片よった考え方をしないようにしたいということだ。

おそれ多い話だが、すぐれた英主がなくても、それから大きな武力を使わないでも、日本の皇室はともかくも創立者であった。その力というものはもうすでに民族的なものであって、取って代ったという類の支配者ではなかったと私は思う。それを未決にしておいて進むのならば進めるが、いつまでもこういう水掛論が絶えぬであろう。やはり今少し民俗学との提携を念じてもらうよりほかはない。ぼくらがやってきているところからさかのぼって、古いところからきた研究とどこでおち合うか、双方からトンネルを掘って行って山の深い底でぴたりと出逢うというようなふうにしていただきたいものです。

マレビト信仰のこと

石田　それでいいじゃあないかと思うのですがいかがでしょうか。これはそう急速に結論が出せる問題ではないと思います。日本皇室の起源をはじめ、民族系統論の根本問題が片づかないうちは、個々の、たとえば固有信仰の問題に入るのに不安であり、物足りない、と仰せになるお気持ちはわかるのでありますが、私はこの前の座談会のそうした結論は、一応今後の検討ないし修正にまつべき学問上の仮説として置いて、両先生が日本民俗学の立場からこれまでに深く掘り下げ掘り下げて研究されていった結果、そこに突き当られたところの日本民族の信仰の古い形、そういったものをまず承らしていただけましたら、それはこの前の仮説とも合わせて、今後私どもが研究してゆく大きな拠りどころになるのではないかと考えているわけであります。それに私がまず日本の神の問題からお話をお進め願うのが適当じゃあないかと考えましたのは、折口先生のいつかのご講演の中に、柳田先生の学問は、「日本の神の発見」というものに出発されて、それが何といいますか、いわば先生の学問を一貫したライトモティーフといったようなものをなしているという意味のお話を承ったことがあるのでありまして――こういう見方をいたしますのは、あるいは柳田先生ご自身ではこれに異議があって、この席でもそれを承れるかと思うのでありますが――私ども先生の学問をいろいろ勉強しておりますものにとっては、そういう表現をされた折口先生の見方に、また非常におもしろくひきつけられるものがあるからであります。これは何か、われわれ日本民族の本来の文化の型とか構造とかいったような根本問題になるのじゃあないかとも考えているのでありますが、柳田先生の学問対象のあらゆる部面にやはりこの日本の神ないしは日本民族の信仰という問題が一貫してうかがわれるということは、私もやはりそういう感じをもって、あるいはそれが先生の学問のもつ大きな功績でもあるかと考えている次第であります。それでちょうどあの座談会の問題とも密接な関係がありますので、この日本の神の発見の問題、日本民族の固有信仰、神道の原始形態といった問題からお話を進めていただければと考えております。先日神道の原始形態に関する両先生の対談が放送され、私ども比較民族学の学問をやっておりますものには非常に多くの問題があの短い対談の中から与えられたような気がいたしました。ぜひあの対談で片鱗の示されました問題を、もっと発展させていただきたいということをあの当時から深く感じておりました。どうかこの機会に前の座談会とも関連せしめて、その問題から何かお話をはじめていただきたいと存じます。

柳田　固有信仰は今まで比較的捨てられていた問題で、いちばんわかりにくい問題でもある。そこに注意を向けたということについて、私はそれほどにも思わないけれども、皆さんがそう考えられているならば、本懐のいたりであります。ではいい機会だから折口君のマレビトということについて、一つ研究してみたいと思います。あなたも研究している。私も書かれたものを注意してきているが、私の学問の面にはそうはっきりしたものが出てこない。意見が違うからふれずにおいてもいいが、いい機会だから、あなたがマレビトということに到達した道筋みたいなものを、考えてみようじゃありませんか。これはかなり大きな問題と思いますから。

折口　ほとんと書く必要に迫られなければ書いたことがありませんから、動機はそう濃厚なものではございません。どんなところから出てきたかよく覚えませんが、まあそういった発表の中では、マレビトのことは割合に確かなように思います。何ゆえ日本人は旅をしたか、あんな障碍の多い時代の道を歩いて、旅をどうしてつづけていったかというようなところから、これはどうしても神の教えを伝播するもの、神々になって歩くものでなければ旅はできない、というようなところからはじまっているのだと思います。

柳田　それは私などの今まで気のつかなかったところだ。常世神《とこよ》がいちばんはじめですが、仏教以前の外教宣伝者のことが幸いに同時代の文献には出ています。常世神は、あの時はたしか駿河国でしたね。あの記録以外にも、旅人が信仰を以て入って行ったというようなことがあるでしょうか。

折口　いま急にどれかということを思いだそうとすると、不自然なことになりそうですが、いくつもそういう歴史上の類型を考えて、考えあぐねたころのことだったと思います。台湾の『蕃族調査報告』あれを見ました。それが散乱していた私の考えを綜合させた原因になったと思います。村がだんだん移動していく。それを各詳細にいい伝えている村々の話。また宗教的な自覚者があちらこちらあるいている。どうしても、われわれには、精神異常のはなはだしいものとしか思われないのですが、それらが不思議にそうした部落から部落へ渡って歩くことが認められている。こういう事実が、日本の国の早期の旅行にある暗示を与えてくれました。

柳田　私もあの『蕃族調査書』はほんとうに注意して読んだのですけれども、あの中でもいちばん不思議に思い、かつ沖縄の研究でもおもしろいと思った問題は、台湾の東海岸でも沖縄でもマヤの神と呼んでいる神だ。それが沖縄のほうでは定期的に遠くから来ることだ。これには宣教師みたいなものがない。ただここにいる巫《みこ》が感じて、ニラヤカナヤから人が来ると感じる。それが季節的に期待せられている。暦と関係のある問題のようですが、どうして島だけにこの信仰が強く残ったかは、実は私にはまだ説明ができないのです。

折口　私の昔の考えでは、おなじマレビトといいましても、ああいうふうに琉球的なものばかりでなく、時をきめずにさすらいながら来るものがあったようですね。今はっきり覚えていませんが、中には、具体的にいうと、日本の村々でいう村八分みたいな刑罰によって、追放せられた者、そういう人たちも、漂浪して他の部落にはいって行く……。

柳田　旅人か何かわからない不時の出現。それを信仰者が旅をしていると推測できますか。

折口　私はそう思っておりました。旅をつづけて不可解な径路をたどって、この村へ来た。それがすでに神秘な感じを持たせるほかに、その出現の時期だとか、状態だとか服装だとかいろいろな神聖観を促す条件がある。それよりも大きなことは、それがもたらす消極的な効果――災害の方面、そんなことが、ストレンジャアとしての資格を認めさせたものと思われます。この強力な障碍力が部落の内外にいる霊物のための脅威に転用せられるようになってくる――これを日本的に整理せられた民俗の上で見ると、ホカイビトの原形を思わしめている。他郷人を同時に、他界人と感じた部落居住者の心理というものを思うようになって行ったのだと記憶しています。

柳田　不思議なことには、今日の沖縄にはそれが少ないようですね。

折口　先生の『婚姻の話』を読んで思い出しましたが、あの中のズリの話、ズリの中には、これがあったのだという先生のお話……。

柳田　沖縄本島にもあったかもしれない。いわゆるうかれ人の中には、今の言葉でなら物狂いのような形で、人の心を動かしてあるいていたことは、旧日本のほうには痕跡があります。つまり土地の割には人が多くなり過ぎるということが一つの原因で、いくぶんか後の時代じゃあないかと思う。最初日本人が日本群島にくるまで、必ずしも百人に一人、二百人に一人、そういう者が出て歩くという昔からの習わしでなくて、具体的にいえばある一つの社会変調が起って後にはじめて起るべき現象じゃあなかったでしょうか。

折口　スサノオノミコトの言い伝えのように、もっと古い時代を考えてもよいのではありませんか。村の信仰と信仰を一つにすることのできないような者が追い出されていく。追い出されていっても、信仰を以て次の部落へと通って行くというようなことが、第二期的には、あったのではありませんか。気違いのようなものを、他の部落において誤認する。そういう種類のことがあったと思われます。

石田　折口先生、マレビトの中には祖霊とか祖先神とかいう観念は含まれておりましょうか。

折口　それはいちばん整頓した形で、最初とも途中とも決定できませんが、日本人は第一次と見たいでしょうな——。常世国《とこよのくに》なる死の島、常世の国に集まるのが、祖先の霊魂で、そこにいけば、男と女と、各一種類の霊魂に帰してしまい、簡単になってしまう。それが個々の家の祖先というようなことでなく、単に村の祖先として戻ってくる。それを、そうは考えながら、家々へ来るときに、その家での祖霊を考える。盆の聖霊でも、正月の年神でも、同じことです。その点では、近代までも、古い形が存しているのでしょう。私はどこまでも、マレビト一つ一つに個性ある祖先を眺めません。分割して考えるのは、家々の人の勝手でしょう。だが家々そのものが、古いほど、そういくつもいくつもなかったわけだから。

柳田　常世からきたとみるか、または鉢たたきの七兵衛と見るか、受け方だけの事情ではなかったろうか。

折口　そういえば簡単な中国風のものになって、考妣《こうひ》二位といった形になるから、たいした特殊性は見えなくなります。沖縄はだいたいみなそうでございますね。家の中の「神アシアゲ」にある位牌の位置など、ともかく中国式に妥協する因子があったのですね。日本ではそういっていない。後ほど、分解的になって、家々の祖先の中、さらに近代までの男女を別々に列立させて考えてきた。
柳田　私の想像しているのでは、家々の一族というものが自分の祖先を祀《まつ》り、自分の神様をもっているのならば、そのあいだにまずもって優勝劣敗みたいなものがあって、隣の神様はみなの願望によく応じられるが、こっちの神様にはその力がいささか弱いから少しくあっちのほうを拝むというようなふうがあって、それから stranger-god（客神）の信用は少しずつ発生しかかっていたのではなかろうか。すなわちはじめに自分自分の神様をもっている時代があって、それが交際縁組等によってやや相互に交渉ができてきて、優れた神ならばよその神様でも、客神でも祀ってもいい、というふうになったとみることができないでしょうか。
折口　先生のお考え――そういう見方は、私にとっては、はじめてで。その考え方によって、考え直してみましょう。
柳田　私の知っているかぎりでは、折口君は沖縄に行かれて大きな印象を受けて来られた。しかしマレビトの考えはそれより前だから、やはりご自分の古典研究、古典の直覚からきたものとしかみない。私からみると自分の神様が十分な力を発揮せられないから、少しずつ隣りの神にも願うようになったこと、それがおいおいと儒教や仏教を入れた始めではないか。近所でたびたび試験をしてみて、水を祈るには家の神様より隣りの神様のほうがきく、という比較をするものがあったのではないかと思う。

石田　沖縄のニライカナイというのは……。

柳田　古代日本の常世思想は取りもなおさずこのニライカナイであろう。われわれの祖神も遠いところにいる。現在は近間にいるとも考えていますが、代を重ねるにつれてその居所が遠くなる。十万億土というほどでもないが、盆に帰ってくるのも大きな旅であった。その盆に帰ってくるものを今でもわれわれは先祖だと考えている。折口さんなどの常世神は正月の始めに来る。どこから来るか、たいへん遠くから来るように考えている。正月に来る神様だけは新しい神ではなくても、何だか別の神様のようにしまいには考えるようになった。しかしながらあれもやはり祖神であったようです。私の想像するところでは、盆と正月の儀式は前に遡るほどよく似ているのは、つまりもと年に二度来られる約束だったのです。あるいは二度以上来られるように、考えていた時代があったのではないかとさえ見られます。

折口　ただその家は昔は少ないから、神は一軒とか二、三軒のあいだに帰って来られましょう。

柳田　家の族員は多かったでしょう。

折口　一軒にいる人は多いですが、その一つの家で想像している神の数は増減がないわけ。

柳田　家は同じ屋敷に住んでいるかぎり、祖神も共同で祀っていやしないかと思う。分れて住む家の数が多くなれば、どうしても共同の始祖というものに重きを置き、したがって人と神との距離が大きくなるわけです。

折口　それがだいたい、ウチビトでしょう。ウチは先生のおっしゃるミイツやイツノチワキのイツで霊魂の名でしょう。伊勢の内人、他の社の氏人、これが差別を見出すことのほうがむつかしいくらい、同じ形であったわけが、そこにあるのだと思いました。

タマとカミとムスビ

柳田　そういうふうにいったことがあるかしら。他の諸君もその点を気にしているだろうと思われるが、このごろはよく人格神という言葉を使う。使われない場合にも、人の形をした目耳口手足をもつ神というように、このごろではだれも考えなれているから、死ぬものがことごとく一つの霊体に融け込むというふうな以前の観念は、この人格神《パースナル・ゴッド》という考え方が進むとわからなくなる。われわれの最初に考えておった神様というものには形はない。かりにいろいろの形に現ずるとしても、少なくとも人間の形をしているとはかぎらない。いわば一つの溜り場のようなもので、いくらでも後から来る。汚いものはよせつけないが、綺麗なものをだんだんに併合していくので、大きくなり強くなる、ということがあるのではないかと思う。今日は通例、幻に見る神様は人の形です。日本に仏教が入って、神様をパースンとしてみることが起ってきたようだ。

石田　セックスの問題ですが、神様ははじめから男と女とに分れていますか。

柳田　はじめから男女が分れている。沖縄でも男女に分れている。パースナルでないならばセックスもないわけで、ちょっと説明はできないが、事実は明らかに男女に分れている。

石田　日本人の霊魂の観念と神の観念とは相当密接な関係があるとお考えでありましょうか。

柳田　はっきりと証明する方法がないので、強くはいえないが、無論私は関係があると思う。タマとカミの関係は説明がまだつかない。いつからが神で、いつまでがタマだったかわからない。折口君、何か説明がつかないものかな。

折口　その説明になるかどうかわかりませんが、タマという語とカミという語には相当はっきりした区劃があった。それがだんだん「国魂《くにたま》」の神などいう表現を持つようになってきました。そのタマと別でいて、混乱しやすく、また事実関係の深かったのは八神殿《はっしんでん》の神々でしょう。タカミムスビの神、カムムスビの神があり、そのほかに、イクムスビ、タルムスビ、タマツメムスビという五つの神が祀られていた。あとは屋敷——土地——の霊魂、食物の霊魂、宮殿の霊魂としてのコトシロヌシ、ミケツカミ、オホミヤノメという三つの霊魂を併せて斎《いお》うていた。この三つの魂で、後世の考えでは、大宮咩神、御饌津神、事代主神という神になっているのですが、根本は霊魂です。書き物に出てくるようになると、初めからもう「神」名になっている。先の五つのむすびといわれる神、これは記録には生魂、足魂、玉留魂などと書きますが、魂の字は「産魂」の略記法です。この神々は、霊魂を人の身体につける呪術師、鎮魂の技術者です。古代日本では、そういう技術者があった。そうした技術者を神聖視するようになった。もちろんそうした技術を行なったことが、現実には薄れ、記憶に印象しているものが強くなった時期に、タカミムスビ、カムムスビの神として、創造神ということになってきた。そういう呪術者は、神を創る人というわけですから。この両産霊神は神というが、人間を規範として考えた神です。それと霊魂を鎮呪することによって、神が出現すると考えている。こういう考え方は、霊魂を神より先に考えていたからだと思います。もっとも霊魂が入って出来る神以前に神観念がある。それが「既存者」というべきもので、天御中主がそれに当る。魂は神の身中にあったと見ていたものが、人間の身の中にも鎮呪によって、はいることができ、そこに人間に生命が生じると思ったものと考えてよいか、あるいはこの人間の上の事実——古代人としては、これほど確かなことがないと考えていた——のほうが先で神の霊魂を考えたのか、それは日本だけでは決定できそうですが、宗教民族学の知識をもっと参照する必要があります。何にしてもとにかく、ムスビの神の信仰を考えねばならぬということを、神道研究者は忘れているようです。産霊神の神を始めとして考え、人これに習うというふうにすると、結局どうどうめぐりになるのです。だから考えとしては、古代宗教の上の事実を思ううえからすれば、人としての鎮呪者がムスビで、これが起源として想定したのが、産霊神だということになるのでしょう。こういう考えが日本古代信仰研究の上にも持たれては、いけませんでしょうか。

柳田　それがあなたの想像に従えば、近世ではどうなったでしょう。

折口　早くからわからなくなっています。産霊神が、縁結びの神と考えられたのも、相当に古いことらしく、『拾遺集』の歌などは、産霊神と縁結びとをかけていると考えられないでしょうか。「君見れば、むすびの神ぞ怨めしき。つれなき人を何つくりけむ。」人間に霊を入れた産霊神が同時に縁結びであって、その結んでくれたことが怨めしいということになるので、思ったより早く両様の用語例の出来たことが考えられるのだと思いますが、いかがでしょう。

柳田　いつごろとみますか。

折口　『拾遺』の中でも、「よみ人知らず」ですから、『拾遺』の出来たよりも早い歌です。

平安中期の初めにはもう新しい意義に傾きかけているといえましょう。記録そのほかに出てくるようなえらい神とも思われません。古伝承の上では、最高位であるはずの神が、実際では五位程度にすぎません。これは、本祠があって、その分霊といったわけでもないのですから、どうもこの神の考え方は、順序が逆で、低い位置の実用神が、伝承化して高級な神となったことが察せられると思いますのです。

柳田　この八つという数が考え出されたのは、後ではないでしょうか、つまりは一定の数理観念が出来てから。

折口　もちろん、さようでしょう。高・神両産霊は、とりさることはできますまい。それから後の大宮、事代、御饌の、魂に属する神は省けないでしょう。が、あとの三神は生魂、足魂、玉留魂でなくてはならぬとは思われません。いちばん重大なのは八神殿の傍の斎戸《いわいど》殿《どの》という神殿――古くは建物はなかったのでしょう――すなわち天子の御魂の鎮まっていられるという、ここは、八神殿の産霊神よりももっと根本的に天皇霊が祀り鎮めてあったのです。それが斎戸なのです。斎戸から天皇霊をとり迎えて、御躰に鎮魂し、また中世には明らかに、天子の魂結びした物を保管しておきました。その御魂を扱うのが、八神殿に祀った産霊神ということになるわけなのです。だから八神殿の後の三神、大宮、事代、御饌三神は、天皇霊同様、産霊の対象になるので、産霊力ではありません。こういうふうにいってくると、神観念の中に、今一つ別なものを容れて考えてよいと思います。岡〔正雄〕さんの細かい研究には、詳しい表がはいっていて、神についての探り方を示していられますが、比較民族学からしてみれば、この産霊呪術のことなども、もっと明るくなってくるのではないか。そういう方面を考えてもらえれば、私どもにも大いに光になるのです。今まで考えていたとおりの神ばかりを考えないで、こういう姿で、神が隠れているということを照らし出してほしいのです。

柳田　それが根本の問題ですね。これから先の民俗学の指導目標になるのですが、岡さんに代っていうと、あなたが思っているほどはっきりその本体が認められない。この本体を認めるということから出発しないと後がつづいてこないのじゃあないですか。私らはその点非常に苦しむものだからほっておく。少し無責任なくらいそっとしておく。その時代にあるものをそっとして、現在するものからやっていこうとする。そこに二人の研究の開きがある。

折口　もちろんこういう行き方が、徹頭徹尾民俗学に終始した研究だとは思っておりません。ただ、私が民俗学にくる前提があり、それからまたはかないながら、私臭い民俗学の癖というものもございまして、そのために、石田、岡さんのほうの民族学に非常に近くなってきているという点も、ひいき目に見ていただくことができれば、あるのではないかと思います。日本民俗学と民族学と互いに解消する点が、こういう側にはできてくるのではないかと思っています。でも大きな顔をしていうわけではありません。先生にちょっとそっぽを向いていていていただいて、そっという程度で。

柳田　しかしシャマニズムにもしそういった考え方があるとすれば、二つはぜひ比較してみなければならない。つまり民族学にご厄介をかけなければならない。

折口　ついでにこれもそっという程度なのですが、私のように民俗学に古代的の立場をおこうとするものは、どうしても、民族学と接近してきます。事実民族学の畠にはいってしまっているという気のすることもあります。それからついでに今一言、神が霊魂でみんなとければ、アニミズムの起因などはわけなく解けてしまうと思いますが。

柳田　技術者ということが完全にいえれば、あなたの議論も光を放つが、あなたが使うintermediate みたいなものが、まだ民間伝承の資料からは認められていない。神様から神職――神主を取り除けば、神様は自分で形造り、自分で変化し、自分で別れて行く。そこの世話役がありそうにも見えない。あれでもあるのかしら。

折口　ですから、事実みんな、「たまは見つ主は誰とも知らねども、むすびとどめつ、下がへの棲。」あんな魂結びの呪術・呪歌になってしまったのだと思います。ですが、また一方に、アメノミナカヌシなどいう名前で、神を考えている。これは私などは天帝などに近い、守り目を地上の民から放たない畏《おそろ》しい神だったのではないかと思っている次第でございます。
柳田　作りごとだったから、どうしてもわれわれには理解することができない。『古事記』にしろ、『書紀』にしろ、文面にははっきりと出てはいない。文章が簡単で注釈をつけて読むことになってから、こういう議論が成り立ったのではありませんか。
折口　あの天神地神祇の条は、私などは省略が多く、神の系図だけを伝えて、あとは語らなかったという点があるのではないかと思います。系図だけしかなかったともいえますが、陰神陽神の性別がしだいにはっきりしてくる点など考えてみると……
石田　ムスブという言葉のもつ感覚をもう少しご説明願えませんか。
折口　霊魂を物質の中に入れると、物質が生命を得て大きくなっていくとともにその霊魂も育ってゆく。そうした呪術を施すことをムスブというのが、この語の用語例です。つまり鎮魂のための処置法をいう語です。結合して発育する、それがムスブなので、脱出しないということを主としたとき、これをイワウといいます。呪術を施す場合に、中間物に容れて、肉体的に結びつけたと見なす方法をククルといったらしいのです。
柳田　私らはまだ知らないが、それはシャマニズムを研究しているものの一つの課題だ。もっと民族学を知って、やらなければならない問題だ。

石田　シャマニズムあるいはアニミズムの研究の上からも、もっと徹底的にやるべき大きな問題だと思います。

折口　沖縄などでも、マブイクミ（霊魂籠め）の呪術として、ユタならびに、物馴れた老女がするただの呪術に残っています。

主神・客神・統御神・末社

柳田　少なくとも私の請合うことのできるのは、現在の日本の神道の、宗派神道は別として、普通の人民が社を拝んでいる関係にムスビということを考えていないことは確かだ。ここで一つ問題になるのは、主神と客神の対立で、どういうわけか客神がかなり多い。相殿になって拝殿の隅に祀っていたり、境内の末社になっていたりするが、その客神も神、末社もみな神だ。これに主神が干渉しておられるのではないかと思う。まるきり私にはわからないわけではないが、いわゆる産霊とはだいぶ違うようです。本社の神が末社の神を支配されるという考えがあるように見える。

折口　こういうふうに考えてもよろしいでしょうか。やはり地主神みたいな、神社以前の土着神――おそらく土地の精霊――を、かえって客神として取り扱う。だからあべこべに、ほんとうの後来神または、時あって来る神を客神、客人権現などという名で示していないのだと思います。

柳田　地主神ははっきりわからないが、こちらではたとえば疫病がはやると、疫神の祭りをして疫病の神様を末社に祭る。火災があれば秋葉さんを祭る。それがお宮の周りに末社として並ぶ。あの形は昔の形ではないかもしれないが、いろいろのよその神を人間に拝ませるためには、もう一人中間に立つ神様がなければならないということがあるのかもしれない。とにかく日本のいちばん特徴的だと思われる点も間違いなしに記述して、そうしてそれを国内で説明ができなければ、国外の事例の対照すべきものを求めて、解しやすくするというのが民俗学をやっているものの態度であってよい。日本だけで説明がつくと思っても、起源論的にこれに似通ったものの考え方があるかどうかは考えてみるべきだ。たとえば揚子江の上流に、または古代の東夷地域に、遠く離れた洋上の小島に、偶然と思えない一致類似があったとしたら、それは少なくも大きな暗示であろう。どうか民族学のほうでも、これからは歩調を合わせて、こういうのを問題にしてもらいたいと思う。これは人種の変る毎に、むしろ違うのが当然かもしれないが、そうもいえない実例を、フレイザーなどが数多く示している。少なくとも複合といわれる日本民族ではあるが、私などの知識の範囲では九州だからこう考えている、奥州だからそう考えている、ということがないように思う。差異はあってもごく微弱だ。国の隅々まで同じ一つの信仰をもって神社にはたいしているように思う。もっと細かく一つ一つについていってみると、少しずつは違っている点がわかってくるかもしれないが、だいたい通論することが今ではできるのです。そうしてその中には八神殿の五柱のムスビガミに相当するものがない。問題はいつのころからそう変っているか、いつから今の形に定まったか。仏教の影響であるか、儒教の感化か、あるいは社会事情の推移の結果、こうなっているのだと説明するときが来るかもしれないが、現在の事実からは、まだ折口氏の仮定は支持しません。

石田　大間知〔篤三〕君のお話によれば、満洲のシャーマンには、折口先生のお話のムスビノカミに相当するらしいものがかなり顕著で、その中にシャーマンの祖先、シャーマンの霊だと思われるものがかなり有力な地位を占めているようですが、そういうようなものと形式的には似ているのじゃありませんか。

柳田　脈絡が通じているかもしれませんね。日本でもたとえば春日の祭神の中にイワイヌシノカミ（斎主神）、住吉の神四座の列にヒメカミ（比売神）という神様が祀られておられる。いくつかの神様の中に奉仕者と思われる神様がある。春日の斎主神はまだわからないが、少なくともわれわれの意識している祖神ではない。アメノコヤネノミコト（天児屋根命）のお身内ではありません。これが神と人とのあいだの仲立であったとまでは考えられます。

折口　イワウということ自身が、逸失しないように、鎮魂するということです。

柳田　イワウという言葉は、ずいぶん複雑な意味をもっている。それからもう一つ、今の信仰の特徴になっているのは、疫病がはやったら拝む、火事があったら拝む、という神があって、それは決して疫病を起す神、火災を出す神でない。これらの災害を避けるには、悪い小さい神々を抑えつける統御神の思想というものがある。これも断定できないけれども、この議論を推し進めて行ったら、ムスビノカミの変化していった形かといわれるときが来るかもしれない。とにかくに現在はそういう祖神でない神々がずいぶんたくさんある。何ゆえ拝みはじめたかというと、むしろ災害の防止を目的としたものが、援助恩恵を求めたものよりも、以前はずっと多かったようであります。たとえば八幡様は災害の神ではない。天神様も後にはありがたい尊神でありました。ただそれが世を災いするような悪霊を統御する力をもっていられると信じて祈願せられたのです。この統御の力というものが、あるいは前代のムスビの力の変形と見ることができるかもしれない。

それから末社の神様、これもよく怒っておりおり災いを下す小神とばかりいえない。京都あたりの諸大社の末社には、かなり大きな、時としては本社よりももっと有力な神社の神たちを、わずか一尺二尺の小さな祠《ほこら》に、末社として排列していることがある。何か複雑した中古以来の変化があると思うが今でもまだよくわからない。とにかく日本民俗学の問題には入れてよいもの、すなわちわが国の民間信仰の特徴であるために、他民族の信仰と比較するときの重要なる目安にはなると思う。私の知っているかぎりでは、末社には時代または地域別の分類が可能である。すなわち一つには主神の眷属《けんぞく》を祀るもの、たとえば神さんのお子たちまたは家来であるゆえに、そばに末社として拝むもの、もとは若宮という名がよく用いられた。二つには地主神または伽藍神、神社がそこに建つ以前から、その土地を支配していた神または霊に、優位を与えてなお将来の援護を求めるもの、仏堂ではこれを鎮守とも呼んでいたが、その鎮守のためには新たに外から招請した末社も多かったらしい。第三には前にもちょっと挙げたマガツミの神、すなわち世の中に禍をする神を主神に制御してもらうために側近に祀っておくもの、これが後日若宮と混合しているが、その理由も今はほぼ明瞭になっている。すなわち本来は王子に限ったのが、神の眷属の端々までを総括することになったので、その数多い中にはいたずら者、または主神の力でないと押えきれない腕白者がいたので、目が離せないからなるだけその近くにおこうとしたのである。この小さな悪霊の思想は、中世に入っていちじるしく発達したらしく、一方にはまたミサキという言葉の普及がこれを傍証している。ミサキは先鋒《せんぽう》すなわち大神の前に立ってあるく霊の名だが、それもだんだんと祟《たたり》をするようになり、また往々にしてその統御を離れて自由にあるくものが多く、しまいには妖怪魔ものの別名のごとく怖れられることになったが、ともかくもこれが人間の手に合わず、ただ神様だけがこれを支配せられるという信仰のあったのは、折口君のいうムスビの神力の、残形とも見れば見られる。中央から遠い村々の神社の末社には、この三つに属するものが多い。それがいつの間にかさらに拡張して、氏子が外へ出て拝んでくる他の大社の神を、末社としていつくようにもなり、同時にまた家々の平和なる祖霊の社までも、村の神社の境内にもって来て、末社あつかいにするようにもなったのであります。日本以外にちょっと類例がないとすれば、民俗学がいっそうこれを注意しなければならぬだろう。

石田　統御神の下にまた統御神ということが考えられますか。

柳田　支配人みたいなもの、それはありうるでしょうね。八幡様も後になって武内宿禰《たけのうちのすくね》を祭ったりしている。天神さんには白太夫という神を祭った。ただヒエラルキイを大規模にしようとした試みもなかったとはいえません。大きな諸国の神々を末社に編入するのはおかしいが、それをしなかったら土地の信仰は分裂するおそれがあった。また現実に少しずつは統一が破られているのであります。末社の由来も説明しえないような神道学なんか今に衰えるでしょうね。

石田　宮中の儀礼の中に、何かムスビの観念の手がかりになるものが残っていませんか。古いと思われるものに。

折口　さあ。宮中では昔、応仁の乱のときに斎戸殿が炎上して、再興になりません。それですましてきたのだから、もう信仰の理由すらもわからず、情熱はもとより早くなくなっていたということになるのではありませんか。もっとも吉田家では、八神殿を自分のほうへ持って行って、末社信仰の一つの新しい形を作っていますが、それですんだところは、いかに宮廷式微のときとはいいえ、もう告朔《こくさく》の餼羊《きよう》だけの意味ありそうなところもなくなっていたのでしょう。

柳田　宮中には今かすかに残っているものがあるかと思うが、具体的のことはまだいうことができない。惜しいものだがもう復原することも困難であろう。

モおよびモノについて

石田　大嘗祭《おおなめまつり》のとき、天子様が衾《ふすま》、褥《しとね》をかむって斎《い》み籠る。ああいうのがなにかよほど古い思想と関係があるのではないかという気がいたしますが。

折口　これは簡単には説けない。われわれが先生を中心として絶えず反省しながら、建設していっている日本民俗学では、これを領域としていないのです。むしろ私個人として摸索した範囲に入るものでしょう。大嘗祭はその第一次の意義も、形式も目的も変化したというより、およそその多くの形を含みながら、局部局部に、新しい分化が行なわれてきて、非常に期間の長い、儀軌の複雑なものになってきている。aの儀式の一部b的の意義が著しくなってくる。そうすると、bに属するcdefという方式も行なわれなければならぬ。そのa級の儀式がいくつもある。そういうふうに重なってきていますから、一とおりではとけないでしょうが、われわれは裳《も》をかぶるということは簡単に考えている。この祭の目的ではなくても、方法としては重大な点を占めている手順として、神座に寝具、坂枕などをおき、せいぜい半刻（一時間）くらい、そこに入られる、このあいだが絶対安静の物忌《ものい》みなのであろう。すなわち裳を被って亥《い》の時申しがあるまでおいでになる。その中に霊魂が御身に入る。そこで、はじめて神事の御服を着用なさることになるのです。こういえば、きわめて簡単なことに解釈がつくのです。少なくとも記録はじまってからの大嘗、新嘗《にいなめ》の式では、これを手順と見るが、目的とは考えていない。しかし目的までも、単純に考えることはできません。人をして最も比較研究の情熱を唆《そそ》るのは、御頭に枕をおき、お足許に靴をおくことです。

柳田　杖も靴もある。香取や熊野神社の神宝の中には、いろいろの女性の化粧道具さえあった。

折口　それ以上は、口伝以外に伝えてなかったので、それが生きた聖躬《せいきゅう》のための設けか、それとも、それとは別の、たとえば屍とでも見なすべきもののためにあったのか、または一つずつ二つあったのかわからないのですが、どれとも考えられる理由がある。それに神道方面には、とびぬけた新しい人があるので、第二説または第三説に近いことをいった人もあったのです。私もそれは考えに持っているが、木と竹をつないだようには考えないまでである。いちばん私たちが、民族学との結合点で注意するのは、その点なのです。木と竹というが、それにセメントをまぜるなどいう行き方だけは、したくないと考えている。それで、民俗学に近接した人類学系統の学問に近よるときに、最も気を配るわけです。山本信哉さんなどは、敏感に考古学の新説などを採りこんだ。比較研究の情熱と根柢の理解とは、無関係なこともあるのですな。先帝の遺骸がある形だというのです。私などの考えからは、不自然でない。だが山本さんの思索系統からしては、それはどうしても、つながりがない。

石田　あるいは死と復活、という観念があったかと思いますが。

折口　死とまでいわないで、裳《も》をかぶって、その斎《い》みをするということは、死の形式を採るのだということになるわけです。「裳に入る」という具体的な行動が、それを前提とした物忌み生活をいう語になる。そうすると「も」という語が抽象化して、絶対の謹慎――服喪という義を持つことになります。そうした謹慎は復活の準備なのですから、裳に入る前と後とに、死と生とを分けて考える。死んだものが復活するということにもなるのです。

その点で、山本氏説なども生かしてあげられるのです。

柳田　コロモのモと、喪屋のモと同じですか。

折口　同じだと思っています。「も」のうち、最も拡がりの大きいものが下体を掩う上裳・下裳の裳でございます。ともかくも、衾《ふすま》、氈《かも》の類は皆「も」です。

石田　ニニギノミコトの降臨やウガヤフキアエズノミコトの誕生のとき、真床覆衾《まとこおうふすま》に包んだという伝承も何かそれと関係がありますか。

折口　もちろんそうでしょう。茸草屋《かや》が葺《ふ》きあえないあいだに生まれられたというのは、一つの語源説明で、このカヤは、母屋——裳屋、喪屋——の苫《とま》にあたるわけですから、葺きあえなかったというのは、誕生（復活）が急迫してきて、やっと裳にあたるものが、間にあったばかりだという感情を表わしている語なのです。母屋はもちろん字ではああ書きますが、後のオモヤとは違います。日本建築の発生からすれば、このモヤをとりこんで、宮殿造築がひろがってきて、日さしだの、すのこなどというふうに、作り出されたわけなのだろうと存じます。ニニギノミコトの場合は、臨月の母胎から生まれられたばかりの嬰《えい》児《じ》を、衾——真床覆衾——にくるんで、下界へ来た。これが若いマレビト神なので、この地の笠沙の崎で産湯を使われ、神および神の子としての聖格が出来たのです。つまり神誕生であり聖なる人間としての復活なのです。だからみどり子に産湯を浴《あ》みさせて一人前の人間にして、すぐに配偶者が出来るという形にすることです。だから、この伝説の元にはどうしても、数人の聖なる子たちのあいだから、一人の神の子として、復活してくる信仰のあったことがわかります。

石田　例の座談会でモまたはモノ信仰と岡さんの呼んでいるアニミズム的な観念については、どのようにお考えですか。

折口　モノとモといっしょにしている岡さんの考えは、私の考えから、も一つ乗り越しているのだと思います。私も最近、モノは霊（モノ）の意義と関係のない「喪之《もの》」と説かねばならぬものがあると考えていたところです。たとえば「物忌み」「諒闇《みものおもい》」など、霊忌み《ものい》でない。ですが、岡さんの説のあの部分はモの誤植ではないかと思ったのでした。

石田　誤植ではありません。それではモヤのモと、モノのモとは関係があるとみてよいですか。

折口　それは結構でした。もちろん関係があります。ただ霊・物の第一音のモが分離して考えられるか、どうかはもっとよく考えてみねばなりません。

祖霊と神

石田　非常にむずかしい問題がいくつも残りますが、やや図式的に申しますと、要するに柳田先生のお考えでは、日本の神というもののいちばんもとの形というものは、やはり祖先の霊魂《たま》というようなところに帰着すると解釈してさしつかえありませんでしょうか。

柳田　忌憚なくいえば、折口君の考えられているのは、非常に精巧な原理だから、最初の日本人がそういうものを考え出すことは一朝一夕には出来なかったのではなかろうか。言葉を換えていえば、ある単純な霊魂が先か、神が先かが問題になる。

石田　そうしてその単純な霊魂が祖霊という観念だったとお考えですか。

柳田　それはいちばん身に近い、また切実な経験が、古代凡人の信仰の種子双葉だったろうという点から、私は迂闊《うかつ》に学者の哲学くさい解説について行かぬだけで、仮定としては決して粗末にはしない。再び起源論に戻るが、またこういうこともいえる。私などの考えているのはそれは国つ神の信仰であって、天つ神の信仰にはもう少し高尚な、もう少し複雑したものが残っているかもしれぬ。つまり文化度の高下ですね。民間には今でも原住民の信仰が、たいした進歩もせずに伝わっていようとも、朝廷や大きな神社の奉仕者には、天つ神にふさわしい神学が支配していたかもしれぬ。それがずっと今日まで神職家と氏子との能力の差となって伝わっているとみられないことはない。ぼくらはそういう場合どういう態度をとるか、問題はいと簡単だが、折口君は国学院大学の先生で、そうもいっておられない。神官の発達させた教理を知らず、神官の指示にたいして服従しないものは、どちらかというとおくれたる信仰である。それを一旦の進境からの退歩であり、中世からはじまった雑念雑修のうちに数えるかどうか。そこのところに免れ難い方法の違いがあるのです。もう一つ、折口君の説いておられるものにくらべると、ぼくらが説こうという相手は素人で、いくらかわざと簡単にいおうとしているのだが、こういう複雑な問題になると、それが時としては考え方までをちがわせることになるかもしれない。

折口　いわでものことを一こと。私ども従来の神道家の学説を肯定するためにばかり学問しているわけではございませんし、肯定するにしても、従来の人たちの持っていた概念や観念をも一度たて直しておかねば、正しい学問としての研究の対象となることができません。それで、従来の神道語彙を並べるような、並べてそれを考えているような形にはなります。幸いに三十余年来先生の方法になじんで、民俗学を研究するとともに、民俗学的の方法で、日本文学だの神道などをたて直すことにかかってきました。だから、問題のとり方は違うが、行き方がそういう意味でかわっているとは思いません。

柳田　私はマレビトなども外部信仰と呼んでいるものの顕著な現われとみている。そういう考え方もしたろうし、最も古い神様を祖先だと思っていない者も、現在からいえば七十パーセントがそうでしょうが、そうなったのは中世以後の変化であって、以前はそうでなかった。現に今でも氏神は氏の神、すなわち先祖霊と思っているところは残っている。もとは自分のところの神様は自分のところへしか来ようのない神様だった。これは「民間伝承」のこの次の号にも書いておいた。正月じゃあない田の祭のときだ。田の神として降りて来られる神様は、全国の一つ一つの田圃《たんぼ》にそれぞれの田の神があるので家々に降りてくる。田圃ごとに変っている神、その家ごとの神の道しるべのために苗じるしの木を立てているのだといっている。実例は東北の端々にあるものが最も著しいが、気をつけていれば中部地方でも、また四国九州の農村でも見られるだろう。何のために家ごとの苗じるしの数なり立て方なり植物の種類がそれぞれにちがうかといえば、家の田の神に他家の田に降られては困るからである。日本全体にたった一つの田の神があって、分身して数万数十万の祭場に降られるのでなかったということがいいたかったのである。そのようにして必ずある定まった家の田にのみ降られる神が、すなわちその家の神であり、それがまた正月にも盆にも同じ家に、必ず降られる祖神だったろうということを、私はもう民間伝承によって証明しえられるとも思っています。この証明の資料は書いたものの中にはない。新たな資料の捜索も非常に必要だが、その前にまずわれわれの方法論を、だれにも否めないものにしなければならぬ。それがまだ十分に目的を達しないうちに、私は頽然《たいぜん》として老いてしまった。

石田　先ほど天つ神の信仰内容が国つ神のそれと違っていたかもしれないというお話があ

りました。それと関連するかもしれませんが、先生が日本の祭の原始形態として、樹木に神様がよられるということをお考えになっている。あれは天降って木によられるという観念でしょうか、それとも木に登られるという観念でしょうか。

柳田　やはり空からこられる。天だか空中だかはっきりとしないが、高いところからくるのです。私は山の上に来るように思っている。

石田　そういう点はアジア大陸の信仰とつらなるところが非常に多いように思います。

柳田　国つ神の信仰と天つ神の信仰のどちらが現在は有力かというと、おそらく天つ神のほうが有力な祭り方であって、それにもかかわらず、民間にはなお一方のものが伝わっているらしいのは、いわゆる文化の永続性も、決して軽視することはできぬと思います。

神話について

石田　神の問題でもう一つ両先生におうかがいしたいのです。前の座談会では日本神話の分析が行なわれましたが、いったい神話というものの概念をどのようにお考えになっておられますか。

柳田　折口君も神話という言葉を使わない。私も昔話の説明以外にはあんまり使わない。少なくとも世間の人のいうように、『記』『紀』に書いている言葉を神話とはみていない。

石田 『記』『紀』の中のいわゆる神代の記事に書き留められたようなものだけが残っていて、そのほかに書き残されてないあの種類のものがたくさんあったと思います。それらがわれわれの祖先の実生活上に何かの役割を演じたのではないか、という気がしますが、折口先生、そういう意味の神話の働きというものをお認めになることはできませんか。

折口 私も、日本の古伝承には、神話という語に当るものがない、というより、神話というものを構成する原因が欠けていると思うのです。それで、神話という語は、特別の意味のほかには使いません。成立した宗教があって、それを系統づける基礎となった古伝承であって、はじめて神話といえるのであって、宗教合理化の資材たる説話詞章なのです。だから耶蘇国の人びとは、どうかすると、神話という語に馴れて、散漫な使い方をしていることが多い。私はごく範囲を狭めていうことにしている。今日本では、神話学は下火になってしまいました。これは、高木〔敏雄〕さん、松村〔武雄〕さんの労力にたいしてすまない気のすることだが、対象がどうもぴったりしなかったようです。私はできるだけ民俗学の限界を狭めようとしているのですから、他の範囲へ喰いこもうとは思わないのです。でも事実そうなっているから、いたし方がないので、これは神話学という名目に問題があるのです。何とかもっと領域を改めて、旧神話学を、日本的に独立するように協力したいと思います。事実これだけ、民俗学がその領分にくいこんでいれば、日本神話学が、もっと比較学としての基礎を築いてくる必要があるようです。日本では、柳田先生が、まるで伯楽みたいに手をつけられる。そうすると、学問の冀北《きほく》の野には、たちまち学問なしという姿になってしまう。つまり民俗学化のできるものは、民俗学の領域に入れてしまわれる。昔話でも、方言でも、労働史でも、何でも「民俗」になってしまう。そうして民俗学にたずさわるわれわれすら、何もすることがなくなるといってよい状態になってしまう。われわれの世代では、できるだけ、他の学へ送り出したり、独立させて行くようにしなければならぬと思うのです。いわゆる神話のほうでも、民俗学の範囲から先生がもう一ふんばりなされたら、日本における神話学活動の領地がなくなってしまいそうなのです。そうして、後進はただ、その結果を学習するだけになってしまうと思います。われわれは先生を前にしておべんちゃらをいう必要がないとともに、現実をかくす理由もないのです。

柳田　われわれは神話という言葉を説話の一部として使わないことはないが、使ってもいくらかギリシアのミソロジーをやっている人と違う。この間にいろいろ政治的な意図がありましたから、私は避けたのです。しかしもし『風土記』とか『日本書紀』にあるものが神話であるならば、それはこれをもっている家々の神話であって、日本民族全体の神話とみることはできない。原料を供給した家々の記録があって、自分らの信仰を維持するためにもっていたものかもしれぬからである。日本が神話をもっているということで、すぐに

『古事記』、『書紀』を出されることは誇らしいかもしれないが、これを日本民族全体の神話とは見られません。もともと一つの村一つのお社の信仰を維持するものが神話であったのです。阿蘇の神社でいう金八法印、大隅の八幡の大人弥五郎、いずれもその神様の徳をたたえるために、彼らが神に征服せられたという物語のようなものが保存せられている。私などの解釈するところでは、新しい信仰はこの神話ではとけないから、だんだんとこれを神社の行事の外に押し出しているのです。こういう神話がさながらに信ぜられていた時代は楽しかったでしょう。しかもその多くはもう教説とは併存しなくなったのです。神話をもちながら、もうそれを信じ伝えないというのは、およそ淋しいことに違いありません。あるならばあるほうがいいけれども、人に教えてもらったもの、代りにはなりません。これに比べると伝説は多くは破片ですが、それでもかつて自分の土地に存在した神話の片端を窺わしめる。これを丹念に継ぎ合わせてみると、以前の信仰を復原することも望みえられます。そういう例は沖縄などにもありそうですね。

折口　『播磨風土記』などは、ずいぶんおっしゃるとおり破片になっていますが、『出雲風土記』は復元することは容易らしいようです。沖縄などでは、だいたい一系統であったものが、地方色を持ち過ぎたり、方言化したりしたものを、首里《しゅり》政府が宗教政治一元観から、組織を一つにしようとしたことのほかは、たいてい地方地方の現実に任せたようですから、復元することは容易らしいし、また地方地方が互いに注釈し、補足してゆくように思われます。

石田　それからぜひ折口先生のお考えを承ってほしい、ということを岡さんから頼まれておりますが、前の座談会で岡さんの提出した、『記』『紀』でタカミムスビとアマテラスとがともに最高神としての資格で命令を下しているという現象、あれをどう解釈しておいでになりますか。

折口　だいたいこんなふうに考えています。タカミムスビが、何神か、それは時代によって変るのですが、ともかく古人の考える非常に大きな神がありまして、それに仕えておいでの姫神がオオヒルメムチで、高巫《たかみこ》です。その後聖格化してアマテラスオオミカミといった。これが姫神自体の名か、姫神として仕えた神の名か――高巫の性格が、その神に没入してしまって――これは容易に断定はできぬが、古代信仰の上の現実は、そういう形をとる。その仕えた神がアマテラスオオミカミか、――これは承認せぬ人も多かろうが――タカミムスビノカミか、または全然別の神――荒祭の宮が荒御魂《あらみたま》と考えられる前は、オオヒルメムチの奉仕せられた神だったかという推定も成り立つ――であったかしれぬが、この女神の背に大きな神を考えてみる必要がある。ある時代にはタカミムスビの神が姫神の奉仕せられている大神のように見える。『日本紀』の多くの場合は、そういう形を見せている。姫神を以て啓示したタカミムスビの意思を直ちにタカミムスビの命令のごとく、神自らの語のごとく書き表わしている。いわゆる天孫降臨その他、天から地の運命を定めるような大きい指令の出たのはタカミムスビの神の旨のように表現せられている。そうして宮廷でも古くからこの神を天祖というような語で示している。そうして高皇産霊《たかみむすび》、天照大神というふうに並べることもある。ところが、先にいったムスビ信仰やら、その歴史らしい側から見ると、これは最初の形でなく、むしろ『古事記』などの表現が古くて正しくなる。「高皇産霊神、天照大神のみこともちて……」とある。これなども、「かむろぎ、かむろみのみこともちて」流に解すると、「両神の仰せを伝達して曰く」ということになるのだが、『古事記』のほうは、古いので、高皇産霊神が、天照大神の指令を伝達してというので、天地相関の大事には、タカミムスビが関与することになっている。かえって、天照大神の表にこの神が出ることになる。すなわちタカミムスビが、天照大神と、天上の神々のあいだに立って、代行するということになるのである。だから順序を立てて見ると、魂を祭時に神ザネに入れるから、介添えのようにも見え、いわゆる斎主《いわいぬし》――先に先生のお話にありました――の地位にいたのが、斎主なるがゆえに、神とも考えられるようになり、神となってくると、すべて神のミコトモチ――代言者――ということになる。ところが大ヒルメムチの資格は常に、姫神が持って生きて神仕えをし、また神としても考えられるのだから、今度は斎主の地位のものが神として扱われるようになると、大ヒルメムチよりも高く位させて考えることになります。そうして後、一方では宮廷でもいわゆる神殿の高ミムスビを高く扱われる。全体としても、タカミムスビの位置を綜合してくる。それが相よって、創造神のような形をとってきた信仰が一部にはあった。どうとでも考えられることだが、思うに、宮廷のほうではわりに軽く考えていて、外側の信仰が進んで来たので、八神殿の神以外の神格を認めるようになった。ムスビ信仰が発達して、日本じゅうの古氏族の大半が、高ミムスビ、神ムスビ、ツハヤムスビ、その他のムスビの神の子孫ということになった。物部のニギハヤヒの子孫観——これも石上鎮魂術の盛行した結果、そうした物部一族の系譜観が出来たのであり、ニギハヤヒは、やはりムスビの神の有力な一つなのです。この系統が姓氏録《しょうじろく》ではいちばん系統が多い。次はタカミムスビの後裔という家々が、これにはりあうくらいです。むすび信仰がこんなふうに祖先観に向ったのは、最も古い形ではありますまい。中世に近くなってからのことでしょう。日本の古氏族の中には、高皇産霊の子孫だというのが肩身の広い感じを持たせた時代のあったことは、顕宗紀三年二月と四月とに見えます。阿閇事代《あべのことしろ》任那《みまな》に使したとき、月神が人の憑《よ》った話、また日神が人についた話、皆壱岐県主《いきのあがたぬし》氏、対馬下県直《つしまのしものあがたのあたい》氏を、高皇産霊の子孫として、宮廷から認めてもらい、それぞれの祖先神に仕えることになった。そうして、これでは日神月神ともに高ミムスビの祖先ということになる。

宮廷においてすら、高皇産霊神を天照大神と並べて天祖とするようになった。神ロキ、神ロミも高・神両産霊神だと考えられるようになったが、私は神ロミのほうは天照大神を考えていますが、これは容易に神道学者の同感を得ることができないでしょう。がともかくも、神と斎主、逆に神と高巫、延《ひ》いて神および姫神というふうな信仰上の考え方があったのだと思います。『神武前紀』に「昔、我が天神高皇産霊尊大日孁尊《おおひるめのみこと》　此の豊葦原瑞穂国《とよあしはらみずほのくに》を挙げて、我が天祖彦火瓊々杵尊《ひこほににぎのみこと》に授く……」とあります。こういう語り方は、カブロキ、カブロミの内容を示していますようです。でなくとも、私の申すようなふうでなくては、説けないのだと思います。こういう神の性根が、どれだけ、ただいまの日本民俗に生きているかということが問題になりましょう。

村と氏神

石田　久しぶりで『古代研究』以来の数々の斬新なご意見を承ることができまして、まことにありがとうございました。それではこのへんで次の社会に関する問題に移りたいと存じますが、たとえば村とか家とかについての柳田先生のご研究も、やはり日本の神の問題と非常に密接な連関においておつかみになっておられるのではないかと思います。村の形成というような問題と関連して先生のお話をどうか……

柳田　村のことを研究してみると、この問題が村の組み立ての上にかなり大きな要素になっていることもわかるし、このごろのようにカイト（垣内）の研究もみんながやってくれるようになると、隠れて生活の下に流れていたものが見つかったような気がする。神社は数も増し、また外部信仰が力を増して、非常にわかりにくくなっていますが、本来は土地よりも人または氏族と、繋がるものであったことが推定せられます。それを見つけ出すことは日本民俗学の領分とみていいと思う。それがわかったところで、今の人間が活き方を改めるものでも、生活態度を変えるわけでもないから、われわれのように学問の実用を心掛ける人間からいえば心細いが、そうかといって見棄てておくというわけにもゆかない。これから先もなお過去にあった事実として、ぜひとも明らかにしなければならないと思う。

石田　折口先生はそういう問題について、どのようにお考えでしょうか。家や村や氏神についで……

折口　こういう点で、私は歴史的に考え過ぎるおそれを十分感じています。私としての傍系的の学問となっている民俗学以前の教養が、民俗学の領分からはみ出させることがありそうに思い、また経済史の知識から抜け出て来られたような先生の影をふんで行くこともむつかしいと思って、あまりしないわけですが、先生がさっきいわれたように、国学院に出ているからどうということはない。これまでだって、ずいぶん伝統の考えだと信じられてきたものをもこわしてきています。今問題になっているような点になると、ほとんど先生のお考えと、違うことはないのです。個々の問題をもって問いかけていただければいっそうはっきりしますが……大ざっぱにいえば、先生のお考えと違った点は、この側では特にない。さっき申しました氏人にしましても、その氏神ともいうべきものを斎《いつ》くべき主となる家筋が必ずしも代々一定していない。祭るもののいるところも、数代のあいだには変ってくる。したがって祭の行なわれる場所も、幾代かのあいだには移っている――これが氏神祭の古い形で、大宗族の時代的権威を持っている支族――支族というより、むしろこれがまた一大族のような形をとっている場合が多かった――の長が宗族の族長――氏上・氏助――などというふうに認められる。藤原氏のように氏上は同一支族から出ても、祭り場処をしきりに移動させるようなものも出てくる。和邇《わに》氏だって、昔から氏神を祀った氏上権が支族の家々のあいだを移動し、祭神のいる場処だって、はなはだしく変動している。いったい氏神の氏はもとより、氏姓の「氏」の語源もみな稜威《うち》――いつ、いち――にあるので、氏人は一つの神のウチに与《あずか》りうる人であり、ウチの人のウチを授ける神がウヂ神(氏神)であるところから、氏(うち)という観念も出てきたと思いますが、これはまだ書いていませんし、話してもいません。

柳田　非常におもしろい問題だから、早く書いたらいいでしょう。ただ私の要求するのは、民族学の諸君がせっかく骨を折ってくださるのだから、日本と四隣の民族とこういう点がどこまで似ているか、どこが違っているかということをもっと明らかにしてほしいことだ。それはやはり古い大昔の歴史でなく、複雑ではあろうけれども、今ある民族の特徴を精確にする民族学でありたい。そうして、ことによるとどこでも同じだよということになるかもしれないが、家と神の問題、宗家と祭られる神とのつながり、というようなことを、もう少しやってもらったらいいと思う。現在はあんまり複雑な信仰状態で、手の着けようもないという人もあろうが、これにも方法や機会があって、必ずしも絶望するものではないということが、もういえるようになったのではないか。

石田　それはぜひやりたいと考えているところであります。

柳田　家と村との相関問題は、今まではどうだったかという以外に、さらにこれからどうなるかということが大きく浮かび上って来ます。未来観ないし予言まではわれわれの係りではないが、少なくとも将来、人がいかなる疑いを起すであろうかを予想して、それに答えられる資料だけは保存しておいてやらないと、この忙しい時代に学問をするかいがない。今後の問題がどこにあるだろうかということを目標にした研究をしたい。過去の事実を明らかにしておくということと、保守主義とはまったく関係がない。むしろ知らないがために何度でも、古臭い失敗を繰り返す危険は多い。自由な新しいイデオロギイに遊ぶ者には、出たところ勝負にてきぱきと問題を片づけて行けるかしらぬが、古い習癖と感覚の中に育って、しかも時代の激変に打ちのめされて、ただ用心深く世の中を歩んで行こうという者には、一つ一つの問題が一つ一つの悩みであるが、そういう人びとの数は最も多いのである。国史が教えていた常識は顚覆している。日本民俗学も社会科といおうと何と呼ぼうと、その代りになるものを与える途はいくつもない。日本民俗学も仕事はこれからだと思っている。人が協同して活きて行く方法には、今までわれわれの意識にも上らずしかもまだ寸刻も断ちきれなかった、友だちつきあいとか垣内《かいと》仲間とかいうようなものがある。これを再建に役立たせるにも、はたまた何物かをもって置き換えるにも、まずわれわれはもっと知らなければならない。日本民俗学のこれからの課題は、実は多過ぎて選択に迷うばかりであります。

文芸について

石田　将来への課題については、いずれのちほどもういっぺんつっこんで問題にしていただきたいと存じます。次に日本人の言葉とか文芸とか、そういう方面の研究の中から、何かそこに一つの線でずっと発達したのではない、異質的な、系統の違ったものが二つなり三つなりが辿られるのではなかろうか、ということを考えておりますが、この方面で柳田、折口両先生が、これまで深く掘り下げられて、突き当られたお考えを承りたいと思います。ドイツなどでは種族 Stamm や身分 Stand による文芸の差異というようなことが民俗学 Volkskunde の問題になっていますが、日本の民俗学では、そうした問題はつかめないでしょうか。

柳田　農民と文芸、もっとも貧しい者の文芸ということについて、あなたは考えたことがありませんか。ずいぶん日本は特徴があるのではないかと思うが。

折口　私は文芸にたいしては「遊び」ばかりで、その方面はあまり考えておりません。

柳田　近年アメリカその他ではミュジコロジイなどという名で、諸民族のあいだに倶通した音楽原理というようなものを考える学問があるらしい。池田〔弘子〕女史の手紙をみると、こちらの俗曲のレコードなどをかけて、それを説明せよといわれることがあるそうだ。いわゆる基層部の文芸といったものを、もういっぺん生活の側から考えていく人があっていいのじゃあないか。むつかしい岡崎義恵さんみたいなことをいっても私たちには通用しない。あなたもいわれた楽しむ文芸、喜ぶ文芸というものを、もっと間近に見る方法がありますまいか。

折口　階級階級と、それが持っている文学的フォークロア、そういう意味なら、お答えができそうです。どうも文芸といわれると、すぐ反省が起って、自分のしている半面が否定したくなるので……民謡は、西洋人は早くから興味をもって研究してておりますから、国文学畠の人がするとしても、個々の問題では、相当大きな結果を穫ることもありましょうが、注意しなければならぬのは、やはり西洋人の方法をなぞっていくことになりそうな嫌いがあります。特別な方向が先生の研究から出てきている。それに気がついてくれればよいのです。私の考えている小説、戯曲、そうした側のものをフォークロリックに研究していったら、まだ余地があるのではないかと思います。小説、戯曲はしていないでしょう。

柳田　やっていますよ。中世の研究をしたクラッペなどの本には、ずいぶん細かいところまで知って書いている。数が多いだけに諺とか民謡とかいうものが、向うでも手に取って味わいやすいのではないでしょうか。日本あたりのものも、後から追いかけるような西洋模倣よりも、そのほうにむしろ新しみがありそうです。日本の諺は、向うのものと方向が同じじゃない。翻訳してきかせて調子さえわかれば、向うの人がびっくりするような着想で構成しているものがある。民謡なんかもおそらくそうだと思う。

折口　語の障壁をのり越えてわかるようにしたいものです。

柳田　あなたは諺の古代、上代をやったらどうですか。それを現在のものに結びつけて見たら……。

折口　私は小説、戯曲のほうの研究に余計に興味を持っているようで……。

柳田　あなたは諺のことをずいぶん書いているようだが。
折口　ええほんの少々。
柳田　私も聞いていると、やりたいことがたくさん出てくる。
石田　中世時代の文芸の中からは以上のような問題は拾えないですか。
折口　これは、不思議なことだけれども、事実なのです。平安期の文学というもの、あるいは平安朝の文学の系統、これにフォークロアが見出されないことはないが、驚くばかりすくないのです。外の人にはこういう経験はあるまいから、痛切にも考えないでしょうが、私はつくづく思い知りました。というのは、「国文註釈叢書」というものを十四、五冊こしらえました。この索引をみんなとろうとしたが、半分だけこしらえて挫折、（本になった索引は他人のこしらえたもので、そういう計画を持っていません）、そのままになりました。半分もあれば、相当役に立ちそうなものですが、今まで一度も間にあったことがありません。それほど、平安朝的の文学には、おおざっぱにいって、民俗的な意義において生きているものがないといえるのです。石田さんのいわれるように、宮廷文化に興味をもってみれば、発見できるかもしれないが、それには方法が考えられねばならぬ。そうして見るなら、外の階級生活だって民俗的なものを見出すことができるだろうと思います。今のところは、民俗学の対象となるように、整頓し直す必要があります。

石田　武家の文学になるといかがですか。

折口　武家のほうになると変っている。田舎の文芸の素材に変化があらわれてくる。そうしてそれを相当文芸にしあげるために、時代がどんどん過ぎた。そうしてそれらしいものが出てくるのは、いわゆる『御伽草子《おとぎ》』の時代になってからです。もっとも民謡は早くから、宮廷文芸と交流して、新しい文学や、音楽の刺戟として自由にとりこまれたから、民謡および民謡文学の擡頭は、武家時代のはじまりを示しているようなわけで……。

柳田　感覚の問題が細かいから、言葉として今やっているように、形容詞とか動詞とかいうものを改めて勉強して、中世人のもっていたもので、今の人間にないものを考えてみてはいかが。

折口　副詞がとりわけ発達していて、副詞の下にいくらでも語が省略せられてゆくことに専念して、むやみに含みの多い文学ができた。あの時分の女の人、殊にああいう筆をとる女流の生活にはフォークロアがなかったのでなく、フォークロアのない類型をたどって、ものを書いたためでしょう。歌のほうでは、多少出てきますが、きまった型ばかりです。

石田　私どものぜひやらなければならない、またやっていただきたいと思っておりますのは、やはり王朝時代の貴族階級とそれ以後に勃興した武士の階級とのあいだに何らかの種族的な系統的差違というものを発見しうるかどうかという問題ではないかと思います。

折口　われわれにしてもしようとすると、歴史家の準備している知識にあてはめることになる。多くの場合、予期してかかるほどのことは出てこない。殊に文学を通じて一民族の種族差を見ようとすると、どうしても、歴史家の範疇にとらわれる。それより先に作者の性別がものをいう。女性と男性とでは、異なる文芸素因を持つ。たとえば神語りをするものと、系図をいい立てる者では違う。弓とりや馬のりの実感を持った文学と幼い神のさすらいや、恋歌のかけあいを語る文学以前のものでも、伝誦者の性別はわかるが、民俗の差異が出てくるかどうか。平安朝――厳格には、中期以前――とその後の武家時代との文学の違いでは、文学者の性別が変ったというところに重点をおいて見なければ……どうもただいままでのところでは、平安文学と武家時代文学とでは、種族による分岐点を見ることができません。ないのでなく、私にはまだ見えませんということです。

柳田　今の話で思い出したが、一つの言葉があると、あなたは非常に生かして使う。『万葉』に出ていてもいなくても、あなたが使うとたいへん大きな意味をもつ。私は毎朝起きて庭の青いものを見ると、あなたの言葉を思い出すのです。あのアサメヨクという言葉を。

折口　その言葉はさがといえば当りましょうか、しるましというのが適当でしょうか、ともかく瑞または兆に属するもので。

柳田　あなたは一つの言葉を大きくふくらませることが上手だ。あれが昔の文学者みたいに、辞書にもとづいていちいち当てはめていくだけならば、あんな文学が出来ない。それはイマジネイションだから、学問以外のものです。

折口　その生活をすると出てきますが、出てこないほうが多い。

柳田　しかし『万葉』は豊富ですよ。『万葉』の生活は単純なうえに、一つ一つの生活に変化がある。作者はあの時分の歌作りの一パーセントにも足らぬ部分だろうが、あらゆる階級の作品を採っているから、あれが何だか国を代表しているような気がする。これに反して山城の京以後の文学は、あまりにも産地が限られています。作者はただ僅少のある特殊な階級に属するもので、曾丹や平仲ほどの低い地位の者も、後々はもう出てこない。いわゆるゲスは作らぬばかりか、聴いて感動したこともないかもしれぬ。よくよくのいわゆる貴族文学であります。こういう文献が何らかのフォークロリックを含むとすれば、それは近代にはとうてい見られない彼らの文化の一特徴といってよいのかも知れません。言葉をかえていえば、あのころは貴族がまだ外国かぶれをしなかったのです。

折口　『万葉』でマジックに関する歌はたくさんあります。つまりません。かえってちょっとみてフォークロリックでないものにうまいものがありますが。

柳田　信仰生活に関するものはみな平凡だ。

折口　おおよそ類型になっています。学者が論文を書くとマジックに興味をもって書きますから問題にならないのですが、文学からいえば駄目です。
柳田　幾度か現われるから、後の人は強い印象を受けるのでしょう。
石田　武家の関係の記録の中で、日本の古い農民の生活なり文化なりをうかがわせるものはありませんか。
柳田　それは『今昔物語』にこしたものはない。『今昔物語』はいくど読んでもいきいきとして、中世の因習、殊に田舎の生活をよく書いています。その次にぼくらが珍重しているのは『沙石集《しゃせきしゅう》』、これがなかったら知らずにしまうある階級の気持ちがよく保存せられている。浄瑠璃なんかは類型ばかり多くて、五分の一しか伝わらなくても、われわれは不自由はしない。それに比べると『今昔物語』や『沙石集』や『著聞集《ちょもんじゅう》』は一つ一つの話に価値がある。
折口　『義経記』が非常にいいじゃありませんか。フォークロリックであるし。文章などは通念における名文ばなれした名文だし……。
柳田　あれは文章ではなく、個人の表現力に各自の特色があったのですね。それを何としてでも文学にしようとしたのが、安居院《あぐい》の『神道集』や『真字本曾我』などです。どんなに文章がへんてこでもわれわれは読みますね。後世の人は真似を何とも思わぬから、きまりきったものばかりを大事にする。いわば古典にとらわれている。これだけ豊かな文献を粗末にする。人がいうから『源氏物語』をぜひ読まなければならないというふうで、実はまだ昔の生活の全部に直面したとはいえない。

衣食住について

石田　それでは物質文化の方面で、種族的、身分的な問題はでてまいりませんか。

柳田　物質文化のことは、民俗学が注意している。最近になってしだいにわからなくなりましたが、日本では地形環境の制約があって種族の別というものが、中世まで非常に生活の上によく現われていたと思う。たとえば百姓はもっぱら植物の中から食料を求めている。山を越えて海の魚が来ないから、一年の大部分は魚を食べずにすます。そういう食物の制限があったので、狩人と耕作者と漁業者が離ればなれになっていた。殊に山のほうのものは武器をもっているゆえか、近世のように農業団に屈服せず、平野の文化に反抗して、かなり大部分が滅ぼされている。漁民は交通が便利だから今少しく接近しているが、それでもこの三つの群は生産の根柢が分れているために、三つ各々の活き方が互いに引き離されている。三つの文化と見ることができた。いつまでたっても種族の境目というようなものが、幽かながらまだ残っていておもしろい。現在の村組織はまったくそれを無視し、そう大きな違いはないものと見ているが、混淆の主たる力は農民部の拡大でありまして、元が消えつくしたのでないから、片隅にはまだ古色が保存せられているのが見られます。たとえば建築一つをとっても、食べ物一つをとっても、少なくとも最近まではそれが見つけ出されてうれしかった。

石田　衣服のほうはどうでしょうか。

柳田　着物はもうわからなくなったが、それでも本州の北の端を歩くと、夏のさ中に犬の皮をきて働く人が見られる。野獣の毛皮の使用もまだ多い。そんなものが残っていて昔をたどられる。木綿が入って来たのがこの辺では百年そこそこだが、それまでは漁民の衣服にもどうかして一般化しようとしてまだ目的を達しえない状況が見られた。あるいは時代的に農民のもったものが、最も新しい段階といわれるかもしれぬが、その三つの段階が層をなさずに、犬牙《けんが》錯綜《さくそう》していたのです。有形文化の観察は、そういうところに一つの興味があると思う。近いうちに住宅建築の調査方法について話してみようと思うが、それは必ずしも個々の有形文化の変化そのものに興味をもったためでなく、あなたのいう、シュタムの差というものが永久の生活を拘束するか、指導するかという問題を深く捉えるのが目的で、あまりはっきり衣服なら衣服、建築なら建築と別々には考えず、心の持ち方、物を感ずる癖が、自然にまたは偶然に、国々の小さな選択にも働いているかどうかを、確かめておきたいのです。真似は近ごろの流行だが、私はそう一般の法則とは思っていないのです。今までの当り前に止まって、安心していたこういう気持ちも、忙しく働く人には常にあると思う。保守や革新の論はむしろ末の世の姿だと思います。

石田　それと関連して、半ば歴史学の問題になるかもしれませんが、折口先生などは中世の絵巻物に興味をもって注意して来られたのではないでしょうか。ああいうものに現われた階級による服装の差異などを考えますと、衣食住全般に亘って、その系統を考える材料が相当豊富に残っているかと思いますが。

折口　そのとおりです。橋浦〔泰雄〕君は渋沢〔敬三〕さんに頼まれてだいぶ古い絵巻物の中からフォークロリックな材料の写しをとられたと思いますが、それ以外にさらにもっと中心点を移動させてやってもらいたいと思う。

柳田　細かく分類して写真にでもとって見ればいいと思う。橋浦君はかなりこの仕事に骨を折ったが、主として信仰とか家庭生活とかに限っていては用途が小さい。もう少し新しい疑問にも出ていくといいと思う。

折口　たとえば縁側に閼伽棚《あかだな》のある様子など、あるいは、檜垣《ひがき》があって、その内側にくっついて簾がさがっている、――女のおもてを覗いている図取り、家畜と人間との交渉だの、もちろん服飾語彙の参考になるものは、むしろだれも想像する建築関係よりもおもしろい展覧ができるわけです。服飾には絵そらごとがありませんからな。日本人の昔からの傾向ですな――。明治の小説家がまず着物や装身具の通《つう》をふりまわしたのをわれわれは笑うが、平安朝の物語がその伝統の由って来るところを見せています。が、絵巻が、物語を書いたり読んだりした人びとのねらっている階級より、一段下の生活を描いているのですから、――物語絵は貴族の書いたものもあるが、それよりずっと低い人びとも書いている。むしろそういうもののほうが、勢力を持ってきて、だんだん浮世――ちょっとおかしいが――を書いたり見たりする興味が高まってきている。だから絵詞絵巻の類が、まずわれわれに残っているもので、一等フォークロリックな感銘を与えてくれます。もちろん技術のためや、類型からくるうそを棄て、真実をとり出す苦心はいるが……。

石田　では本日は一応このくらいにして、最初に出ました民俗学と民族学の二つの学問の問題について、改めて明後日、もう少しつっこんだお話を承りたいと存じます。長時間まことにありがとうございました。

◉ 初出一覧――

考えない文化（『心』1952年５月号）
日本の笑い（『文学』1953年８月号）
処女会の話（『女性改造』1948年１月号）
離婚をせずともすむように（同、1950年７月号）
うだつが上らぬということ（『改造』1954年10月号）
日本人とは（『日本人』毎日新聞社、1954年）
家の観念（同）
日本における内と外の観念（『講座現代倫理・5　内と外の倫理』筑摩書房、1958年）
私の仕事（『世界』1954年２月号）
無知の相続（『国語』高校一年下、東京書籍、1955年）
日本人の来世観について（『世界』1955年10月号）
私の歩んだ道（『螢雪時代』1956年１月号）
柳翁新春清談（『週刊読書人』1962年１月８日、15日、22日号）
次の代の人々と共に（『國學院大学日本文化研究所紀要』第一集、1957年10月）

＊「柳翁新春清談」は『文芸の本棚・柳田国男』（河出書房新社、2014年５月刊）に、それ以外は『柳田國男文化論集』（長浜功編、新泉社、1983年８月刊）にも収められた。

（＊以下、増補分）

日本人を知るために（『民間伝承』1949年11月号／『柳田國男全集26』ちくま文庫、1990年10月）
民俗学の話（『日本評論』1941年２月号／『定本柳田國男集24』筑摩書房、1963年３月）
明治人の感想（『中央公論』1961年７月号／『柳田国男文化論集』新泉社、1983年８月）
魂の行くえ（『若越民俗』1949年12月号／『柳田國男全集13』ちくま文庫、1990年４月）
日本人の神と霊魂の観念そのほか（『民族学研究』1949年12月号／宮田登編『柳田国男対談集』ちくま学芸文庫、1992年11月）

本書は、柳田国男『日本人とはなにか』（河出書房新社、2015年７月刊）に５本分増補した新装版です。

柳田国男
(やなぎた・くにお)

1875年、兵庫県生まれ。民俗学者。1962年没。旧姓・松岡。短歌、新体詩、抒情詩を発表。東京帝国大学を卒業後、農商務省に勤務。貴族院書記官長を経て退官、朝日新聞社に入社。1909年、日本最初の民俗誌『後狩詞記』を発表。翌10年、『遠野物語』刊。主な著書に、『雪国の春』『山の人生』『海南小記』『石神問答』『一目小僧その他』『妹の力』『火の昔』『明治大正史世相篇』『海上の道』などが、著作集に『定本柳田國男集』『柳田國男全集』がある。

日本人とはなにか〈増補版〉

二〇一五年 七 月三〇日 初版発行
二〇二三年 九 月二〇日 増補版初版印刷
二〇二三年 九 月三〇日 増補版初版発行
著　者――柳田国男
発行者――小野寺優
発行所――株式会社河出書房新社
〒一五一-〇〇五一
東京都渋谷区千駄ヶ谷二-三二-二
電　話――〇三-三四〇四-一二〇一［営業］
〇三-三四〇四-八六一一［編集］
https://www.kawade.co.jp/
組　版――株式会社創都
印　刷――株式会社亨有堂印刷所
製　本――小泉製本株式会社

ISBN978-4-309-22899-0
Printed in Japan

柳田国男・著　佐藤誠輔・訳

口語訳　遠野物語

発刊百年を経過し、
いまなお語り継がれ、
読み継がれている不朽の名作
『遠野物語』。
怪異の伝説の宝庫を、
さらにわかりやすく、
味わい深い現代口語に。

河出文庫

柳田国男・著

日本の昔話と伝説

民間伝承の民俗学

柳田民俗学の中心をなす、昔話と伝説。
その中に秘められた、日本人の
精神風土を掘り下げる。
なつかしさの根源にある、
日本人の心のふるさとを探る、
単行本・文庫版全集未収録の一冊。

河出書房新社

池澤夏樹編集　日本文学全集・14

南方熊楠／柳田國男
折口信夫／宮本常一

南方「神社合祀に関する意見」
柳田「海上の道」
折口「死者の書」
宮本「生活の記録」
など、日本像を再構築した
巨人の傑作から29篇を精選。

河出書房新社